서울대학교 다중지능 · 창의성 연구 센터(SNU MIMC Research Center) 총서 1

다중지능과 교육

Thomas Armstrong 저 · 김동일 역

학지사

Multiple Intelligences in the Classroom, 3rd edition

by Thomas Armstrong

역자 서문

교육에서 새롭게 조명된 다중지능의 개념은 기존 지능(검사)의 개념과 한계를 이해하는 것부터 출발합니다. 지능 개념과 검사는 알프레드 비네(Alfred Binet)가 처음 소개한 것으로, 1904년 프랑스 파리의 교육부서에서 일선 학교의 학습장애 위험 아동을 가려내어 지원하는 방법을 모색하기 위한 위원회를 구성하면서 정립·개발되었습니다. 비네의 지능검사는 주로 언어 기억, 언어 추리, 수 추리, 논리적 절차의 평가에 초점을 두고 개발되었으며, 이후 인간의 지적 능력을 측정하는 대표적인 검사로 오랫동안 사용되어 왔습니다. 그러나 제한된 방법으로 능력을 평가하고 지능 점수 자체에 중점을 두기 때문에 인간의 인지 능력이 발달하고 변화하는 과정에는 상대적으로 관심을 기울이지 못한 면이 있었습니다. 아울러 사람이 가진 지적 능력을 편파적으로 본다는 이유 때문에 지속적인 비판을 받아 왔고, 한 가지 능력으로만 사람을 판단할 수도 있다는 위험성을 끊임없이 지적받아 왔습니다. 결국 이로 인해 사람에게는 각기 독립적인 지적 능력이 있다는 '다중지능' 개념의 필요성이 대두되었습니다.

기존 지능 개념의 한계를 해결하기 위한 노력으로 하워드 가드너(Howard Gardner)는 다중지능(multiple intelligences)이라는 개념을 제시하였습니다. 다중지능은 문화적으로 가치 있다고 간주되는 산물을 창조하거나 문제를 해결하는 데 유용하게 쓰일 수 있는 신체적 · 심리적 잠재능력으로 정의할 수 있습니다. 다중지능의 특징은 다양한 상황과 맥락에서 나타나는 인간의 능력을 지능의 개념에 포함하였다는 점에 있습니다. 다중지능과 관련하여 두 가지 중요한 개념인 문제와 산물을 살펴보면, '문제'란 학습 문제부터 일상적인 문제까지를 포함한 넓은 개념임을 알 수 있고, '산물'이란 학습자인 아동이 각 분야에서 만들어 내는 구체적인 결과물로 작곡, 무용, 과학이론, 연주, 문학작품, 건축, 사업, 운동 등을 포함하는 개념임을 알 수 있습니다.

다중지능의 개념은 아동의 가능성과 잠재력을 좀 더 넓게 확장하는 데 공헌하였습니다. 저는 이 책의 저자인 토머스 암스트롱(Thomas Armstrong)이 다중지능 개념을 활용하여 학습장애 아동의 다양한 능력을 연구한 박사학위 논문을 오래전에 접한 후 교육현장에서의 다중지능의 필요성을 절감하였습니다. 특히 부진한 학업 수행으로 학습에 문제를 지닌 아동을 따듯한 시선으로 바라보면서 그들을 특정 영역의 재능을 지닌 학습자라고 지칭한 교육적 아이디어는 지금도 새롭습니다.

이 책을 내놓기까지 매우 많은 분의 도움이 있었습니다. 같이 공부해 온 서울대학교 연구원들, 그리고 정성 어린 손길로 책을 만들어 주신 학지사 임직원 여러분께 진심으로 고마운 마음을 전합니다. 더불어 계속해서 지지해 주고 귀한 의견을 나누어 주신 교사와 상담사들께 깊은 감사를 드립니다.

마지막으로, 서울대학교 다중지능 · 창의성 연구 센터(SNU MIMC Research Center)를 통해 우리에게 귀한 연구 기회를 접할 수 있게 지원해 주신 아가월드 그룹 이석호 회장님과 임직원 여러분께 진심으로 감사드립니다.

2014년 4월

서울대학교 다중지능 · 창의성 연구 센터에서

오름 김동일

추천사

이 책은 제가 직접 쓴 글과 더불어 '하버드 프로젝트 제로(Harvard Project Zero)'의 동료들 및 다른 지역 동료들이 다중지능 이론과 관련하여 제공한 연구 결과를 담고 있습니다. 그 자신이 학습장애를 지녔으며 특수교육을 받았던 토머스 암스트롱(Thomas Armstrong)은 다중지능 이론에 대한 책을 쓰기 시작한 최초의 교육자였습니다. 그의 정확한 설명과 폭넓은 참고문헌 그리고 명확하면서도 교사가 이해하기 쉬운 문체 덕분에 그는 항상 제 마음속에 두드러진 존재였습니다.

그는 지금껏 미국 교육과정 개발 및 장학 협회(Association for Supervision and Curriculum Development)의 회원들을 위해 이 책을 준비해 왔습니다. 암스트롱의 장점이 잘 드러나 있는 이 책은 특히 교사, 행정가, 관련 교육자가 신뢰할 만하고 읽기 쉽도록 저의 연구 결과를 설명하고 있습니다. 더불어 암스트롱은 여러 가지 훌륭한 의견을 제시해 주었습니다. 즉, 조지프 월터스(Joseph Walters)와 저의 '결정적 경험(crystallizing experience)' 개념을 보완하기 위해 '마비적 경험(paralyzing experience)' 이라는 개념을 제시하였고, 청소년의 지능이 일탈 행동과 연결되는 방식에 주의를 기울여야 한다고 제안하였습니다. 그리고 청소년이 자신의 지능검사에 참여할 수 있게 하는 방법과 그들의 학급을 다중지능 방식으로 운영하는 방법에 대해 활용할 수 있는 몇 가지 방안을 제시하였습니다. 또한 그는 청소년이 그들 자신의 지능 프로파일을 평가할 수 있도록, 그들 자신의 장점과 성향을 이해할 수 있도록, 그리고 다중지능 이론을 구현한 게임에 참여할 수 있도록 하는 간단하면서도 유용한 몇 가지 도구를 소개하였습니다. 그는 어떤 다중지능 교수, 교수 방법, 교육과정, 평가를 선택할 수 있을지와 관련하여 명확한 개념을 전달했습니다. 마지막으로 각 장은 해당 내용과 관련된 개념 및 실행에 기반을 둔 활동으로 끝맺고 있습니다.

암스트롱이 자신의 소개 글에서도 언급했듯이, 교실에서 다중지능 이론을 실행하기 위한 단 하나의 왕도는 없다고 생각합니다. 저는 교육자들이 저의 이론을 사용하는 폭넓고 다양한 방식에 격려받고 고양되었으며, 그로 인해 "다중지능 학교 100개를 세워보자."라고 말할 수 있게 되었습니다. 이 이론의 핵심은 사람들의 다양한 차이점과 그들이 학습하는 방식에 존재하는 다양한 변수, 그들이 평가받는 몇 가지 방법, 그리고 그들이 세상에 흔적을 남기는 다양한 방법을 존중해야 한다는 것입니다.

암스트롱이 이러한 비전을 함께 나누었고, 그것을 독자에게 제시할 수 있게 되어 기쁩니다. 그리고 저는 독자가 자신만의 특징을 반영하는 방식으로 이 이론을 확장할 수 있도록 자극받았으면 합니다.

하워드 가드너

저자 서문

이 책은 지난 23년간 하워드 가드너의 다중지능 이론을 교실 수업에 실제적으로 적용해 온 작업의 결과물입니다. 제가 다중지능 이론에 매력을 느낀 것은 처음으로 아동(특히 학교를 다니는 동안 '학습장애' 나 'ADHD' 라는 꼬리표가 붙어 있던 학생)의 내재된 재능에 대해 언급한 연구를 접했던 1985년이었습니다(Armstrong, 1987a, 1987b, 1988, 1997, 1999b). 저는 1970년대 후반부터 1980년대 초반까지 학습장애 전문가로서 특수교육의 '결핍 패러다임'을 벗어나야 한다는 필요성을 절감하고 있었습니다. 또한 제가 분명히 보았던 장애학생의 재능에 근거한 새로운 모델을 구축하고 싶었습니다.

하지만 제가 굳이 새로운 모델을 만들 필요는 없었습니다. 하워드 가드너가 해당 이론을 이미 만들어 두었기 때문입니다. 가드너는 1979년 하버드 대학교의 연구자로 있을 때 네덜란드 자선단체인 베르나르트 반 리어(Bernard Van Leer) 재단을 통해 인간의 잠재력을 연구해 달라는 요청을 받았습니다. 그리고 이 요청은 다중지능 이론의 탄생을 주도한 '하버드 프로젝트 제로(Harvard Project Zero)'의 설립으로 이어졌습니다. 가드너는 이미 '다양한 종류의 마음(many kinds of minds)' 개념을 1970년대 중반부터 생각해 오고 있었으며(Gardner, 1989, p. 96 참고), 1983년 자신의 저서 『마음의 틀(*Frames of Mind*)』을 출판함으로써 다중지능 이론의 실질적인 탄생을 알렸습니다. 그때 이후로 다중지능 이론에 대한 인식은 교육자들 사이에서 꾸준히 성장해 왔습니다. 다중지능 이론은 주로 영재교육 분야에서 다루었으며, 1980년대 중후반의 미국 내각 학교 및 교사 사이에서 유명한 모델로 자리잡았습니다. 그리고 그것은 이후 20년 동안 수천 개 학구, 수만 개 학교, 수십만 명의 미국 교사 그리고 전 세계의 수많은 나라에까지 그 영역을 확장했습니다.

이 책은 교사와 다른 교육자들이 사용할 수 있는 가드너 모델의 특별한 적용 방법을 소개하고 있습니다. 저는 사람들이 교육의 지속적인 개혁을 위해 이 책을 다음과 같은 여러 가지 방법으로 활용했으면 합니다.

- 다중지능 모델을 처음 접하는 교사와 학부모를 위한 실용적인 소개 책자
- 학교 교육 개선을 위한 교사 연수 교재
- 학교 혁신을 목표로 하는 교사 및 행정가를 위한 지침
- 교육 경력을 향상하기 위한 새로운 아이디어를 찾고 있는 교사 및 관련 교육자 대상 교재

각 장은 독자가 자신의 교육 실제에 통합될 수 있도록 '더 생각

해 볼 문제' 로 결론을 맺고 있습니다. 또한 몇몇 부록 및 참고문헌은 독자에게 또 다른 추가 자료를 제시하고 있습니다. 다중지능 이론과 관련 있는 다른 자료를 통해 이 모델에 대한 이해를 더욱 풍부하게 하고 확장할 수 있을 것입니다. 2000년에는 기존 판에 두 가지 새로운 특징을 추가하여 2판을 출판하였습니다. 그 특징은 다음과 같습니다. 첫째, 자연탐구 지능(1997년 하워드 가드너가 다중지능 이론에 포함한 지능)을 원래의 일곱 가지 지능과 관련된 모든 활동, 표, 전략 그리고 자료에 적용하였습니다. 그리고 둘째, 아홉 번째 지능인 실존 지능의 가능성에 초점을 둔 새로운 장(14장)을 추가하였습니다. 가드너는 아홉 번째 지능을 삶의 의미, 악에 대한 문제, 그리고 인간이 노력하는 목적과 같은 삶의 궁극적인 문제와 관련된 것이라고 설명합니다(Gardner, 1999). 이 글을 쓰는 지금, 영성 지능은 여전히 공식적으로 포함되지 않고 있지만 다중지능 이론의 지능 중 하나로 고려되는 잠재적 후보라고 할 수 있습니다.

이번 3판에서는 2개의 장을 추가하였습니다. 15장은 다중지능 이론에 대해 지난 10여 년간 논의해 온 비판에 초점을 맞추고 있습니다. 이러한 비판은 어떤 면에서는 이 모형의 압도적인 성공 때문에(성공은 비판을 부르는 경향이 있죠), 어떤 면에서는 당시 더욱 거세진 보수적 성향 때문에(미 연방정부의 아동낙오방지법[No Child Left Behind law]: Armstrong, 2006 참고), 또 다른 면에서는 특정 이론에 대한 비판이 그 이론의 발전과 개선을 위한 주요 요소이기 때문에 제기되어 왔습니다. 여기서는 다중지능 이론의 타당성을 다룬 많은 학술 자료에 근거하여 비판적 논쟁을 제시했을 뿐만 아니라 그에 대한 저자의 의견도 제시하였습니다. 이것이 다중지능 이론에 대한 비판적 논쟁이 더 많이 발생하도록 자극할 것이고, 또 그러길 희망합니다. 16장 역시 추가하였는데, 이 장은 전 세계적으로 확산된 다중지능 이론에 초점을 두었습니다. 다중지능 이론은 비록 미국에서 점점 더 많은 비난을 받고 있긴 하지만, 전 세계 많은 국가에 급속도로 확산되고 있는 이론이기도 합니다. 저는 정책 결정 단계(다중지능 개념은 미국 연방정부 법령과 그 밖의 몇몇 국가의 법령에서 다루어지고 있습니다), 학술적 단계(홍콩부터 짐바브웨까지 많은 사람이 다양한 연구를 실시하고 있습니다), 사회적 단계(예를 들어, 덴마크에서는 다중지능에 대한 세계적 규모의 박람회가 개최되었습니다) 그리고 학교와 학급 단계에서 다중지능 이론의 영향을 각 단계별로 서술함으로써 이러한 국제적 발전의 현황을 일부분 제시하고자 하였습니다. 그리고 이러한 두 개의 새로운 장에 덧붙여, 마지막으로 지난 8년간 등장한 다중지능 이론을 지지하는 새로운 책과 사설 기사, 소프트웨어, 관련 자원의 급격한 확장을 반영하기 위해 다양한 참고문헌과 자료, 그리고 기술적 발전을 추가하였습니다.

부디 이 책이 다중지능 이론을 학습하는 데 조금이나마 도움이 될 수 있기를 바랍니다.

2008년 7월

캘리포니아 소노마 카운티에서

토머스 암스트롱

차 례

06 다중지능 이론과 교수 전략 123

07 다중지능 이론과 학급 환경 165

08 다중지능 이론과 학급 관리 185

01
다중지능 이론의 기초

다양한 종류의 지능과 그 조합 형태를 인식하고 개발하는 것은 매우 중요한 일이다. 사람들은 각자 다른 지능의 조합을 가지고 있기 때문에 우리 모두는 서로 매우 다르다. 이를 알고 있다면 우리가 세상의 많은 문제에 잘 대처할 가능성이 조금이나마 커지는 것이다.

-하워드 가드너(Howard Gardner)-

1904년 파리 교육청은 프랑스의 심리학자인 알프레드 비네(Alfred Binet)와 그 동료들에게 초등학생을 대상으로 학업에 실패할 '위험'이 있어 특수한 교육적 접근을 필요로 하는지 판단하기 위한 방법을 고안해 달라고 부탁하였다. 그리고 그들의 노력으로 최초의 지능검사가 탄생하였다. 몇 년 후 미국에 수입된 지능검사와 함께 객관적으로 측정하여 하나의 숫자 또는 'IQ' 점수로 표현할 수 있는 '지능'이라는 개념이 널리 퍼지기 시작하였다.

최초의 지능검사가 개발되고 80여 년이 흐른 뒤, 하워드 가드너

(Howard Gardner)라는 하버드 대학교의 심리학자가 이 오래된 신념에 도전장을 내밀었다. 그는 우리 문화에서 지능을 너무 좁게 정의하고 있다며, 『마음의 틀(*Frames of Mind*)』(Gardner, 1993a)이라는 책에서 적어도 일곱 가지 기본 지능이 존재한다고 주장하였다. 최근에는 여덟 번째 지능을 추가하였고 아홉 번째 지능의 가능성을 논하고 있다(Gardner, 1999). 가드너는 다중지능 이론(theory of multiple intelligences: MI theory)에서 IQ 점수의 한계를 넘어 개인이 가진 잠재력의 범위를 넓히고자 하였다. 그는 자연스러운 학습 환경에서 벗어나 해 본 적도 없고 앞으로도 절대 할 일이 없을 것 같은 단 한 번의 과제만으로 지능을 결정하는 방법의 타당성에 진지한 의문을 제기하였다. 즉, 오히려 지능은 ① 실제로 문제를 해결하는 능력과 ② 맥락 중심의 자연스러운 상황에서 결과물을 만들어 내는 능력에 더욱 가까울 것이라고 주장하였다.

여덟 가지 지능

보다 광범위하고 실제적인 관점으로 지능을 바라보기 시작하면서, 지능의 개념은 점차 그 신비로움을 잃고 다양한 방법으로 사람들의 삶에 작용하는 실용적 개념(functional concept)이 되었다. 가드너는 사람들이 가지고 있는 다채로운 능력을 표현할 수단으로 다음에서 소개하는 여덟 가지의 포괄적인 범주 또는 '지능'을 제안하였다.

- 언어: 말하기(예: 스토리텔러, 연설가, 정치인)나 쓰기(예: 시인, 극작가, 편집자, 기자)에서 단어를 효율적으로 사용할 수 있는 능력이다. 이 지능에는 구문론 또는 언어의 구조, 음운론 또는 언어의 소리, 의미론 또는 언어의 의미 그리고 실용적 차원 또는 언어의 실제 사용 등을 잘 다룰 수 있는 능력이 포함된다. 실제 사용이라 함은 수사법(언어를 사용하여 타인이 일련의 행동을 취하도록 하는 것), 암기법(언어를 사용하여 정보를 기억하는 것), 설명(언어를 사용하여 정보를 주는 것), 메타언어(언어를 사용하여 언어 자체에 대해 이야기하는 것) 등을 말한다.
- 논리-수학: 숫자를 효율적으로 사용(예: 수학자, 회계사, 통계 전문가)하고 잘 추론(예: 과학자, 컴퓨터 프로그래머, 논리학자)할 수 있는 능력으로, 이 지능은 논리적 규칙이나 관계, 진술이나 명제(조건문, 인과관계), 함수 및 관련 개념에 대한 민감성을 포함한다. 논리-수학 지능을 발현할 때 사용되는 처리 과정의 종류로는 조직화, 분류, 추론, 일반화, 계산, 가설 검증 등이 있다.
- 공간: 시공간적 세계를 정확하게 인지(예: 사냥꾼, 정찰병, 여행 가이드)하고 그 인식에 기반을 두고 변화를 가미(예: 실내 장식가, 건축가, 예술가, 발명가)할 수 있는 능력이다. 이 지능은 색깔, 선, 모양, 형태, 공간 및 이들 요소 사이의 관계에 대한 민감성과 관련되어 있다. 또한 시각화하고, 시각적 또는 공간적 아이디어를 도식으로 표현하며, 공간적 상황 안에서 자신의 위치를 파악하는 능력을 포함한다.

- 신체-운동: 자신의 신체로 생각이나 느낌을 표현하는 기술(예: 연기자, 마임 공연자, 운동선수, 무용가)과 손으로 무언가를 만들거나 변형시킬 수 있는 재능(예: 명장, 조각가, 정비사, 외과의사)을 말한다. 이 지능은 조정력(coordination), 균형, 손재주, 힘, 유연성, 속도 및 고유수용성(proprioceptive) 감각과 촉각적 능력(tactile and haptic capacities) 등 구체적인 신체 기술을 포함한다.
- 음악: 음악적 형식을 인지(예: 음악애호가)하고 평가(예: 음악평론가)하며, 변형(예: 작곡가)하거나 표현(예: 연주자)하는 능력이다. 이 지능은 리듬, 음의 높낮이 또는 선율, 곡의 음색에 대한 민감성을 반영한다. 개인은 수식적으로 또는 '하향식(top-down)' 으로 음악을 이해하거나(전반적 · 직관적으로), 형식적으로 또는 '상향식(bottom-up)' 으로 이해할 수 있으며(분석적 · 기술적으로), 두 방식 모두를 사용할 수도 있다.
- 대인관계: 다른 사람의 분위기나 의도, 동기, 느낌 등을 지각하고 구분할 수 있는 능력이다. 표정, 목소리, 몸짓에 대한 민감성, 대인관계에서 나타날 수 있는 다양한 신호를 분별하는 능력, 그러한 신호에 현실적으로 대응하는 능력(가령, 한 무리의 사람들이 특정 행동을 취하도록 영향력을 행사하는 것) 등이 해당한다.
- 자기성찰: 자기 지식(self-knowledge)과 그에 따라 적응적으로 행동하는 능력이다. 즉, 자기 자신(강점과 약점)에 대한 정확한 상을 가지고, 내면의 감정, 의도, 동기, 기질, 욕망 등을 인

식하며, 높은 자기 훈련(self-discipline), 자기 이해, 자아존중감을 보이는 것을 말한다.

- 자연탐구: 자신을 둘러싼 환경의 수많은 동식물 종을 알아보고 분류할 수 있는 능력이다. 다른 자연현상(예: 구름 형성, 산 등)에 대한 민감성을 말하며, 도시 환경에서 성장한 경우에는 자동차나 운동화, CD 커버와 같은 무생물을 식별할 수 있는 능력을 포함한다.

다중지능 이론의 이론적 토대

많은 사람이 앞서 소개한 범주들, 특히 음악, 공간, 신체-운동 지능 등을 보며 왜 가드너가 재능이나 소질이라는 말 대신 지능이라는 용어를 고집하는지 궁금해한다. 가드너는 사람들이 "그는 그렇게 똑똑하지는(intelligent) 않은데 굉장한 음악적 소질이 있어."와 같은 말에 익숙하다는 것을 깨달았고, 각 범주를 표현할 때 지능이라는 단어를 사용하는 것이 어떠한 의미를 지니는지 잘 알고 있었다. 그는 한 인터뷰에서 이렇게 말했다. "저는 일부러 약간 도발하려는 마음이 있습니다. 만약 제가 일곱 가지 능력(competencies)이 있다고 이야기한다면 사람들은 하품을 하며 "그래, 그래."라고 말하겠죠. 그렇지만 그것을 '지능(intelligences)'이라고 부르는 순간, 우리는 하나의 지능을 너무 숭배하는 경향이 있지만 사실은 다수의 지능이 있다는 것을 알 수 있으며, 그중 몇몇은 '지능' 일

것이라고는 전혀 상상도 안 해 봤던 것을 말하고 있음을 알 수 있습니다."(Weinreich-Haste, 1985, p. 48) 가드너는 자신의 주장을 뒷받침할 탄탄한 이론적 토대를 세우기 위해 단순한 재능이나 기술, 소질이 아닌 어엿한 지능으로 인정하려 할 때 충족해야 하는 각 지능별 기본 '준거'를 설정했다. 그가 사용한 준거는 다음의 여덟 가지 요인을 포함한다.

1. 뇌손상으로 인한 독특성(potential isolation)
2. 서번트(savant), 영재 및 기타 예외적인 사람들의 존재
3. 독특한 발달 이력과 '최상위 수준(end-state)' 전문가의 존재
4. 진화 역사와 진화적 타당성
5. 심리검사를 통한 검증 가능성
6. 심리학 실력을 통한 검증 가능성
7. 확인 가능한 핵심 운영(체계)
8. 기호(언어)를 사용하여 상징 체계를 구축할 수 있는 가능성

뇌손상으로 인한 독특성

가드너는 보스턴 재향군인 관리국(Boston Veterans Administration)에서 사고나 질병으로 뇌의 특정 영역에 손상을 입은 사람들을 관찰한 적이 있다. 그는 몇 가지 사례에서 뇌병변이 하나의 지능에만 선택적으로 손상을 가하고, 다른 지능들에는 영향을 미치지 않음을 발견했다. 예를 들어, 브로카 영역(좌뇌 전두엽)에 병

변이 발생한 사람은 언어 지능에 상당한 수준의 손상을 입어 말하기, 읽기, 쓰기에 큰 어려움을 겪게 된다. 하지만 노래나 수학, 춤, 감정에 대한 반응, 다른 사람들과의 관계에는 아무런 문제없이 살아갈 수 있다. 우반구의 측두엽에 병변이 있는 사람은 음악적 능력에, 전두엽에 병변이 있는 사람은 주로 개인적 지능(personal intelligence)에 손상을 입을 수 있다.

가드너는 비교적 자동화된 여덟 가지 뇌 체계의 존재를 주장하였다. 이는 1970년대에 유명했던 '우뇌/좌뇌' 학습 모델보다 더 정교한 최신 버전이다. 〈표 1-1〉에서 각 지능에 상응하는 뇌 구조를 확인할 수 있다.

서번트, 영재 및 기타 예외적인 사람들의 존재

가드너는 마치 평평한 지평선을 배경으로 우뚝 솟은 거대한 산처럼 한 지능만 높은 수준으로 기능하는 사람들이 있다고 이야기한다. 서번트란 부분적으로 한 가지 지능에서 매우 뛰어난 능력을 보여 주면서 하나 이상의 다른 지능은 낮은 수준으로 기능하는 사람을 일컫는다. 아마 여덟 가지 지능 각각에 대한 서번트가 존재하는 것으로 보인다. 예를 들어, 실화에 기반을 둔 영화 〈레인맨(Rainman)〉(1988)에서 배우 더스틴 호프만(Dustin Hoffman)은 논리-수학적 자폐증 서번트(logical-mathematical autistic savant)인 레이먼드를 연기한다. 레이먼드는 여러 자릿수의 큰 숫자를 암산으로 매우 빠르게 계산해 내는 등 놀라운 수학적 재능을 가지고

〈표 1-1〉 다중지능 이론

지능	언어	논리-수학	공간	신체-운동	음악	대인관계	자기성찰	자연탐구
핵심 요소	단어나 언어의 소리, 구조, 의미, 기능에 대한 민감성	논리적·수학적 패턴을 파악하는 민감성 또는 능력	시공간적 세계를 정확하게 인지하고, 초기 인식에 따라 변형을 가하는 능력	신체의 움직임을 통제하고 사물을 능숙하게 다루는 능력	리듬, 음의 높낮이와 음색을 만들어 내거나 감상하는 능력, 음악적 표현력에 대한 감상 능력	타인의 분위기, 기질, 동기 및 욕망을 알아채고 적절하게 반응하는 능력	자신의 '느낌'을 알아채고 감정을 분별하는 능력, 자신의 강점과 약점에 대한 지식	어느 종에 속하는지 잘 구분해 내고, 관련 종의 존재를 알며, 형식적·비형식적으로 둘 이상의 종 간 관계를 파악해 내는 능력
상징 체계	표음문자 또는 음성언어 (예: 영어)	컴퓨터 언어 (예: 베이식)	표의문자 (예: 중국어)	수화, 브라유 점자*	음악 표기법, 모스 부호	사회적 신호 (예:몸짓,표정)	자기 자신을 나타내는 상징(예: 꿈이나 예술 작품)	종 분류 체계 (예: 린네), 서식지 지도

* 최근의 연구 결과는 미국 수화를 비롯한 많은 수화가 모국어 토대와 밀접하게 연계되어 있다고 주장한다(예: Sacks, 1990 참고).

지능	언어	논리-수학	공간	신체-운동	음악	대인관계	자기성찰	자연탐구
최상위 수준	작가, 연설가(예: 버지니아 울프, 마틴 루터 킹 주니어)	과학자, 수학자(예: 퀴리 부인, 블레이즈 파스칼)	예술가, 건축가(예: 프리다 칼로, 이오 밍 페이)	운동선수, 무용가, 조각가(예: 마사 그레이엄, 오귀스트 로댕)	작곡가, 연주자(예: 스티비 원더, 미도리)	상담자, 정치적 지도자(예: 칼 로저스, 넬슨 만델라)	심리치료사, 종교 지도자(예: 지그문트 프로이트, 부처)	동식물 연구자, 동물권익 보호론자(예: 찰스 다윈, 에드워드 오스본 윌슨, 제인 구달)
신경학적 체계 (주요 영역)	좌반구 측두엽과 전두엽(예: 브로카·베르니케 영역)	좌반구 전두엽과 우반구 두정엽	우반구의 후부 영역	소뇌, 기저핵, 운동피질	오른쪽 측두엽	전두엽, 측두엽(특히 우반구), 대뇌 변연계	전두엽, 두정엽, 대뇌 변연계	'생물'과 '무생물'을 구분할 때 중요한 역할을 하는 좌측 두정엽의 부분
발달 요인	아동기 초기에 '폭발'하며, 노년기까지 유지되는 경향이 강함.	청소년기와 성인기 초기에 정점을 찍으며, 높은 수학적 통찰력은 40세 이후 감소함.	아동기 초기의 위상적 사고는 9~10세경 기하학적 패러다임을 발달시키며, 노년기에도 유지됨.	요소(힘, 유연성)나 영역(체조, 야구, 마임)에 따라 다름.	가장 먼저 발달하는 지능, 영재는 발달적 위기를 겪는 경우가 있음.	애착, 특히 3세까지의 유대감이 중요함.	3세까지 '나'와 '다른 사람'의 경계 형성이 중요함.	소수의 아동에게서 극적으로 나타남, 학교 교육이나 경험이 형식적·비형식적 전문성을 증가시킬 수 있음.

지능	언어	논리-수학	공간	신체-운동	음악	대인관계	자기성찰	자연탐구
문화적 가치를 두는 방식	구술사, 스토리텔링, 문학	과학적 발견, 수학 이론, 계산과 분류 체계	예술작품, 네비게이션 시스템, 건축 디자인, 발명	공예, 육상경기, 극 저작물, 조각	작곡, 연주, 녹음	정치적 문건, 사회제도	종교 체계, 심리학 이론, 통과의례	민속분류법, 약초에 관한 지식, 사냥 의례, 애니미즘
진화론적 기원	3만 년 전 기록된 기호의 발견	초기 숫자 체계와 달력의 발견	동굴벽화	선사시대 도구 사용의 증거	석기시대 악기의 증거	수렵, 채집을 위한 공동체 생활	고대 종교생활의 증거	초기 사냥 도구를 통해 다른 종에 대한 이해를 보여줌.
다른 종에서 발견되는 사례	유인원의 이름 짓기 능력	춤을 통해 거리를 계산하는 꿀벌	여러 종의 영역 본능	영장류, 개미핥기 및 여러 종의 도구 사용	새의 노래	유인원이나 다른 종에게서 발견되는 모성애	침팬지는 자신을 거울에 비추어 볼 수 있으며, 오랑우탄은 두려움을 느낌.	먹이와 먹이가 아닌 것을 구분하는 수많은 종의 사냥 본능

지능	언어학	논리-수학	공간	신체-운동	음악	대인관계	자기성찰	자연탐구
(현재 미국의 상황과 관련된) 역사적 요인	인쇄 시대 이전에는 구전이 더욱 중요했음.	컴퓨터의 영향으로 더 중요해짐.	비디오를 비롯한 시각적 기술의 출현으로 더욱 중요해짐.	농경사회 이전에 더 중요했음.	의사소통이 더 음악적이었던 구전문화에서 더 중요했음.	서비스경제가 활성화될수록 중요해짐.	의사 결정이 필요한 사회의 복잡성이 심화되면서 계속 중요성을 유지하고 있음.	농경제 사회에서 더 중요했으나, 산업혁명이 일어나며 중요성이 떨어졌음. 그러나 현제는 위험에 처한 환경을 보존하는 '지구지능(earth-smarts)'이 각광받고 있음.

있지만 또래 관계나 언어 기능, 자아 성찰 등에서 결핍을 보인다. 이 외에도 그림을 특출하게 잘 그리는 서번트나 놀라운 음악적 기억 능력(가령, 음악 작품을 딱 한 번 듣고 바로 연주해 내는 능력)을 가진 서번트, 복잡한 문서를 읽어 내지만 내용은 이해하지 못하는 서번트(초독서증), 자연이나 동물에 특별한 감수성을 보이는 서번트도 있다(Grandin & Johnson, 2006; Sack, 1995 참고).

독특한 발달 이력과 '최상위 수준' 전문가의 존재

가드너는 문화적으로 인정받는 활동에 참여함으로써 지능이 활성화되며, 그 안에서 개인의 성장이 발달 패턴을 따르게 된다고 본다. 지능에 기반을 둔 모든 활동에는 고유한 발달 경로가 있다. 즉, 각 활동은 아동기 초반에 생겨나는 시점이나 생애 중 정점을 찍는 시점이 다르며, 노년으로 접어들면서 빠르게 또는 천천히 감소하는 고유한 패턴이 있다. 예를 들어, 작곡은 가장 이른 시기에 전문성을 인정받는 활동 중 하나다. 실제로 볼프강 아마데우스 모차르트(Wolfgang Amadeus Mozart)는 겨우 4세에 작곡을 시작했다. 또한 많은 작곡가와 연주자가 80대나 90대에도 왕성하게 활동하는 점을 고려한다면 작곡의 전문성은 고령에도 여전히 강력하게 유지된다고 볼 수 있다.

한편, 수학적 능력은 그와는 조금 다른 경로를 보인다. 작곡 능력만큼 이른 시기에 나타나지는 않지만(예를 들어, 4세 아동은 새로운 논리적 원칙을 만들어 내지 못한다) 전 생애를 놓고 볼 때 비교적

이른 시기에 정점에 다다른다. 실제로 여러 훌륭한 수학적·과학적 아이디어는 블레이즈 파스칼(Blaise Pascal)이나 카를 프리드리히 가우스(Karl Friedrich Gauss)와 같은 학자들이 10대 청소년일 때 제시한 것이다. 수학적 발상의 역사를 거슬러 올라가 보면, 40세가 넘은 사람에게서 나온 수학적 통찰은 거의 없었음을 알 수 있다. 따라서 사람들이 이 정도 나이가 되면 훌륭한 수학자로서의 역할은 끝나 간다고 볼 수 있다! 하지만 이러한 하락은 수표책을 결산하는 등 실용적인 기술에는 영향을 미치지 않는 것으로 보이기 때문에 안심해도 될 것 같다.

성공적인 소설가는 40세나 50세 또는 그 후에도 얼마든지 나올 수 있다. 노벨 문학상 수상자인 토니 모리슨(Toni Morrison)은 39세 이전에 소설을 발표한 적이 없다. 심지어 모지스(Moses) 할머니처럼 75세가 넘은 후에도 화가가 되기로 마음먹을 수 있다. 가드너는 우리가 여덟 가지 지능을 이해하기 위해서는 서로 다른 발달 경로를 고려할 필요가 있다고 말한다. 장 피아제(Jean Piaget)는 논리-수학 지능의 전반적인 그림을 제시하지만, 개인적 지능의 발달 경로를 알기 위해서는 에릭 에릭슨(Erik Erikson)의 지식을, 언어 지능의 발달 모델을 알기 위해서는 노암 촘스키(Noam Chomsky)나 레프 비고츠키(Lev Vygotsky)의 지식을 빌려야 한다. 〈표 1-1〉을 통해 각 지능의 발달 경로를 확인할 수 있다.

가드너(1993b)는 특출한 실존 인물의 삶에서 지능의 '최상위 수준'을 공부함으로써 지능의 정점을 가장 잘 볼 수 있다고 언급한다. 예를 들어, 우리는 베토벤(Beethoven)의 영웅교향곡을 공부함으로써 음악 지능을, 찰스 다윈(Charles Darwin)의 진화이론을 통해 자연탐구 지능을, 부오나로티 미켈란젤로(Buonarroti Michelangelo)의 시스틴 성당 벽화를 통해 공간 지능을 이해할 수 있다. 각 지능의 최상위 수준 역시 〈표 1-1〉에서 확인할 수 있다.

진화 역사와 진화적 타당성

가드너는 각각의 여덟 가지 지능이 인류의 진화에 기원을 두고 있으며 그 전에는 다른 종의 진화에서 출발했다고 판단한다. 예를 들어, 공간 지능은 라스코 동굴벽화를 통해서나, 꽃을 찾을 때 자신의 위치를 아는 곤충들에게서 공부할 수 있다. 비슷하게, 음악 지능은 초기 악기의 고고학적 증거나 다양한 새의 노래를 통해 그 기원을 거슬러 올라갈 수 있다. 〈표 1-1〉에서 각 지능의 진화적 기원을 볼 수 있다.

다중지능 이론에는 그 역사적 맥락이 있다. 어떤 지능은 지금보다 예전에 더 중요했던 것으로 보인다. 예를 들어, 자연탐구 지능과 신체-운동 지능은 미국에서 대다수의 사람이 시골 지역에 살고 사냥, 추수, 저장고 건설이 사회적으로 중요하던 100년 전쯤에 더 가치 있게 평가되었을 것이다. 비슷하게, 어떤 지능은 예전보다 더 중요해지고 있다. 가령, 점점 더 많은 사람이 영화, 텔레비전, DVD나 온라인 자원을 통해 정보를 얻을수록 공간 지능의 가치는 더욱 높아질 것이다. 또한 위험에 처한 환경을 보호하기 위한 자연탐구 지능이 높은 사람도 갈수록 더 많이 필요해질 전망이다. 〈표 1-1〉은 각 지능의 중요성에 영향을 미친 역사적 요인에 대해 설명하고 있다.

심리검사로 검증

인간의 능력에 대한 표준화된 측정은 많은 학습유형 이론뿐 아니라 대부분의 지능 이론에서 모형의 타당성을 확인하기 위한 검사에 사용된다. 가드너는 표준화 검사를 개발하지도 않았고 사실 형식검사의 대안을 열렬히 옹호하지만(10장 참고), 다중지능 이론을 지지하는 입장에서 여러 표준화 검사를 살펴볼 수 있다고 말한다(비록 표준화 검사가 두드러지게 탈맥락적인 방식으로 다중지능을 평가한다고 지적하기는 했지만 말이다). 예를 들어, 웩슬러 아동용 지능검사는 언어 지능(예: 정보, 어휘), 논리-수학 지능(예: 계산), 공간 지능(예: 그림 배열)과 약간의 신체-운동 지능(예: 모양 맞추기)을 필요로 하는 하위검사를 포함한다. 또 다른 검사들은 개인적 지능을 살짝 다루기도 한다(예: 바인랜드 적응행동척도와 쿠퍼스미스 자아존중감 목록). 여덟 가지 지능에 관련된 형식검사의 유형은 3장에서 소개할 것이다.

심리학 실험으로 검증

가드너는 구체적인 심리학 연구들을 살펴봄으로써 각 지능이 서로 독립적으로 작용함을 확인할 수 있다고 주장한다. 예를 들어, 실험 참여자들이 읽기와 같은 특정 기술을 숙달했지만 수학과 같은 다른 영역으로 능력을 전환시키지는 못한 연구를 통해 언어 지능이 논리-수학 지능으로 전환되지 못했음을 볼 수 있다. 비슷하게, 기억, 인식, 주의와 같은 인지 능력에 관한 연구에서는 사람들이 선택적으로 몇 가지의 능력을 가지고 있다는 증거를 확인할 수 있다. 예를 들어, 어떤 사람은 단어 기억력은 뛰어나지만 얼굴은 잘 기억하지 못할 수 있고, 다른 사람은 음악적 소리는 예리하게 인식하지만 언어적 소리는 그렇지 못할 수 있다. 즉, 이러한 인지적 능력은 각각 지능 특정적(intelligence-specific)이며, 사람들은 각각의 인지적 영역 안에서 다른 수준의 여덟 가지 지능을 가지고 있을 수 있다.

확인 가능한 핵심 운영(체계)

가드너는 컴퓨터 프로그램이 제대로 기능하기 위해서 운영체계(예: 도스)가 필요한 것처럼, 각 지능도 그에 따른 고유한 행동을 이끌어 내기 위해서 일련의 핵심 운영체계를 지닌다고 말한다. 예를 들어, 음악 지능에서는 음의 높낮이에 대한 민감성이나 다양한 리듬 구조를 구분하는 능력 등이 해당할 것이다. 한편, 신체-운동 지능에서의 핵심 작용은 다른 사람의 움직임을 따라 하는 능력 또는 구조물 건설을 위해 확립된 미세 운동 기능을 숙달하는 능력 등이라고 볼 수 있다. 가드너는 이러한 핵심 운영체계가 언젠가는 컴퓨터에서 모의 실험할 수 있을 만큼 정확하게 밝혀질 것이라고 본다.

기호(언어)를 사용하여 상징 체계를 구축할 수 있는 가능성

가드너에 따르면, 인지적 행동을 가장 잘 나타내 주는 것은 바로 상징을 사용하는 능력이다. '고양이' 라는 단어는 그저 인쇄된 기호 모음에 지나지 않지만 자신과 연관된 것들과 각종 이미지, 기억을 떠올리게 할 것이다. 이때 일어난 상황이 바로 실제로는 여기에 없는 무언가를 현재로 '끌어오는 것(re-present-ation)'이다. 가드너는 상징화 능력이 인간을 다른 종들과 구분하는 가장 중요한 요소 중 하나라고 주장한다. 그는 자기 이론의 여덟 가지 지능이 각각 상징(기호) 준거를 만족시킨다고 언급한다. 실제로 각각의 지능에는 고유한 상징 또는 표기법이 있다. 언어 지능에는 영어, 프랑스어, 스페인어와 같은 수많은 음성 언어와 문자 언어가 있다. 공간 지능에는 건축가, 공학자, 디자이너가 사용하는 일종의 그래픽 언어는 물론이고 중국어와 같은 표의 문자도 있다. 〈표 1-1〉에서 모든 여덟 가지 지능의 상징(언어) 체계를 확인할 수 있다.

다중지능 이론의 핵심

여덟 가지 지능 및 그 이론적 배경에 대한 설명과 더불어, 다중지능 이론의 핵심 요소를 짚어 보는 것도 중요하다.

모든 사람은 여덟 가지 지능을 모두 가지고 있다. 다중지능 이론은 잘 맞는 하나의 지능만을 찾는 '유형 이론'이 아니다. 이는 인지적 기능에 대한 이론이며, 모든 사람이 여덟 가지 지능의 모든 영역에서 능력을 가지고 있다고 본다. 물론 여덟 가지 지능이 서로 기능하는 방식은 사람마다 다를 것이다. 어떤 사람은 거의 모든 지능에서 높은 수준을 지니고 있을 수 있다. 예를 들어, 독일의 요한 볼프강 폰 괴테(Johann Wolfgang von Goethe)는 시인이자 정치인, 과학자, 동식물 연구가이며 철학자이기도 했다. 한편, 발달장애인을 위한 기관에 있는 중증장애인들은 가장 기본적인 면을 제외하고는 모든 지능에서 결핍이 있는 것으로 보인다. 대부분의 사람은 이러한 양극단 사이 어딘가에 위치하고 있을 것이다. 어떤 지능은 매우 잘 발달되어 있고, 어떤 것은 보통이며, 나머지는 다소 덜 발달된 상태로 말이다.

대부분의 사람은 각각의 지능을 적절한 수준으로 발달시킬 수 있다. 비록 특정 영역에서의 결핍을 슬퍼하면서 자신의 문제가 선천적이며 다루기 힘든 것이라고 생각할 수도 있지만, 가드너는 적절한 격려와 강화, 교수만 받는다면 거의 모든 사람이 여덟 가지 지능 모두를 적절히 높은 수준까지 발달시킬 수 있다고 주장한다. 그는 스즈키 재능교육 프로그램(Suzuki Talent Education Program)을 예로 들며, 생물학적으로 평범한 음악적 재능을 가진 사람이 알맞은 환경적 영향(예: 부모의 관심, 영아기부터 클래식 음악에 노출됨, 조기교육) 속에서 어떻게 바이올린이나 피아노를 전문적인 수준으로 연주할 수 있는지 이야기한다. 이러한 교육 모델은 다른 지능에서도 발견된다(예를 들어, 그림 그리기를 통해 공간 이론을 향상하는 방법은 Edwards, 1989 참고).

지능은 보통 복잡한 방식으로 함께 작용한다. 가드너는 앞서 소개한 각각의 지능이 사실은 '허구'라고 말한다. 즉, 삶 속에서 어떤 지능도 독자적으로 존재할 수는 없다는 것이다(서번트나 뇌손상과 같이 매우 예외적인 경우를 제외하고). 각 지능은 언제나 상호작용한다. 식사를 준비하기 위해서는 조리법을 읽어야 하고(언어적), 가끔은 조리법에 나온 분량에 2를 곱해야 하며(논리-수학적), 모든 가족이 좋아할 만한 메뉴를 생각해 내야 하고(대인관계), 자신의 입맛에도 맞게 요리해야 한다(자기성찰). 아동이 발야구를 할 때도 신체-운동 지능(달리고 차고 잡기), 공간 지능(운동장에서 자신의 위치를 알고 날아가는 공의 궤적을 예측하기), 언어 지능 및 대인관계 지능(게임 중 논쟁이 벌어졌을 때 자신이 하고픈 말을 전달하기)이 필요하다. 다중지능 이론에서 각 지능을 맥락에 관련 없이 설명한 것은 오로지 각각의 주요한 특징과 효율적 사용법을 알게 하기 위함이다. 이러한 공식적 공부를 마치고 나면 반드시 특정한 문화적 맥락 안에서 지능을 바라봐야 한다.

각각 지능 영역 안에서 다양한 방식으로 뛰어날 수 있다. 특정 영역에서 똑똑한 것으로 인정받기 위해 반드시 갖추어야 하는 기준 같은 것은 없다. 따라서 읽지 못하는 사람도 굉장한 이야기를 전달할 수 있으며, 심지어 그중 어휘 표현이 풍부한 사람이라면 언어 지능이 높을 수도 있다. 이와 비슷하게, 운동에는 소질이 없지만 뜨개질로 카펫을 뜨거나 아름다운 체스 테이블을 만들 수 있다면 우수한 신체-운동 지능을 가지고 있는 것이다. 다중지능 이론은 사람들이 지능 사이와 그 안에서 재능을 보일 수 있는 매우 다양한 방법을 강조한다(각 지능의 다양한 속성에 대한 자세한 정보는 3장에서 볼 수 있다).

다른 지능의 존재

가드너는 자신의 모델이 잠정적인 형태라고 말했다. 후속 연구와 실험을 거친 결과, 그가 나열한 몇몇 지능은 앞서 소개한 여덟 가지 준거를 만족시키지 않아 더 이상 지능으로 인정하기 어렵게 되어 버렸다. 그러나 다양한 검사를 만족시키는 새로운 지능을 밝혀낼 수는 있다. 실제로 가드너는 이러한 신념에 기초하여 각각의 여덟 가지 준거를 만족시키는 새로운 지능인 자연탐구 지능을 추가하였다. 또한 아홉 번째 지능인 실존 지능에 대한 고려도 모든 준거를 만족시키는 데서 출발했다(실존 지능에 관한 자세한 논의는 14장 참고). 가드너 이외의 다른 사람들이 제안한 또 다른 지능으로는 영성, 도덕성, 유머, 직관, 창조성, 요리 능력, 후각, 다른 지능을 합칠 수 있는 능력, 기계 지능 등이 있다. 이렇게 제안된 지능들이 앞서 언급한 여덟 가지 검사를 통과할 수 있는지는 더 지켜보아야 할 것이다.

다중지능 이론 간의 관계

가드너의 다중지능 이론이 지능 개념에 대해 고심한 첫 번째 모델은 물론 아니다. 지능에 대한 이론은 마음이 심장이나 간 또는 신장에 있다고 믿던 고대부터 있었다. 보다 최근의 지능 이론은 한 가지 지능 유형(스피어먼[Spearman]의 'g')부터 150가지 지능 유형(길퍼드[Guilford]의 '지능 구조')까지 다양한 이론 사이에서 나타났다.

점점 늘어나는 학습유형 이론 또한 언급할 가치가 있다. 가드너는 다중지능 이론을 '학습 유형' 개념과 구분하려고 했다. 그는 다음과 같이 적은 바 있다. "유형이라는 개념은 상상할 수 있는 모든 내용에 똑같이 적용할 수 있는 일반적 접근을 말한다. 대조적으로, 지능은 고유한 처리 과정을 가지며 특정 내용(음악적 소리나 공간적 패턴 등)에 적합한 능력이다." (Gardner, 1995, pp. 202-203) 가드너에 따르면, 예를 들어 공간 지능이 매우 높은 사람이 전 생애에 걸쳐 모든 면에서 그 능력을 보여 줄 것이라는 명확한 증거는 아직 없다(예: 공간적으로 세차하기, 공간적으로 아이디어를 곱씹어 보기, 공간적으로 교제하기 등). 그는 이러한 과제가 아직 경험적으로 연구되지 않은 채로 남아 있다고 주장한다(이러한 방면에서의 시도 사례는 Silver, Strong, & Perini, 1997 참고).

그럼에도 학습자들은 새로운 정보(이 경우 다중지능 이론)를 기존의 도식(scheme)이나 모델(학습자에게 가장 익숙한 학습유형 모델)에 연결함으로써 지식을 확장하는 경향이 있으므로 지난 20년간 명성을 얻어 온 많은 학습유형 이론과 다중지능 이론을 연결하고 싶어 한다. 그러나 부분적으로는 앞서 제시한 것 때문에, 또 한편으로는 다중지능 이론이 현존하는 대부분의 학습유형 이론과는 근본 구조가 다르기 때문에 이 작업은 생각보다 쉽지 않다. 다중지능 이론은 사람들이 어떻게 지능을 사용하여 문제를 해결하고 생산물을 만들어 내는지 설명하고자 하는 인지 모델이다. 주로 과정에 중심을 둔 다른 모델들과는 다르게 가드너의 접근 방식은 인간의 마음이 세상의 내용(예: 물건, 사람, 숫자 규칙 등)에 어떻게 작용하는지에 특별히 초점을 맞추고 있다. 언뜻 보기에 관련되어 보이는 시청각 운동감각 모델(Visual-Auditory-Kinesthetic model)도 사실은 감각경로 모델이라는 점에서 다중지능 이론과 매우 다르다. (다중지능 이론은 감각에만 집중하고 있지 않다. 앞을 보지 못하면서 공간 이론을 가질 수도 있고, 듣지 못하면서 음악적일 수도 있다. 세계적으로 유명한 타악기 연주자인 에블린 글레니[Evelyn Glennie]가 그 전형적인 예다.) 또 다른 유명한 이론인 마이어스-브릭스 모델(MBTI, Myers-Briggs model)은 카를 융(Karl Jung)의 이론적 배경에 기초한 성격 이론이다. 이러한 모델들과 다중지능 이론을 관련지으려는 시도는 사과와 오렌지를 비교하려는 것과 유사하다. 관계와 연관성을 살펴볼 수는 있겠지만, 그러한 노력은 '장님과 코끼리 이야기' 와 다를 게 없을 것이다. 각각의 모델이 학습자의 각기 다른 면을 만지고 있기 때문이다.

더 생각해 볼 문제

1. 가드너의 『마음의 틀(*Frames of Mind: The Theory of Multiple Intelligence-10th Anniversary Edition*)』(1993a)을 교재로 사용하는 스터디 그룹을 조직한 후 각자 한 장씩 발표해 본다. 이렇게 스터디 그룹 구성원들이 모여서 다중지능학교를 설립하게 된 사례도 있다(Hoerr, 2000).

2. 가드너의 『다중지능(*Intelligence Reframed: Multiple Intelligences for the 21st Century*)』(1999)과 『다중지능(*Multiple Intelligence: New Horizons in Theory and Practice*)』(2006)의 참고문헌을 조사하여 다중지능 모델을 더욱 다양하게 연구해 본다.

3. 새로운 지능을 제안해 본 후 제안한 지능이 다중지능 이론 준거에 의거하여 적절한지 평가해 본다.

4. 다중지능의 각 지능을 나타내는 상징을 수집해 본다. 로버트 킴(Robert McKim)의 저서인 『시각 사고의 경험(*Experiences in Visual Thinking*)』(1980)은 디자이너, 건축설계사, 예술가, 발명가가 사용하는 공간 '언어(상징)'의 예를 제시하고 있다. 또한 음악사 책을 통해 예전에 쓰인 음악 상징 및 악보에 쓰이는 기호를 찾아본다.

5. 각 지능에 있어서 서번트(savant, 장애영재)인 실제 인물을 알아본다. 가드너의 『마음의 틀』은 논리 · 수학 · 공간 · 음악 · 언어 · 신

체-운동 지능의 실제 인물을 소개하고 있다. 올리버 삭스(Oiver Sacks, 1985, 1995)는 기묘하게 지능에 영향을 받은 특정 뇌손상 장애영재에 대한 사례 연구를 진행하였다.

6. 다중지능과 여러 학습유형 모델(예: VAKT, MBTI, Dunn과 Dunn 등)을 연계해 본다.

02 다중지능 이론과 발달

당신이 만드는 학교 계획이 어떠한 종류의 것인지는 중요하지 않다. 중요한 것은 당신이 어떤 종류의 사람인가 하는 것이다.

–루돌프 슈타이너(Rudolf Steiner)–

어떤 학습 모델을 교실 환경에 적용하기 전에 우리는 그것을 교육자로서 우리 자신에게, 혹은 성인 학습자에게 먼저 적용해 보아야 한다. 우리가 그 이론에 대한 실험적 이해를 가지고 있지 않거나 내용을 개별화하지 않았다면 학생에게 사용하기 쉽지 않을 것이다. 결국 다중지능 이론을 사용하는 데 있어 중요한 단계(1장에서 소개한 기본적인 이론 토대를 가진 이후)는 우리가 가진 다중지능의 특징과 질을 밝히고 우리의 삶에서 그것을 개발할 방법을 찾는 것이다. 이 일을 시작함으로써 여덟 가지 지능 각각에서 우리가 가지고 있는 특정한 능숙함 혹은 미숙함이 우리가 교육자로서 가지는 다양한 역할 수행 능력에 어떠한 영향을 미치는지

명백하게 알 수 있을 것이다.

다중지능 확인하기

3장과 10장에서 학생 평가에 대해 더 자세하게 살펴볼 것이지만, 한 사람의 다중지능 프로파일을 개발하는 것은 간단한 문제가 아니다. 어떤 검사도 한 사람의 지능 특징이나 질을 정확하게 평가할 수 없다. 가드너가 반복적으로 지적한 대로 표준화 검사는 전체적인 능력 범위의 작은 일부분만을 측정할 뿐이다. 따라서 다중지능을 평가하는 최선의 방법은 각각의 지능과 관련된 많은 종류의 과제, 활동 그리고 경험 영역에서의 수행을 실제적으로 평가하는 것이다. 여러 가지 인위적 학습 과제를 수행하기보다는 이러한 여덟 가지 지능을 이미 포함하고 있는 실생활 경험을 돌아보라. 〈자료 2-1〉에 있는 다중지능 목록이 도움이 될 수 있다.

〈자료 2-1〉 성인용 다중지능 목록

다음 각 지능 범주를 나타내는 진술문 중 해당하는 항목에 표시하세요. 각 지능의 마지막 부분에는 항목에 구체적으로 언급되지 않은 부가 정보를 쓸 수 있는 여백이 마련되어 있습니다.

언어 지능

___ 책은 나에게 매우 중요하다.

___ 나는 단어를 읽고, 말하고, 쓰기 전에 머릿속에서 그것을 들을 수 있다.

___ 나는 TV나 영화보다 라디오나 구어 녹음을 듣는 것을 통해 더 많은 것을 얻는다.

___ 나는 Scramble(역자 주: 철자가 적힌 플라스틱 조각들로 글자 만들기를 하는 보드게임의 하나), Anagrams(역자 주: 문자를 재배열하여 단어가 되도록 하는 문제[예: 'Elvis' 와 'lives' 의 조합]), Password 같은 단어 게임을 즐긴다.

___ 나는 혼자 또는 다른 사람들과 tongue twisters(역자 주: 발음하기 어려운 어구[예: 'She sells seashells on the seashore.' 따위]), nonsense rhymes(역자 주: 무의미한 각운, 우스꽝스러운 내용으로 유머를 느낄 수 있는 음운들), 말장난 놀이를 즐긴다.

___ 다른 사람들은 때때로 내가 글에서 쓰거나 말한 단어의 의미를 설명해 달라고 요구한다.

___ 학교 교과 중 영어, 사회 그리고 역사는 수학과 과학보다 나에게 더 쉬웠다.

___ 다른 언어(예: 프랑스어, 스페인어, 독일어)를 말하거나 읽는 법을 배우는 것은 나에게 비교적 쉽다.

___ 나는 대화 시 읽은 것이나 들은 것을 빈번하게 인용한다.

___ 나는 최근 내가 특히 자랑스러웠던 것이나 다른 사람들에게 인정받은 것에 대해 써 왔다.

다른 언어 능력:

논리-수학 지능

___ 나는 암산을 쉽게 할 수 있다.

___ 수학 그리고/또는 과학은 학교에서 내가 제일 좋아하는 과목이었다.

___ 나는 논리적 사고를 요하는 게임을 하거나 머리를 써야 하는 어려운 퍼즐 혹은 문제를 푸는 것을 즐긴다.

___ 나는 작은 가설('~한다면 어떻게 될까?') 실험을 만드는 것을 좋아한다(예: "매주 내 장미덤불에 2배의 물을 준다면 어떻게 될까?").

___ 나의 사고는 사물의 패턴, 규칙 또는 논리적 순서를 찾는다.

___ 나는 과학의 새로운 진보와 발달에 흥미가 있다.

___ 나는 거의 모든 것이 합리적으로 설명될 수 있다고 믿는다.

___ 나는 때때로 명확한, 추상적인, 무언의, 무심상적인 개념으로 생각한다.

___ 나는 집이나 직장의 사람들이 말하고 행동하는 것에서 논리적 결점을 찾는 것을 좋아한다.

___ 나는 어떤 것을 측정하고 범주화하며 분석하거나 특정한 방법으로 수량화할 때 더 편안함을 느낀다.

다른 논리-수학 능력:

공간 지능

___ 나는 종종 눈을 감고서 분명한 시각적 이미지를 본다.

___ 나는 색에 민감하다.

___ 나는 내 주위에서 보는 것을 기록하기 위해 카메라나 캠코더를 자주 사용한다.

___ 나는 직소 퍼즐, 미로 찾기 그리고 다른 시각적 퍼즐 맞추기를 좋아한다.

___ 나는 밤에 생생한 꿈을 꾼다.

___ 나는 일반적으로 친숙하지 않은 장소에서 내가 갈 길을 찾을 수 있다.

___ 나는 그림을 그리거나 뭔가 끄적거리는 것을 좋아한다.

___ 학교 교과 중 기하학은 대수학보다 나에게 더 쉬웠다.

___ 나는 높은 곳에서 직접적으로 내려다보는 것처럼 어떤 사물이 어떻게 나타나는지 편안하게 상상할 수 있다.

___ 나는 그림이 많은 읽기 자료를 보는 것을 선호한다.

다른 공간 능력:

신체-운동 지능

___ 나는 적어도 한 가지 운동이나 신체 활동을 규칙적으로 한다.

___ 나는 오랜 시간 가만히 앉아 있는 것이 어렵다.

___ 나는 바느질하기, 옷감 짜기, 조각하기, 목공 또는 모형 만들기 같은 구체적인 활동에서 손을 사용해 일하는 것을 좋아한다.

___ 가장 좋은 아이디어는 종종 오래 걷거나 조깅을 할 때 또는 어떤 신체 활동을 할 때 나온다.

___ 나는 대개 여가 시간을 야외에서 보내는 것을 좋아한다.

___ 나는 다른 사람들과 대화할 때 손동작이나 다른 형태의 신체 언어를 자주 사용한다.

___ 나는 더 많이 배우기 위해 그 대상을 만져 보아야 한다.

___ 나는 놀이공원의 무서운 놀이 기구나 이와 유사한 스릴 넘치는 신체 경험을 즐긴다.

___ 나는 협응력이 좋다고 생각한다.

___ 나는 새로운 기술을 배울 때 그것에 대해 단순히 읽거나 그 기술을 묘사한 비디오를 보는 것보다 실제로 행해야 한다.

다른 신체-운동 능력:

음악 지능

___ 나는 노래 부르기에 좋은 목소리를 가지고 있다.

___ 나는 음정이 맞지 않을 때를 알아챌 수 있다.

___ 나는 라디오, 레코드, 카세트 또는 CD를 통해 음악을 자주 듣는다.

___ 나는 한 개 이상의 악기를 연주할 수 있다.

___ 음악이 없었다면 내 삶은 빈곤했을 것이다.

___ 나는 때때로 광고 음악이나 마음속에 흐르는 다른 곡조를 흥얼거리며 거리를 걷는 나 자신을 발견한다.

___ 나는 단순한 타악기를 이용해 음악의 박자를 쉽게 맞출 수 있다.

___ 나는 다른 많은 노래나 악곡의 선율을 안다.

___ 나는 음악을 한두 번 들으면 꽤 정확하게 그것을 다시 부를 수 있다.

___ 나는 일하거나 공부하거나 새로운 어떤 것을 배우면서 소리 혹은 노래를 이용해 간단한 선율을 만들 수 있다.

다른 음악 능력:

대인관계 지능

___ 내 이웃이나 직장 동료들은 조언이나 상담을 구하러 나에게 찾아온다.

___ 나는 수영, 조깅과 같은 혼자서 하는 운동보다 배드민턴, 배구, 소프트볼 같은 단체 운동을 더 좋아한다.

___ 내가 문제를 가지고 있을 때 나는 스스로 그것을 해결하려고 시도하기보다 다른 사람에게 도움을 구하는 편이다.

___ 나는 적어도 3명의 친한 친구가 있다.

___ 나는 비디오 게임과 solitaire(역자 주: 혼자서 하는 카드 게임) 같은 개인 여가 활동보다 Monopoly(역자 주: 부동산

취득 게임) 또는 bridge(역자 주: 카드놀이의 일종) 같은 사회적 놀이 활동을 더 좋아한다.

___ 나는 다른 사람이나 집단에게 내가 아는 것을 가르치는 도전을 하는 것을 좋아한다.

___ 나는 나 자신을 리더라고 생각한다(혹은 다른 사람들이 나를 리더라고 부른다).

___ 나는 사람들 가운데 있을 때 편안함을 느낀다.

___ 나는 일, 교회 또는 지역사회와 관련한 사회적 활동에 참여하는 것을 좋아한다.

___ 나는 저녁에 집에서 혼자 지내기보다 파티에서 시간을 보낸다.

다른 대인관계 능력:

자기성찰 지능

___ 나는 대개 명상, 반성 또는 중요한 삶의 질문에 대해 생각하며 혼자 시간을 보낸다.

___ 나는 나 자신에 대해 더 배우기 위해 상담 활동이나 개인 성장 세미나에 참석하고 있다.

___ 나는 장애물에 탄력적으로 반응할 수 있다.

___ 나는 나 자신에게 깊이 몰입하는 특별한 취미나 흥미를 가지고 있다.

___ 나는 주기적으로 생각하는 인생의 중요한 목표가 있다.

___ 나는 자신의 강점과 약점(다른 자원의 피드백을 받는)에 대해 현실적인 시각을 가지고 있다.

___ 나는 주말을 많은 사람으로 붐비는 비싼 리조트보다 나무 오두막에서 혼자 보내는 것이 더 좋다.

___ 나는 스스로를 강한 의지를 가진, 또는 독립적인 정신을 가진 사람이라고 생각한다.

___ 나는 나의 정신적 삶의 사건이나 속내를 일기장에 기록한다.

___ 나는 자영업자이거나 적어도 나만의 사업을 시작하는 것에 대해 심각하게 생각해 본 적이 있다.

다른 자기성찰 능력:

자연탐구 지능

___ 나는 배낭여행, 하이킹을 하거나 자연 속에서 거닐며 시간을 보내는 것을 좋아한다.

___ 나는 자연과 관련한 자원봉사 단체(예: Sierra Club)에 속해 있고 자연 보호에 관심이 있다.

___ 나는 집 주변에 동물들이 있는 것을 좋아한다.

___ 나는 어떤 면에서 자연과 관련된 취미에 몰두한다(예: 조류 탐사).

___ 나는 지역사회 센터나 대학에서 자연 관련 강좌에 등록한 적이 있다(예: 식물학, 동물학).

___ 나는 서로 다른 종류의 동식물을 꽤 잘 구별한다.

___ 나는 자연을 소재로 한 책과 잡지를 읽거나 TV 쇼 혹은 영화를 보는 것을 좋아한다.

___ 휴가 기간에 호텔 · 리조트 또는 도시 · 문화 공간보다 자연환경(공원, 캠핑장, 등산로)으로 떠나는 것을 더 좋아한다.

___ 나는 동물원, 수족관 또는 자연의 세계를 공부할 수 있는 다른 장소를 방문하는 것을 정말 좋아한다.

___ 나는 정원을 가지고 있고 자주 그곳에서 일하는 것을 즐긴다.

다른 자연탐구 능력:

이 척도는 검사가 아니며, 각 지능 척도에서 표시한 문항의 수와 같은 양적 정보는 지능 또는 지능의 부족을 결정하는 것과 관계가 없다는 것을 명심해야 한다. 이 척도의 목적은 스스로 여덟 가지 지능과 관련한 삶의 경험을 연결 지어 보도록 하는 것이다. 이러한 과정을 통해서 어떠한 기억이나 감정, 생각이 떠오르는가?

다중지능 자원 이용하기

다중지능 이론은 향상될 필요가 있는 영역을 확인하는 것뿐만 아니라 교수 강점을 고려하는 데 특히 좋은 모델이다. 아마 당신이 수업 시간에 칠판에 그림을 그리거나 고도의 그래픽 자료를 사용하지 않는다면 그것은 당신의 삶에서 특히 공간지능이 잘 발달하지 않았기 때문일 것이다. 또는 당신이 대인관계 지향적 학습자 · 교사이거나 자연탐구적 학습자 · 교사이기 때문에 협동학습 전략 혹은 생태 활동에 끌릴 수도 있다. 다중지능 이론을 사용해 당신 자신의 교수 방식을 점검하고, 그것이 여덟 가지 지능과 어떻게 관련되는지 확인해 보라. 여덟 가지 지능 모두에서 뛰어날 필요는 없지만 스스로 교실에서 사용하기 꺼리는 지능의 자원을 이용하는 방법은 알아야 할 것이다.

- **동료의 전문 지식을 얻어라.** 만약 당신의 음악 지능이 개발되지 않아 교실에서 음악을 지도할 아이디어가 없다면 학교의 음악 교사나 음악적 소질이 있는 동료에게 도움을 구하는 것도 좋다. 다중지능 이론은 팀티칭에 대한 넓은 함의를 가진다. 학생의 다중지능을 개발하려는 학교에서의 이상적인 교수 팀이나 교육과정 개발 위원회에는 여덟 가지 각 지능에서의 전문가가 있다. 즉, 각 구성원은 특정한 지능에서 높은 수준의 전문 능력을 지닌다.
- **학생에게 도움을 구하라.** 학생들은 종종 당신의 지식이 부족한 영역에서 전략을 생각해 내고 전문 지식을 보여 줄 수 있다. 예를 들어, 만약 당신이 그림, 음악, 동식물에 대한 교수에 편안함이나 유능함을 갖고 있지 않다면 학생들이 대신 칠판에 그림을 그리게 하고, 학습 활동에 대한 음악 배경을 설

명하도록 하며, 도마뱀, 곤충, 꽃 또는 다른 동식물에 대한 지식을 공유하도록 할 수 있다.

- 이용할 수 있는 기술을 사용하라. 당신의 노력을 통해 줄 수 없는 정보를 전달하고자 한다면 학교의 기술적 자원을 활용하라. 예를 들어, 당신이 음악적 재능이 없다면 음악 테이프 녹음기를, 그림에 소질이 없다면 비디오테이프를 사용할 수 있고, 논리-수학 영역에서의 결점을 보충하기 위해서는 계산기와 자기 조절 컴퓨터 소프트웨어를 사용할 수 있다.

당신은 자신의 삶에서 약점으로 보이는 개인적 발달 또는 주의 깊은 개발 과정을 통해 그것과 맞서 싸울 수 있다. 다중지능 이론은 당신이 소홀히 했던 지능을 활성화하고 모든 지능을 균형 있게 사용하도록 하는 하나의 모델을 제공한다.

다중지능 개발하기

한 사람의 약한 지능은 일단 그것을 개발할 기회가 주어진다면 실제 강한 지능으로 나타날 수 있다. 그렇기에 나는 한 사람의 지능에서 차이를 설명하는 데 있어 '강한 지능'과 '약한 지능'이라는 용어를 사용하지 않으려 주의한다. 1장에서 언급한 것과 같이 다중지능 이론의 핵심은 대부분의 사람이 자신의 모든 지능을 비교적 수용할 만한 전문적 수준으로 개발할 수 있다는 것이다. 지능의 개발 가능 여부는 다음의 세 가지 주요 요인에 달려 있다.

1. 생물학적 재능(자질): 유전 또는 유전적 인자와 출생 전 · 중 · 후의 뇌손상을 포함
2. 개인 생활사: 부모, 교사, 또래, 친구, 그리고 지능을 일깨워 주거나 지능 개발을 방해 또는 억압하는 다른 사람들과의 경험을 포함
3. 문화적 · 역사적 배경: 태어나고 자란 시간과 장소 또는 다른 영역에서의 문화적 · 역사적 발달의 특징과 상태를 포함

이러한 요인들의 상호작용은 모차르트의 삶에서도 찾아볼 수 있다. 모차르트는 의심의 여지없이 이미 강한 생물적 재능(우측 측두엽의 현격한 발달)을 가지고 태어났다. 그리고 그는 음악인 가정에서 태어났다. 사실 그의 아버지인 레오폴트(Leopold)는 아들의 음악적 소질을 발달시키고 지원하기 위해 자신의 직업을 포기한 작곡가였다. 마지막으로, 모차르트는 예술(음악 포함)이 번영하고 부유한 후원자들이 작곡가와 예술가들을 지원했던 시기의 유럽에서 태어났다. 따라서 모차르트의 천재성은 생물학적 · 개인적 · 문화적 · 역사적 요인의 융합을 통해 발달하였다. 만약 모차르트가 음감이 없는 부모나 대부분의 음악을 악마의 일이라고 치부하던 청교도 가정에서 태어났다면 어떤 일이 생겼겠는가? 그의 음악적 재능은 자신의 생물학적 자질에 반작용하는 힘으로 인해 결코 높은 수준으로 개발되지 못했을 것이다.

앞의 요인들의 상호작용은 또한 스즈키 재능교육 프로그램에 등록한 많은 아이의 음악 능력에서도 명백하게 드러난다. 비록 스즈키(Suzuki)의 학생들 중 몇몇은 비교적 보통의 유전적인 음악재능을 가지고 태어났지만, 그들은 그 프로그램에서의 경험을 통해 자신의 음악 지능을 높은 수준까지 개발할 수 있었다. 다중지능 이론은 지능의 발달을 설명하는 데 있어 유전만큼이나, 그리고 몇몇 부분에서는 그 이상으로 교육을 가치 있게 여기는 모델이다.

지능의 활성자와 비활성자

결정적 경험(crystallizing experiences)과 마비적 경험(paralyzing experiences)은 지능의 발달에서 중요한 과정이다. 결정적 경험은 메르퍼드에 위치한 터프츠 대학교의 데이비드 펠드먼(David Feldman, 1980)이 소개한 개념으로 가드너와 동료들(Walters & Gardner, 1986)이 더 발달시켰는데, 개인의 능력과 재능 발달에서의 '전환점' 을 의미한다. 이러한 사건은 대개 아동기 초기에 일어나지만 생애 어느 시점에서도 일어날 수 있다. 예를 들어, 아인슈타인(Albert Einstein)이 4세였을 때 그의 아버지는 그에게 전자석 나침반을 보여 주었다. 아인슈타인은 이 나침반이 우주의 신비를 이해하고픈 바람으로 자신을 가득 차게 했다고 회고했다. 근본적으로 이 경험은 그의 천재성에 불을 지폈고, 그가 발견을 통해 20세기의 위대한 인물 중 한 사람이 될 수 있게 했다. 유사하게, 예후디 메뉴인(Yehudi Menuhin)의 부모님은 그가 4세일 즈음에 샌프란시스코 심포니 오케스트라 공연에 그를 데려갔다. 그 경험은 그의 마음을 사로잡았고, 그는 부모님께 생일선물로 바이올린을 사 달라고 했다. 그리고 그는 그날 저녁 공연의 바이올린 독주자가 자신에게 바이올린을 가르쳐 주기를 원했다! 바로 이때 결정적 경험은 지능을 밝히는 불꽃이 되며 성숙으로 향하는 발달을 시작하게 한다.

역으로, 나는 지능(의 발달)을 '정지시키는, 닫아 버리는(shut down)' 경험을 의미하는 말로 마비적 경험이라는 용어를 사용한다. 당신이 미술 시간에 그린 그림을 보여 주었을 때 학급 친구들 앞에서 당신에게 창피를 준 교사가 있었다면 그때의 그 사건은 당신의 우수한 예술적 발달이 끝나도록 만들었을 것이다. 또한 피아노를 치고 있는데 부모님이 "끔찍한 소리 좀 그만 내!"라고 소리친다면 우리는 그 이후로 결코 악기 근처에 가지 않을 것이다. 또는 자연탐구 지능에 대한 열정을 가지고 '지저분한' 나뭇잎 뭉치를 집에 가지고 들어왔을 때 인정 없이 벌을 받았을 수도 있다. 마비적 경험은 대개 부끄러움, 죄의식, 두려움, 화 그리고 우리의 지능이 성장하고 발달하는 것을 막는 다른 부정적 감정들로 채워진다(Miller, 1981).

다음의 환경적 영향은 지능의 발달을 촉진하거나 억제하기도 한다.

- 멘토나 자원에의 접근: 만약 당신의 가족이 너무 가난해서 바이올린, 피아노 또는 다른 악기를 살 형편이 안 된다면 당신의

음악지능은 개발되지 않은 채로 남아 있을 것이다.

- 문화적 · 역사적 요인: 수학과 과학 프로그램에 대한 재정 지원이 활발히 일어나는 시대에 당신이 수학적 성향을 보이는 학생이었다면 당신의 논리-수학 지능은 발달했을 것이다.
- 지리적 요인: 당신이 농장에서 자랐다면 맨해튼의 62층 아파트에서 자랐을 때보다 자연탐구 지능의 특정한 측면이 발달할 기회를 더 많이 가졌을 것이다.
- 가족 요인: 당신은 예술가가 되기를 원하지만 부모님이 변호사가 되기를 원한다면 그것의 영향력은 공간 지능 대신 언어지능의 발달을 촉진할 것이다.
- 상황 요인: 당신이 자라는 동안 대가족의 생계를 책임지는 것을 도와야 한다면 당신은 지금 대가족에 속해 있을 것이고, 따라서 대인관계 지능이 아니라면 다른 가능성을 보이는 분야를 개발할 시간이 없을 것이다.

다중지능 이론은 교육자가 자신의 지능 프로파일이 교실에서 자신의 교육적 접근에 어떻게 영향을 미치는지 이해하도록 돕는 개인 발달 모델을 제안한다. 더 나아가 다중지능 이론은 그동안 소홀했던 지능을 개발하도록 돕고, 개발되지 않거나 무능했던 지능은 살아나게 하며, 잘 발달된 지능이 더 높은 수준의 전문적 능력을 보이도록 하는 폭넓은 활동에의 길을 열어 준다.

더 생각해 볼 문제

1. 이 장에서 제시하고 있는 다중지능 목록을 작성한다. 그리고 친구나 동료들과 그것에 대해 이야기해 본다. 자신의 가장 잘 발달한 지능과 덜 발달한 지능은 무엇이라고 생각하는지 이야기를 나누어 본다. 양적 정보에 관해 이야기하는 것은 피한다(예: "나는 음악지능에서 3개 항목만 표시했어."). 대신 일화적 용어로 말한다(예: "나는 내 삶에서 결코 음악성을 느껴 본 적이 없어. 음악 시간에 내가 혼자 노래했을 때 우리 반 친구들은 날 비웃곤 했지."). 또한 자신의 발달한, 그리고 덜 발달한 지능이 교육자로서의 자신의 일에 무엇을 더하게 하고 피하게 하였는지 숙고해 본다. 당신이 자신의 덜 발달한 지능의 사용을 포함하고 있다는 이유로 피하고 있는 교수 방법이나 자료가 있는가? 한편, 자신이 지닌 하나 이상의 매우 발달한 지능으로 인해 특별히 더 잘 하는 것은 무엇인가?

2. 자신이 기르고 싶은 지능을 선택해 본다. 그것은 당신이 아이였을 때 특히 가능성을 보였던 지능이었지만 결코 개발할 기회를 갖지 못했던 것일 수 있다(그 지능은 당신이 자라면서 사장되었을 것이다). 아마도 그것은 당신이 어려움을 겪었던, 또는 더 큰 능력과 자신감으로 경험하기를 좋아했던 지능일 수도 있다. 또는 자신이 더 높은 수준으로 발달시키고자 했던 잘 발달한 지능일 수도 있다. 벽지를 150~160cm 길이로 펴서 초기 아동기부터 현재까지 지능의 발달을 보여주는 연대표를 만든다. 결정적 경험과 마비적 경험, 당신이 지능을 개발할 수 있도록 도와주거나 억제한 사람, 학교의 영향, 어른이 되었을 때 지능에 일어난 일 등을 포함한 중요한 사건을 확인한다. 향

후의 지능 발달에 대한 정보를 포함하도록 연대표에 공간을 남겨 놓는다(4번 문항 참고).

3. 여덟 가지 지능을 대표하는 개인으로 구성된 다른 학교 집단이나 팀을 계획하여 교육과정을 만들어 본다. 일의 계획을 시작하기에 앞서 자신의 가장 잘 발달한 지능과 관련된 개인적 경험을 공유하는 시간을 갖는다.

4. 자신의 삶에서 가장 덜 발달한 지능을 선택하고 그것을 개발하기 위한 계획을 작성해 본다. 지능 개발을 위해 『일곱 가지 지능(*7 Kinds of Smart*)』(Armstrong, 1999a)에서 제안한 내용을 살펴보거나 각 지능을 기르기 위한 당신만의 목록을 만들어 본다. 자신이 개인적으로 지능을 개발하기 시작할 때 이 과정이 교실에서의 활동에 어떠한 영향을 주는지에 관심을 갖는다. 당신은 그 지능의 더 많은 측면을 교수 활동에 가지고 와서 활용하는가?

03 학생의 지능을 기술하기

자신의 능력을 감추지 말라. 재능은 쓰라고 주어진 것이다. 그늘 속의 해시계가 무슨 소용이랴!

-벤 프랭클린(Ben Franklin)-

각 아동이 8개의 지능을 모두 가지고 있고, 이후에 이 8개의 지능을 모두 상당한 수준까지 발달시킬 수 있을지라도, 아동은 아주 어린 시기부터 가드너가 특정한 지능 '기질' 혹은 '성향'의 특징을 보인다. 아동은 학교에 입학할 즈음 아마도 특정한 지능과 보다 연관된 학습 방법을 수립할 것이다. 이 장에서는 학교 학습의 많은 부분이 학생이 선호하는 지능을 통해 이루어질 수 있도록 하기 위하여 그들의 가장 발달된 지능을 설명하는 방법에 대해 알아볼 것이다.

〈표 3-1〉은 특정 지능에 기질을 보이는 학생들의 능력을 간단히 설명한 것이다. 그러나 대부분의 학생이 여러 영역에 강점을

〈표 3-1〉 여덟 가지 학습 방법

학습자 양식	사고방법	좋아하는 활동	필요한 것
언어적 학습자	단어를 통한 사고	읽기, 쓰기, 이야기하기, 단어 게임하기	책, 테이프, 쓰기 도구, 종이, 일기장, 대화, 논의, 논쟁, 이야기
논리-수학적 학습자	추론을 통한 사고	실험하기, 질문하기, 논리적 퍼즐 맞추기, 계산하기	실험 도구, 과학 자료, 조작교구, 천체 투영관과 과학박물관 관람
공간적 학습자	이미지와 그림 안에서의 사고	디자인하기, 그림 그리기, 시각화하기, 낙서하기	미술, 레고, 비디오, 영화, 슬라이드, 상상력 게임, 미로, 퍼즐, 그림책, 미술 박물관 관람
신체-운동적 학습자	체성 감각을 통한 사고	무용하기, 달리기, 뛰기, 만들기, 만지기, 몸으로 표현하기	역할극, 드라마, 운동, 만들기, 스포츠와 체육 시합, 촉각 경험, 손으로 조작하는 학습
음악적 학습자	리듬과 멜로디를 통한 사고	노래하기, 휘파람 불기, 흥얼거리기, 다리와 손으로 박자 맞추기, 듣기	합창, 콘서트 관람, 가정과 학교에서 음악 연주하기, 악기
대인관계적 학습자	다른 사람들의 생각을 살피는 과정을 통한 사고	주도하기, 조직하기, 관계 맺기, 조작하기, 중재하기, 파티하기	친구들, 그룹 게임, 사회적 모임, 지역사회 행사, 동아리, 멘토 및 도제식 교육
자기성찰 학습자	자신의 필요와 감정 그리고 목표와 관련한 사고	목표 설정하기, 명상하기, 꿈꾸기, 계획하기, 깊이 생각하기	비밀 공간, 혼자 있는 시간, 자기 진도에 따른 프로젝트, 선택
자연탐구적 학습자	자연과 자연 수형을 통한 사고	동물과 놀기, 정원 가꾸기, 자연 조사하기, 동물 기르기, 지구 보호하기	자연에의 접근, 동물과 상호작용하는 기회, 자연을 조사하는 도구(예: 확대경, 쌍안경)

가지기에 아동을 단지 하나의 지능으로 구분 짓는 것은 피해야 함을 명심하라. 각 학생은 2개 이상의 지능으로 묘사되고 제시될 수 있다.

학생의 다중지능 평가하기

학생의 다중지능을 포괄적으로 측정하는 '초대형 검사(mega-test)' 는 시중에 없다. 따라서 15분 안에 이루어지는 컴퓨터 채점 검사를 통해 학급 내 각 학생의 8개 지능에 대한 '최고점' 과 '최저점' 을 막대그래프로 보여 줄 수 있다고 이야기하는 사람이 있다면 의심해 볼 것을 권한다. 이는 형식적인 검사가 학생의 지능에 대해 약간의 정보도 제공하지 못한다는 말은 아니다. 즉, 그것은 다양한 지능에 대한 실마리를 제공할 수 있다. 그러나 학생의 다중지능을 평가하는 유일한 최고의 도구는 아마도 우리 모두가 쉽게 이용할 수 있는 방법인 간단한 관찰이다.

나는 종종 교사들에게 학생의 가장 발달된 지능을 판별하는 하나의 좋은 방법은 학생이 수업 시간에 하는 실수를 관찰하는 것이라고 익살스럽게 제안한다. 높은 언어 지능을 가진 학생은 자신의 순서에 관계없이 이야기하고 싶어할 것이고, 높은 공간 지능을 가진 학생은 낙서와 몽상을 좋아할 수 있다. 대인관계 지능이 높은 학생은 사교적일 것이고, 높은 신체-운동 지능을 가진 학생은 안절부절못할 수도 있다. 또한 자연탐구 지능을 지닌 학생은 허락

없이 교실에 동물을 데려올 수도 있다. 이러한 학생들은 은유적으로 자신의 실수를 통해 다음과 같이 이야기할 수 있다. "이것이 나의 학습 방법이에요. 선생님! 그리고 선생님께서 내가 가장 자연스럽게 학습하는 방법으로 가르쳐 주시지 않는다면 나는 이것을 어떤 방법으로든 할 거예요!" 이러한 지능특정적인 실수는 학생이 교수받기 원하는 방법에 관한 진단적 지표의 일종이자 도움 요청의 표현이다.

학생의 기질에 대한 또 다른 관찰적 지표는 학생들이 쉬는 시간에 하는 활동이다. 다른 말로 하면, 타인이 해야 할 행동을 지시하지 않을 때 학생은 무엇을 하는가? 당신이 교실에서 학생들에게 수많은 활동을 선택할 수 있는 '선택 시간' 을 주었을 때 학생들은 무슨 활동을 선택하는가? 높은 언어 지능을 가진 학생들은 아마도 책 쪽으로, 사회적인 학생들은 그룹 게임 혹은 수다로, 공간적 학생들은 그림 쪽으로, 신체-운동적 학생들은 손으로 조작하는 활동 쪽으로, 그리고 자연탐구적 학생들은 햄스터 우리 또는 수족관으로 향할 것이다. 이러한 학생 주도적 활동에서 아동을 관찰함으로써 그들이 가장 효율적으로 학습하는 방법을 알 수 있다.

모든 교사는 이러한 종류의 관찰을 기록하기 위해 메모장, 일기장 혹은 수첩을 책상에 놔두는 것을 고려해야 한다. 물론 당신이 중 · 고등학교에서 하루에 150명의 학생과 함께한다면 각 학생을 위한 정기적인 기록 관찰이 가능하지 않을 수도 있다. 그러나 학급에서 두세 명의 말썽꾸러기나 까다로운 학생을 주목하고 그들에게 다중지능 평가를 집중할 수는 있다. 당신이 25~35명의 학생으로 이루어진 반을 맡고 있다 하더라도 매주 각 아동에 대해 2줄 정도 적는 것은 장기적으로 봤을 때 특정한 결실을 맺도록 도울 수 있다. 한 주에 2줄씩 작성하면 40주 후 3~4쪽 혹은 80줄의 각 아동에 대한 견고한 관찰 자료를 만들어 낼 수 있다.

학생들의 다중지능에 대해 관찰한 사항을 조직하기 위해 〈자료 3-1〉과 같은 체크리스트를 사용할 수 있다. 이 체크리스트는 테스트가 아니라는 것을 명심하라. 관찰과 체크리스트 외에도 학생의 다중지능에 관한 평가 정보를 얻을 수 있는 훌륭한 방법은 많다.

〈자료 3-1〉 학생용 다중지능 체크리스트

학생명: ______________________________

해당하는 항목에 표시하세요.

언어 지능

___ 연령 평균보다 쓰기를 잘함.

___ 장황한 거짓말이나 농담, 이야기를 잘함.

___ 이름, 장소, 날짜 혹은 사소한 일에 대한 기억력이 좋음.

___ 단어 게임을 즐김.

___ 책 읽기를 즐김.

___ 단어를 정확히 철자함(혹은 취학 전일 경우 연령에 앞선 발달적 철자를 보임).

___ 무의미 운문, 말장난, 발음하기 어려운 어구를 이해함.

___ 구어(이야기, 라디오, 책 구연) 듣기를 즐김.

___ 연령에 비해 좋은 어휘를 가지고 있음.

___ 높은 질의 언어 방식으로 타인과 의사소통함.

다른 언어 능력:

논리-수학 지능

___ 일이 이루어지는 방법에 관한 질문을 많이 함.

___ 숫자를 가지고 작업하거나 놀기를 즐김.

___ 수학 수업을 즐김(혹은 취학 전일 경우 세기 혹은 숫자를 가지고 하는 다른 활동을 즐김).

___ 수학과 컴퓨터 게임에 흥미가 있음(혹은 컴퓨터에 노출되어 있지 않을 경우 다른 수학 혹은 과학 게임을 즐김).

___ 체스, 체커 또는 다른 전략 게임을 즐김.

___ 논리 퍼즐이나 수수께끼를 즐김(혹은 취학 전일 경우 논리적 난센스를 듣는 것을 즐김).

___ 물건을 범주, 위계 또는 논리적 패턴에 따라 정리하는 것을 즐김.

___ 과학 시간 혹은 쉬는 시간에 실험하기를 좋아함.

___ 과학과 관련된 과목에 흥미를 보임.

___ 피아제 유형 평가의 논리적 사고에서 높은 점수를 보임.

다른 논리-수학 능력:

공간 지능

___ 분명한 시각적 이미지를 보고함.

___ 지도, 차트 그리고 다이어그램을 글보다 쉽게 읽음(혹은 취학 전일 경우 글 이상의 것을 살펴보는 것을 즐김).

___ 몽상을 많이 함.

___ 미술 활동을 즐김.

___ 그림 그리기를 잘함.

___ 영화, 슬라이드 또는 다른 시각적 제시물 보기를 좋아함.

___ 퍼즐, 미로 찾기 또는 유사한 시각적 활동을 즐김.

___ 흥미로운 3차원적 건축물(예: 레고 조립)을 만듦.

___ 읽는 동안 단어보다 그림에서 많은 것을 얻음.

___ 교과서, 교재 또는 다른 교구에 낙서하는 것을 좋아함.

다른 공간 능력:

신체-운동 지능

___ 하나 이상의 스포츠에 뛰어남(혹은 취학 전일 경우 연령보다 발달된 신체적 역량을 보임).

___ 한 자리에 오래 앉아 있으면 움직임, 경련 등을 보이며 책상을 산만하게 두드리거나 안절부절못함.

___ 타인의 몸짓이나 버릇을 영리하게 흉내 냄.

___ 물건을 분리하거나 다시 붙이는 활동을 좋아함.

___ 학생이 보는 모든 물건에 손을 가져다 댐.

___ 달리기, 뛰기, 레슬링 또는 유사한 활동을 즐김(혹은 연령이 높을 경우 이러한 흥미를 보다 '절제된' 방법으로 나타냄[예: 교실에서 달리기, 의자에서 뛰어내리기]).

___ 공예(예: 목공예, 바느질, 정비)에서 또는 다른 분야에서 높은 미세 운동 협응을 보임.

___ 학생 자신을 표현하는 인상적인 방법이 있음.

___ 생각하거나 일하는 동안 다양한 신체적 감각을 보고함.

___ 찰흙 또는 다양한 촉각 경험을 즐김(예: 핑거페인팅).

다른 신체-운동 능력:

음악 지능

___ 음악이 나오는 동안 음정이 틀리거나 몇몇의 방법으로 혼란스러움이 나타날 때 당신에게 말함.

___ 노래의 멜로디를 기억함.

___ 노래하기에 좋은 음성을 가지고 있음.

___ 합창단이나 다른 그룹에서 악기를 연주함. 또는 노래를 부름(혹은 취학 전일 경우 그룹 안에서 타악기를 연주하거나 노래하는 것을 좋아함).

___ 말하거나 움직이는 리드미컬한 방법이 있음.

___ 무의식적으로 스스로 흥얼거림.

___ 일하는 동안 책상 위를 리드미컬하게 두드림.

___ 주변 소음에 민감함(예: 지붕 위로 떨어지는 빗소리).

____ 음악이 들렸을 때 호의적으로 반응함.

____ 교실 밖에서 배운 노래를 부름.

다른 음악 능력:

대인관계 지능

____ 또래와 어울리기를 즐김.

____ 자연스럽게 리더가 되는 것으로 보임.

____ 문제가 있는 친구들에게 조언을 줌.

____ 실생활에서의 대처 능력이 뛰어남.

____ 동아리, 학생회, 조직 또는 비공식적 또래 집단에 속함.

____ 다른 아동을 비공식적으로 가르치기를 즐김.

____ 다른 아동들과 함께 게임하는 것을 좋아함.

____ 두 명 이상의 친한 친구가 있음.

____ 타인을 향한 뛰어난 공감 능력과 깊은 관심이 있음.

____ 또래 집단 내에서 인기가 많음.

다른 대인관계 능력:

자기성찰 지능

____ 독립성과 강한 의지를 보임.

____ 자신의 능력 및 약점에 대한 현실적인 감각을 가짐.

____ 혼자서 놀기나 공부를 잘함.

____ 학생 자신의 삶과 학습 유형에 있어서 자신만의 태도와 생

각을 가지고 있음.

___ 학생이 많이 말하지 않는 흥미나 취미를 가지고 있음.

___ 높은 수준의 자기 지식 능력을 가짐.

___ 타인과 함께 일하기보다 혼자 일하는 것을 선호함.

___ 학생이 느끼는 것을 정확하게 표현할 수 있음.

___ 삶에서 자신의 실패와 성공을 통해 배울 수 있음.

___ 높은 자기존중감을 가짐.

다른 자기성찰 능력:

자연탐구 지능

___ 학급 모임에서 좋아하는 반려동물이나 장소(자연과 야외에 있는)에 대하여 이야기를 많이 함.

___ 동물원, 박물관 등과 같은 곳으로 현장 탐방을 가기 좋아함.

___ 야외나 도시에서도 주위 환경이나 사물에서 특정한 형태(무늬)를 예민하게 찾아냄.

___ 화초 등의 식물을 잘 기름.

___ 동물 사육용 우리나 어항 등을 좋아하고 잘 챙김.

___ 자연과 동식물을 매우 좋아하고 호기심을 보임.

___ 동물 및 자연 보호에 대하여 이야기하고 앞장섬.

___ 철새 도래지 관찰, 곤충 채집, 나무 관찰, 동물 사육 등 자연탐구 관련 프로젝트를 좋아하며 열심히 함.

___ 곤충, 화초, 나뭇잎 등 자연물을 채집하여 학교에 가지고

와서 주위 친구나 선생님들과 나눔.

____ 생물 관련 과목이나 주제에 관심을 보이며 공부를 잘함.

다른 자연탐구 능력:

기록물 모으기 일화 기록이 학생의 강점 지능을 기록하는 유일한 방법은 아니다. 교사는 학생이 보여 주는 다중지능의 증거를 사진 자료로 남기는 데 용이한 디지털카메라를 소지하는 것이 좋다. 사진은 커다란 레고 구조물과 같이 10분 안에 사라질 수 있는 결과물이나 경험을 보고하는 데 특히 유용하다. 만약 학생이 이야기를 하거나 노래를 부르는 특별한 능력을 보여 준다면 그들을 녹화하고 이를 기록물(documents)로 간직한다. 학생들이 그림을 그리거나 색칠하는 데 능력을 가졌다면 결과물의 견본을 간직하거나 사진을 찍어 둔다. 만약 학생이 축구 게임 동안 놀라운 능력을 보여 주거나 기계를 고치고 꽃을 심는 등의 모습에서 실제적인 증거를 보인다면 그들의 수행을 비디오테이프에 담아 두라. 궁극적으로, 다중지능 평가 자료는 사진, 스케치, 학교 수행 견본, 오디오와 비디오 견본, 사진 복사본 등을 포함한 여러 종류의 기록물로 이루어진다. 이러한 자료들의 컴퓨터 파일을 만들고 그것을 CD 혹은 DVD에 담음으로써 이 모든 정보가 하나의 디스크에 포함되고, 교사, 행정가, 부모 그리고 학생 자신이 편리하게 검토할 수 있다(다중지능을 통한 평가에 관한 보다 많은 정보는 10장 참고).

생활기록부 살펴보기 누적 기록(cumulative record)은 때때로 이차원적이고 활기가 없는 것처럼 보이기는 하지만 학생의 다중지능에 대한 중요한 정보를 제공할 수 있다. 수년간 축적된 학생의 성적을 살펴보라. 수학과 자연과학의 성적이 일관되게 문학이나 사회과학보다 높은가? 그렇다면 이것은 언어 지능보다 논리-수학 지능이 높은 성향의 증거다. 체육과 실과에서의 성적은 신체-운동 능력을 나타내는 반면, 미술과 그래픽디자인에서의 높은 성적은 잘 발달된 공간 지능을 나타낼 수 있다. 유사하게, 표준화된 검사 점수는 때때로 학생의 지능에 관한 감별적인 정보를 제공한다. 예를 들어, 지능검사에는 언어 지능(어휘 그리고 '정보' 범주), 논리-수학 지능(유추, 산수) 그리고 공간 지능(차례 맞추기, 토막 짜기)을 활용하는 하위검사가 종종 있다. 많은 수의 다른 검사는 특정한 지능을 향해 있을 수 있다. 다음은 각 지능과 관련된 검사 종류 중 일부를 소개한 것이다.

- 언어 지능: 읽기검사, 언어검사, 지능검사와 성취도 검사의 언어 영역
- 논리-수학 지능: 피아제의 검사, 수학 성취도 검사, 지능검사의 추리 영역
- 공간 지능: 시각 기억 혹은 시각-운동 검사, 미술적성 검사, 지능검사의 몇몇 비언어성 검사 항목
- 신체-운동 지능: 맨손기민성 검사, 신경심리 종합검사(Battery)의 몇몇 하위 운동 검사

- 대인관계 지능: 사회성숙도 척도, 소시오그램, 대인관계 투사 검사(예: 동적 가족화)
- 자기성찰 지능: 자아개념 평가, 투사검사, 정서지능 검사
- 자연탐구 지능: 동식물 또는 자연환경에 관한 질문을 포함한 검사 항목

생활기록부(school record)는 학생의 다중지능에 관한 귀중한 일화적 정보를 포함할 수도 있다. 내가 발견한 가장 귀중한 자원 중 하나는 유치원 교사의 보고서다. 유치원 교사는 정기적으로 아동이 8개 지능을 모두 사용하는 모습을 보는 유일한 교육자다. 따라서 '핑거페인팅을 사랑함.' '음악과 무용 시간에 우아하게 움직임.' '블록을 사용하여 아름다운 구조물을 만들어 냄.'과 같은 코멘트는 학생의 공간적 · 음악적 · 신체-운동적 기질에 대한 실마리를 제공할 수 있다.

학생의 누적 기록물을 검토할 때 기록물을 복사하고(물론 학교와 부모의 허가하에), 가장 높은 성적과 검사 점수 그리고 타인의 관찰을 포함한 학생에 대한 긍정적 정보를 형광펜으로 표시하는 것이 유용하다는 것을 발견했다. 다음으로, 형광색으로 표시된 정보를 활동지에 적은 후 그것을 지능별로 분류한다. 이 작업은 스스로 부모, 행정가 그리고 학생의 교사들과 의사소통할 수 있는 학생의 강점 지능에 관한 충실한 정보를 제공한다. 이 접근은 특별히 문제가 있는 학생의 긍정적인 부분에 대한 당신의 기록에 근거를 둔 컨퍼런스(개별화교육계획 운영위원회와 같은)의 개최를 허

락하기 때문에 건설적인 해결 방안을 촉진할 것이다.

다른 교사와 면담하기 당신이 학생을 영어 또는 수학 수업 시간에만 본다면 그들의 신체-운동적 혹은 음악적 재능을 관찰할 수 있는 위치에 있는 것이 아니다(물론 정기적으로 다중지능을 통하여 가르치지 않을 경우). 당신이 모든 과목을 학생과 함께하더라도 한두 가지 지능의 전문가들과 만남으로써 그들로부터 부가적인 정보를 얻을 수 있다. 따라서 미술 교사는 학생의 공간 지능에 대해 이야기할 수 있는 최고의 교사일 수 있고, 체육 교사는 특정한 신체-운동 능력에 대해 이야기할 수 있는 최고의 교사일 수 있다(비록 정보를 나누는 상담자의 능력이 비밀 유지의 쟁점에 따라 제한된다 하더라도). 당신의 동료를 학생의 다중지능에 관한 평가 정보의 중요한 자원으로 여기고, 서로의 기록을 비교하기 위하여 정기적으로 만나라. 당신은 한 수업에서 상당히 낮은 기능을 보이는 학생이 다른 지능을 요구하는 수업에서는 탁월한 능력을 보이는 학생 중 한 명이라는 것을 발견할 수도 있다.

부모와 면담하기 부모는 학생의 다중지능에 대한 진정한 전문가다. 그들은 모든 여덟 가지 지능을 아우르는 환경의 넓은 스펙트럼 아래에서 아동이 배우고 성장하는 것을 관찰할 기회를 가져왔다. 따라서 부모는 학생의 강점 지능을 판별하는 노력에 참여해야 한다. 학기 초 학부모와의 컨퍼런스(back-to-school night) 동안 그들에게 다중지능의 개념을 소개해야 하고, 스크랩북, 오디오 혹은 비디오 샘플, 사진, 이야기, 스케치, 학생의 특정한 취미 혹은 흥미에서 나온 결과물 등을 포함한, 가정에서의 강점을 관찰하고 보고하는 특정한 방법에 대해 알려 주어야 한다. 이를 통해 부모는 교사가 이후의 부모-교사 컨퍼런스에서 아동의 다중지능에 대한 보다 넓은 이해를 심화시키는 데 도움을 줄 수 있는 정보를 가져올 수 있다.

몇 해 전까지만 해도 '6시간 정신지체 아동(the six-hour retarded child)' 이라는 용어는 수업 시간에 가능성이나 잠재력을 보이지 않지만 수업 외에서 청소년 단체의 리더, 모든 종류의 수리에서의 만물박사, 번창하는 소규모 사업의 신출내기 사업가 등 실질적인 성취를 이루는 학생을 묘사하였다. 가정에서 평가 정보를 얻는 것은 이러한 성공을 학교로 옮겨 오는 방법을 발견하는 데 중요하다.

학생에게 물어보기 우리는 태어난 이후로 하루 24시간을 자기 자신과 함께하기 때문에 우리의 다중지능에 대한 궁극적인 전문가는 바로 우리 자신이다. 그러므로 학생들에게 다중지능의 개념을 소개한 후(4장 참고) 그들 자신이 가장 높게 발달한 지능이 무엇이라고 생각하는지 알아보기 위하여 그들과 면담할 수 있다. 나는 학생들에게 각 영역에서의 그들 자신의 능력에 대해 묻는 동안 그것을 기록하기 위해 4장의 [그림 4-1]에 있는 '다중지능 피자(MI Pizza)' 를 사용해 왔다. 당신은 또한 학생이 가장 발달된 지능에서 하는 일을 그림으로 그리도록 하고(공간적 접근), 다중지능 피자에 가장 발달된 순서대로 순위를 매기거나(논리-수학적 접근) 그들에게 가장 발달한 지능을 무언극으로 표현하도록 할 수도 있다(신체-운동적 접근). 4장에 있는 몇몇의 활동 또한 학생의 다중지능에 대한 평가 자료를 얻는 데 도움이 될 수 있다.

특별한 활동 수립하기 만약 당신이 정기적으로 다중지능을 통해 교수한다면 당신은 또한 다중지능을 통해 평가할 기회도 종종 가지게 될 것이다. 예를 들면, 분수를 여덟 가지 방법으로 교수한다면 당신은 각 활동에 대한 아동의 반응 방법을 기록할 수 있다. 논리표현 시간에 거의 조는 학생이 신체-운동적 접근을 시작하면 깨어 있고, 음악적 접근이 사용되었을 때는 다시 무관심하게 될 수 있다. 일과 속에서 작은 전구들의 불이 켜지고 꺼지는 것을 보는 것은 수업 시간에 나타나는 개인적 차이의 기록일 뿐만 아니라 이러한 지능의 존재를 확증하는 것이기도 하다. 이와 유사하게, 각 지능을 중점으로 하는 활동(7장 참고)을 수립하는 것은 각 영역에 대한 학생의 기능 정도를 확인하거나 학생들에게 선택권이 주어졌을 때 그들이 자연스럽게 끌리는 영역에 대해 알아볼 수 있는 기회를 제공한다. 평가에 관한 다중지능의 관점은 교수와 평가 간의 밀접

한 관계를 기반으로 한다. 그러므로 5장과 6장에 제시된 많은 활동은 교수 활동뿐만 아니라 진단적 지표로도 사용될 수 있다.

더 생각해 볼 문제

1. 학급 내의 각 학생을 위해 〈자료 3-1〉의 목록을 작성한다. 학생에 대한 충분한 배경 정보가 부족하여 대답할 수 없는 항목에 주목한다. 이러한 항목에 대해 정보를 얻을 수 있는 방법(부모 혹은 아동 면담, 실험적 활동 등)을 확인하고 그것을 목록을 완성하는 데 활용한다. 다중지능 이론의 틀로 학생의 삶을 조명하였을 때 학생에 관한 당신의 관점은 어떻게 변화하였는가? 목록에 작성한 결과는 당신의 교수에 어떠한 함의를 가지는가? 대안으로, 브랜튼 시어러(Branton Shearer)의 'Multiple Intelligence Developmental Assessment Scales (MIDAS)' 또는 수 틸(Sue Teele)의 'Teele Inventory for Multiple Intelligences(TIMI)' 와 같은, 학생의 다중지능을 평가하도록 개발된 표준화 검사 중 하나를 사용할 수도 있다.

2. 학생의 다중지능 관찰 내용을 기록하기 위한 수첩을 마련한다. 만약 당신이 교실 밖(예: 쉬는 시간 혹은 점심시간)에서 학생을 관찰한다면 그들의 행동이 교실 내에서와 같은지 여부를 알 수 있을 것이다. 일화적 자료에서 나타난 학생의 다중지능에 대한 증거는 무엇인가?

3. 오디오, 비디오 혹은 사진과 같은 당신이 시도해 보지 않았던 학생의 학습 활동을 보고하기 위한 형식을 한 가지 선택한다. 그것을 가지고

실험해 보면 그것이 학생의 다중지능에 대한 정보를 제공하고 의사소통하는 데 효과적인지 여부를 알 수 있게 될 것이다.

4. 학생들에게 그들이 선호하는 지능에 대해 다음의 매체를 통하여 표현하도록 한다. 즉, 쓰기, 그리기, 몸짓 표현, 집단토의 그리고 개별면담 등이다. 그들에게 4장에서 설명하는 활동을 통해 다중지능 이론을 처음 소개하였는지 확인한다.

5. 부모-교사 콘퍼런스가 가정에서의 학생의 다중지능에 관한 정보를 얻을 수 있는 시간이 될 수 있도록 노력한다.

6. 여덟 가지 지능 중 한 가지 이상에서 특별한 성향을 드러내는 자료에 집중하여 학생의 누적 파일을 검토한다. 가능하다면 강점을 형광펜으로 표시하고 그 항목을 각각의 활동지에 적기 위해 자료의 사본을 구한다. 학생의 학습을 논의하는 다음 모임에서 이 '강점 프로파일'을 배부한다.

7. 학생의 다중지능에 대해 다른 교사들의 조언을 구한다. 학교에서 각각의 지능을 담당하고 있는 교사들(예: 수학, 공예, 미술, 문학, 생물 그리고 음악 교사)이 각각의 학습 맥락에서 학생의 수행을 깊이 생각해 볼 수 있도록 특별한 시간을 마련한다.

04 학생에게 다중지능 이론 가르치기

고기를 잡아 주면 오늘 하루 동안 먹을 수 있다. 하지만 고기 잡는 법을 가르쳐 주면 평생 먹을 수 있다.

-속담-

다중지능 이론의 가장 유용한 특징 중 하나는 초등학교 1학년 학생처럼 어린 아동도 5분 정도의 짧은 시간 안에 자신이 학습한 방법에 대해 다중지능 이론의 어휘를 사용하여 말할 수 있음을 설명해 준다는 것이다. 여러 다른 학습 이론이 어린이들은 고사하고 어른들조차도 쉽게 이해할 수 없는 용어나 두문자어[1]를 포함하고 있는 반면(예: MBTI 성격 유형 중 'Introverted[내향형], Intuitive[직관형], Feeling[감정형], Judging[판단형]' 사람을 나타내는 INFP), 다중지능의 여덟 가지 지능은 연령에 관계없이 경험해 봤을 만한 구체적

1) 역자 주: 두문자어(頭文字語)는 낱말의 머리글자를 모아서 만든 준말을 뜻한다. 예로, 한국어의 자민련, 노사모 등과 영어의 UN, NATO, DNA 등이 있다.

인 것(단어, 숫자, 그림, 신체, 음악, 사람, 자신, 자연)과 연결된다.

교육 분야에서 실시된 인지심리학 연구는 아동이 자신의 학습 과정을 반성할 수 있게 도와주는 교수적 접근이 아동에게 유익하다는 주장을 지지해 왔다(Marzano et al., 1988). 이러한 초인지적 활동을 함으로써 아동은 문제해결을 위해 적절한 전략을 선택할 수 있다. 그들은 또한 새로운 학습 환경에서 그들 자신에 대한 지지자 역할을 할 수 있다.

다중지능에 대한 5분 소개

교사는 학생들에게 다중지능 이론을 어떻게 소개할 수 있는가? 당연히 그 질문에 대한 대답은 학급의 크기, 학생들의 발달 수준, 학생들의 환경, 사용할 수 있는 교수적 자원에 따라 다르다. 다중지능을 소개하는 가장 직접적인 방법은 학생들에게 다중지능에 대해 간단히 설명하는 것이다. 나는 새로운 학급에 가면 다중지능 수업을 어떻게 하는지 보여 주기 위해 항상 이론을 5분 정도 설명하는 것으로 시작하여 학생들이 내가 거기서 할 일을 이해할 수 있도록 배경지식을 갖게 한다. 나는 보통 "여러분 중 자신의 지능이 높다고 생각하는 사람이 있나요?"라는 질문으로 시작한다. 나는 손을 든 학생들의 수와 내가 가르치는 학생들의 학년 사이에 반비례 관계가 있는 것을 발견했다. 즉, 더 낮은 학년일수록 더 많은 학생이 손을 들었다. 이것은 뉴욕 대학교(NYU)의 교수인 닐 포스트먼(Neil Postman)이 한 "아이들은 물음표로 학교에 들어가서 마침표로 학교를 떠난다."는 말을 상기하게 했다. 우리는 그 사이의 기간 에 무슨 일을 하여 아이들이 스스로 똑똑하지 않다는 확신을 갖게 하는 것인가?

손을 든 수에 상관없이, 나는 보통 "여러분 모두는 똑똑합니다. 하지만 한 가지 방면에서는 아닙니다. 여러분 각각은 적어도 여덟 가지의 다른 방식으로 똑똑합니다."라고 말한다. 나는 '다중지능 피자' (8조각으로 나뉜 원)를 칠판에 그리고 그 그림에 대해 설명하기 시작한다. "먼저 '언어 지능 능력자(word smart)' 로 불리는 것이 있습니다." 나는 '언어적인' 과 같은 말이 많은 아동이 이해할 수 있는 말이기 때문에 이처럼 지능을 표현하기 위해 단순한 용어를 사용한다. [그림 4-1]에서 보듯이, 나는 각각의 용어를 시각적으로 강조하기 위해 그림 상징과 함께 사용한다. 그러고 나서 질문한다. "여기에 있는 사람들 중 몇 명이 말할 수 있습니까?" 보통 이 질문에는 많은 사람이 손을 든다! "자, 말을 하기 위해서는 단어를 사용해야 하기 때문에 여러분 모두는 언어 지능 능력자입니다!" "여기 있는 사람들 중 몇 명이 쓸 수 있습니까? 여러분은 글을 쓸 때 단어를 사용하기 때문에 마찬가지로 모두 언어 지능 능력자라고 할 수 있습니다." 나는 많은 사람을 포함할 수 있는 질문을 필수적으로 한다. "지난달에 여러분 중 몇 명이 책 15권을 읽었습니까?"와 같이 많은 학생을 제외시킬 수 있는 질문은 피한다. 이것은 누가 배타적 그룹에 속할 것인지에 대한 결정 모형이 아닌 모든 학생의 학습 잠재력을 축하하는 학습 모형이다. 그렇지 않으면

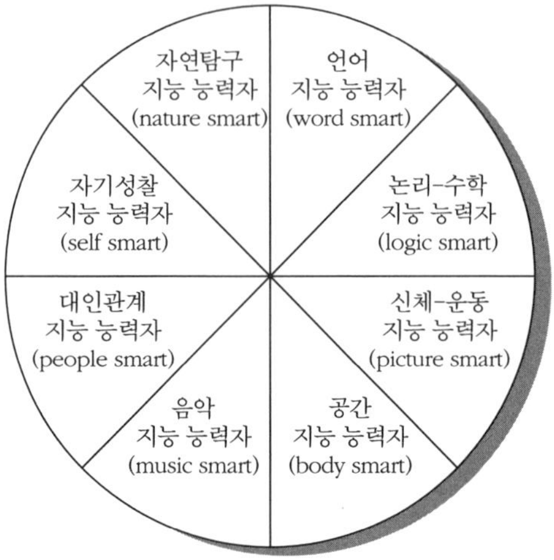

[그림 4-1] 다중지능 피자(MI Pizza)

교사는 학생들이 다음과 같이 말하는 것을 듣게 될지도 모른다. "난 오늘 학교에서 내가 언어적으로 똑똑하지 않다는 것을 배웠어요." 혹은 "난 언어적으로 매우 똑똑하지 않기 때문에 책을 읽을 필요가 없어요."

여기 각 지능을 나타내는 단순한 용어와 내가 설명할 때 사용하는 몇 가지 질문이 있다.

- 언어적: 언어 지능 능력자("여기 있는 사람들 중 몇 명이 말할 수 있습니까?" "여기 있는 사람들 중 몇 명이 쓸 수 있습니까?")
- 논리-수학적: 수학 지능 혹은 논리 지능 능력자("여러분 중 몇 명이 수 계산을 할 수 있습니까?" "여기 있는 사람들 중 과학적 경

험을 해 본 사람은 몇 명입니까?")

- 공간적: 공간 지능 능력자("여러분 중 몇 명이 그림을 그립니까?" "눈을 감고 머릿속으로 그림을 떠올릴 수 있는 사람은 몇 명이나 됩니까?" "여러분 중 모형이나 레고와 같이 손으로 무언가를 만드는 것을 좋아하는 사람은 몇 명입니까?")
- 신체-운동적: 신체 지능 능력자, 스포츠 지능 능력자, 수(手)기능 능력자(각 용어는 이 지능의 각기 다른 측면을 대표한다: "당신이 좋아하는 스포츠 종목은 몇 가지입니까?" "당신이 수기능을 이용하여 즐기는 모형이나 레고 같은 조립 놀잇감의 수는 몇 개입니까?")
- 음악적: 음악 지능 능력자("음악 듣는 것을 좋아하는 사람은 몇 명입니까?" "여러분 중 악기를 연주해 보거나 노래를 불러 본 적이 있는 사람은 몇 명입니까?")
- 대인관계적: 대인관계 지능 능력자("한 명 이상의 친구를 가지고 있는 사람은 몇 명입니까?" "학교 일과 중 적은 부분일지라도 그룹 활동을 즐기는 사람은 몇 명입니까?")
- 자기성찰적: 자기성찰 지능 능력자("당신이 모든 사람과 모든 것으로부터 멀어지고 싶을 때 찾아가는 비밀 장소 혹은 특별한 장소는 몇 군데입니까?" "당신이 이 교실에 머무는 시간 중 일부를 보내고 싶어 하는 자신만의 공간이 있다면 몇 군데입니까?")
- 자연탐구적: 자연탐구 지능 능력자("이 중에서 몇 명이 밖에 나가 자연 속에 있는 것을 즐기나요?" "여러분 중 벌레 혹은 동네의 나무에서 떨어진 나뭇잎, 조개 같은 자연의 사물을 수집해 본 경험이 있는 사람이 있습니까?" "반려동물을 기르고 있거나 동물을 좋

아하는 사람은 몇 명입니까?")

당신은 각 지능을 설명하기 위해 질문을 만들어 낼 수 있다. 다만 모든 학생이 스스로 똑똑하다는 것을 먼저 알아차릴 수 있는 기회를 주는 것을 잊지 않아야 한다. 또한 가드너가 각 지능의 '최상위 수준(end-states)'으로 부르는 것들의 예를 제시할 수도 있다. 그것은 매우 높은 수준의 능력까지 지능을 발달시킨 사람을 의미한다.

각 학생에게 중요한 의미를 지니는 유명한 인물이나 영웅을 고르게 한다. 다음과 같은 예가 포함될 수 있다.

- 아동이 수업 시간에 읽은 문학 작품의 저자(언어 지능 능력자)
- 학생들이 수업 시간에 공부한 유명한 과학자(논리-수학 지능 능력자)
- 아동서 삽화가, 유명한 만화가, 영화 제작자(공간 지능 능력자)
- 유명한 스포츠 영웅이나 연기자(신체-운동 지능 능력자)
- 유명한 록 가수, 래퍼 그리고 그 외의 음악가(음악 지능 능력자)
- TV 토크쇼 진행자나 정치인(대인관계 지능 능력자)
- 유명한 기업가나 자수성가한 사람(자기성찰 지능 능력자)
- 동물 전문가와 자연 탐험가(자연탐구 지능 능력자)

다중지능 이론 지도 활동

당연히 당신은 이 모델에 대한 단순한 설명 그 이상을 원할 것이고, 이 모델의 여덟 가지 지능을 모두 잘 가르치기 위해 더 노력하고자 할 것이다. 모델을 소개하는, 혹은 5분 소개 뒤에 사용할 수 있는 보강 활동 및 보충 체험으로 구성된 여러 가지 방법이 있다. 여기 몇몇 예가 제시되어 있다.

직업의 날(Career Day)　사회의 여러 구성원을 정기적으로 학급에 초대해 그들의 직업에 대해 말하게 한다면 이 활동을 다중지능의 구조에 맞추어 보도록 한다. '언어 지능' 활동에 대해 이야기할 수 있는 편집자, '수학 지능' 을 개발하는 방법을 말해 줄 수 있는 세무사, 뛰어난 '공간 지능' 이 직업에서 얼마나 유용한지 설명할 수 있는 건축가를 데려 온다. 운동선수(신체-운동 지능 능력자), 전문 음악인(음악 지능 능력자), 상담가(대인관계 지능 능력자), 사업가(자기성찰 지능 능력자) 혹은 수의사(자연탐구 지능 능력자)가 직업의 날의 또 다른 손님이 될 수 있다. 각 직업이 보통 몇 가지의 지능을 포함하고 있는지, 그리고 각 지능이 어떤 방식으로 결합하여 독특한 역할을 하는지 논의하고 싶어질 것이다. 이러한 설명은 사람들의 성공에 각 지능이 중요한 역할을 한다는 것을 학생들에게 강조한다. 당신이 초대한 발표자의 발표에 모델이 잘 섞일 수 있도록 그들과 미리 이야기할 것을 권한다. 혹은 그들의 발표 후에 그들이 말하거나 행한 것을 여덟 가지 지능과 연관 지음으로써 간단한 설명을 덧붙이는 것도 좋다.

현장 방문(field trips) 사회에서 각각의 지능이 특별히 가치 있게 활용되는 장소로 학생들을 데려간다. 도서관(언어 지능), 과학 연구실(논리-수학 지능), 공예 작업실(신체-운동 지능), 음악을 연주하는 라디오 방송국(음악 지능), 그래픽 디자인 스튜디오(공간 지능), 홍보회사(대인관계 지능), 심리학자의 사무실(자기성찰 지능) 그리고 동물원(자연탐구 지능)과 같은 곳이 목적지가 될 수 있다. 학생들이 실제 맥락에서 이러한 지능을 살펴보는 것은 교실에서 얻을 수 있는 것보다 더 정확한 다중지능의 '실생활'에서의 모습을 알게 해 준다.

전기(biographies) 학생들이 한 가지 이상의 지능에서 뛰어난 능력을 지닌 유명한 인물의 삶에 대해 공부하게 한다(Gardner, 1993c 참고). 공부할 대상으로는 토니 모리슨(언어 지능 능력자), 마리 퀴리(논리-수학 지능 능력자), 빈센트 반 고흐(공간 지능 능력자), 로베르토 클레멘테(신체-운동 지능 능력자), 요요마(음악 지능 능력자), 마틴 루터 킹(대인관계 지능 능력자), 지그문트 프로이트(자기성찰 지능 능력자), 제인 구달(자연탐구 지능 능력자)과 같은 사람이 있다. 이때 공부할 대상은 학생들의 문화, 인종, 성, 민족적 배경을 대표하도록 하는 것이 좋다. (유명한 사람에 관한 더 많은 다문화적 예는 13장 참고, 장애를 극복한 각 지능별 유명인의 예는 11장 참고)

수업 계획(lesson plans) 특정 주제나 기술 영역을 여덟 가지 방법으로 가르친다(다중지능 수업 구성에 대한 안내는 5장 참고). 8개의 지능을 이용하여 그 자료를 가르칠 것이라는 것과 학생들이 각각의 지능이 어떻게 나타나는지에 특별히 주의를 기울여야 한다는 것을 그들에게 미리 설명한다. 수업 후에는 학생들에게 그들 자신이 8개의 지능을 어떻게 사용하고 있는지 설명할 것을 요구한다. 이러한 활동은 학생들이 각 지능을 위해 필요한 과정을 반성하는 것과 그들 자신의 초인지적 인식을 강화하는 것을 요구한다. 당신은 또한 학생들에게 그들이 선호하는 방법이 무엇인지 물을 수도 있다. 이런 식으로 학생들이 새로운 것을 배울 때 그들이 어떤 전략의 사용을 선호하는지 이해하도록 도와줄 수 있다.

잠깐 경험하기 활동(quick experiential activities) 다중지능 이론을 소개하는 경험적인 방법은 학생들에게 각 지능을 사용하는 여덟 가지 활동을 완수하도록 하는 것이다. 예를 들어, 학생들에게 무언가를 쓰게 하거나("알고 있는 시에서 몇 줄을 써 보렴."), 셈하게 하거나("백만 초는 얼마나 긴 시간인지 말해 보렴."), 그리게 하거나("동물을 그려 보렴."), 달리게 하거나("밖에 나가서 구역 끝까지 달려갔다가 돌아오렴."), 노래하게 하거나("모두 함께 '학교 종이 땡땡땡'을 불러 보렴."), 공유하게 하거나("이번 주에 일어난 일 중 즐거웠던 일을 짝과 공유해 보렴."), 자기반성하게 하거나("눈을 감고 인생에서 가장 즐거웠던 일을 생각해 보렴. 다른 사람에게 이야기하지 않아도 된단다."), 자연을 관찰하게("창밖을 보고 모든 생명체와 자연의 생김새를 살펴보렴.") 할 수 있다. 학생들이 할 수 있는 활동을 선택하고, 그것을 할 수 없는 학생에게는 수정된 활동을 제공함으로써 모든 학생의 수준에 맞게 활동을 조정하라. '여덟 가지 종류의 지능' 을 명확하게 설명하기 전이나 후 모든 경우에 이러한 접근을 사용할 수 있다. 어떤 활동을 선호하는지 학생들에게 물어보는 것을 잊지 말고, 각각의 활동을 여덟 가지 지능과 연결해야 한다는 것을 기억하라.

벽에 전시하기(wall displays) 전형적인 미국 교실을 보면 아인슈타인의 초상화가 벽에 붙어 있는 곳을 종종 발견할 수 있다. 아인슈타인은 다중지능의 훌륭한 본보기다. 그는 일할 때 공간적 · 신체-운동 · 논리-수학 지능을 포함하여 다중지능 중 몇 가지를 골고루 사용했다. 하지만 이처럼 단순히 아인슈타인의 포스터를 붙여 놓기보다는 각각의 지능에서 특별히 우수한 사람의 포스터 8개를 붙여 놓는 것도 고려해 보자(Gardenr, 1993c와 이 장의 '전기[biographies]' 에서 거론된 이름들 참고). 혹은 '8개의 학습 방법' 이나 '우리가 학교에서 배우는 방법' 이라고 쓰인 표어를 벽에 붙여 놓고, 각각의 지능을 사용하는 학생의 사진을 전시하는 것도 좋다.

전시(displays) 학생들이 8개의 지능을 사용하여 만든 결과물을 전시한다. 예를 들면, 에세이, 이야기, 시(언어 지능), 컴퓨터 프로그램(논리-수학 지능), 그림(공간 지능), 음악 점수(음악 지능), 3차원 프로젝트(신체-운동 지능), 협동 프로젝트(대인관계 지능), 개인 프로젝트(자기성찰 지능)와 같은 것이 있다. 결과물은 선반이나 유리장, 탁자 등에 전시할 수 있고, 모든 학생이 자신의 성과물을 전시할 수 있도록 정기적으로 교체해야 한다. 각 결과물에는 그것을 만들어 내는 데 필요한 지능을 표시해 두는 것을 잊지 말라.

읽기(readings) 고등학교 학생들에게는 『마음의 틀(*Frames of Mind*)』(Gardner, 1993a)이나 『일곱 가지 지능(*7 Kinds of Smart*)』(Armstrong, 1999a)에 포함된 내용과 같은 다중지능 이론을 다룬 책이나 논문을 많이 읽게 할 수 있다. 또한 초등학교 고학년이나 중학교 학생들은 『너는 훨씬 더 똑똑하단다: 아동을 위한 다중지능 지침서(*You're Smarter Than You Think: A Kid's Guide to Multiple Intelligences*)』(Armstrong, 2003)를 읽게 할 수 있다. 이와 관련해서는 부록 B에서 더 많은 책을 소개하고 있다.

다중지능 책상(MI table) 교실에 8개의 책상을 준비하고 각각 8개의 지능 중 하나를 의미하는 상징을 표시해 둔다. 각 책상 위에는 학생들이 무엇을 해야 하는지 지시하는 활동 카드를 둔다. 언어 지능 책상에서는 학생들이 쓰기 활동을 할 수 있고, 논리-수학 지능 책상에서는 수학이나 과학 활동을, 공간 지능 책상에서는 그림 그리기 활동을, 신체-운동 지능 책상에서는 쌓기 활동을, 음악 지능 책상에서는 음악적인 활동을, 대인관계 지능 책상에서는 협동 활동을, 자기성찰 지능 책상에서는 개인 활동을, 자연탐구 지능 책상에서는 동식물을 관찰하는 활동 등을 할 수 있다. 학급 학생들을 8개의 조로 나누고 각 조에 하나씩의 책상을 배정한다. 각 조는 정해진 시간(5분 정도)만큼 활동할 수 있고, 시간이 끝나면 음악 신호(예: 벨)를 사용해서 다음 책상으로 이동해야 한다. 이 과정을 모든 학생이 모든 책상에서 각 활동을 경험할 때까지 계속한다. 그 후에 학생들의 선호 활동에 대해 이야기하고, 각 활동을 해당 주요 지능과 관련시킨다. (7장에서는 각 활동에 다중지능을 반영할 수 있는 조성 방법을 더 구체적으로 다루고 있다.)

지능 탐험(human intelligence hunt) 당신이 다중지능 이론을 학년 초에 소개한다면 학생들은 서로에 대해 잘 모를 때 '지능 탐험' 을 통해 서로를 더 잘 알게 될 수 있다. 또한 이 활동은 여덟 가지 지능을 경험적으로 가르칠 수 있는 유용한 방법이다. 이 방법은 우리 각자가 특별한 선물로 가득 찬 '보물상자' 라고 가정하고 시작한다. 이 선물들은 곧 우리의 지능이다. 그러나 때때로 우리는 다른 사람이 가지고 있는 선물에 대해 잘 인식하지 못하고 있기 때문에 '보물 탐험' 을 시작해야 한다. 이것은 곧 '지능 탐험' 이 되는데, 즉 다른 사람의 '특별한 능력' 을 발견하는 것이다. 각 학생은 〈자료 4-1〉에 제시된 것과 같은 활동 목록을 받는다. 그리고 교사가 종소리 같은 신호를 주면 학생들은 활동지를 펜이나 연필과 함께 가지고 가서 목록의 활동을 함께 할 수 있는 다른 학생들을 찾는다.

1. 학생들은 목록의 활동을 할 수 있다고 말하는 것이 아니라 실

〈자료 4-1〉 지능 탐험

다음을 할 수 있는 사람을 찾아라!

- 베토벤 교향곡 5번을 콧노래로 부르기(음악 지능)
- 간단한 춤 동작하기(신체-운동 지능)
- 4줄 이상 시 암송하기(언어 지능)
- 하늘이 왜 파란지 설명하기(논리-수학 지능)
- 최근 꾼 꿈에 대해 간단히 이야기하기(자기성찰 지능)
- 말(horse) 그리기(공간 지능)
- 이 활동을 하는 동안 다른 사람과 관련하여 편안하게 느꼈는지 솔직하게 말하기(대인관계 지능)
- 주변 지역에서 찾을 수 있는 새나 나무의 이름을 다섯 가지 이상 대기(자연탐구 지능)

제로 수행해야만 한다.

2. 학생이 '보물 탐험가'로서 만족할 수 있게 활동을 수행하면 '보물 탐험가' 활동지의 해당 활동 옆 빈 공간에 이름을 적는다.
3. '보물 탐험가'는 하나의 활동을 한 사람에게만 그 역할을 수행하도록 할 수 있다. 따라서 보물 탐험에서 승리하려면 8개의 다른 이름이 필요하다.

당신은 〈자료 4-1〉에 제시된 활동을 학생들의 적성이나 능력에 맞춰 수정할 수 있다. 예를 들면, 매우 어린 학생들인 경우 베토벤 교향곡 5번보다는 '맥도널드 할아버지의 농장(Old MacDonald Had a Farm)'과 같은 노래를 사용할 수 있다. 활동이 끝난 후에는 학생들이 각 과제를 8개의 지능에 각각 연결시키도록 하고, 다른 사람들의 재능이나 지능에 대해 배운 것을 이야기해 보게 한다.

보드게임(board games) 8개의 지능을 기반으로 한 보드게임을 직접 제작할 수 있다. 두꺼운 종이에 매직펜으로 여러 개의 작은 사각형이 이어진 굽은 길의 평범한 보드게임판을 만든다. 각각의 지능에 색깔을 하나씩 지정하고, 게임판의 각 사각형에 각 지능을 상징하는 색을 적절히 배분하여 칠한다. 당신은 〈자료 4-1〉의 상징을 사용하거나 스스로 만들어 낸 것을 사용할 수 있다. 그러고 나서 게임판의 색칠된 상징들과 짝지어지는 8개의 색지로 5~8cm의 게임 카드를 8세트 만든다. 그리고 각 게임 카드 세트에는 특정 지능을 사용해야 하는 활동을 적는다. 다음은 기초적인 수준의 공간 지능 활동의 예다.

- 30초 안에 강아지를 그려라.
- 교실에서 원 모양의 물체를 찾아라.
- 좋아하는 색을 말해라.
- 이 공간에서 찾을 수 있는 파란색 물건을 4개 말해라.
- 눈을 감고 마음속의 그림을 설명해라.

활동의 대부분은 학생들이 할 수 있는 것이어야 한다. 그리고 한 쌍의 주사위와 몇 개의 작은 플라스틱 모형을 가져와서 게임을 시작한다. 다중지능 활동을 포함하고 있는 상업적인 게임을 대안적으로 사용할 수도 있다(예: Cranium 보드게임).

다중지능 이야기, 노래, 놀이(MI stories, songs, or plays)　다중지능의 개념을 가르치기 위해 당신 스스로 창의적인 이야기나 노래 혹은 놀이를 만들 수 있다(학생들이 도와줄 수도 있다). 예를 들어, 특정 지능의 전문가인 8명의 아이에 대한 이야기를 만들 수 있다. 즉, 그 아이들은 서로 사이가 좋지 않은데 어쩔 수 없이 함께 먼 마법의 나라로 모험을 떠나게 된다. 그리고 이야기의 각 부분에서 그들은 특정 아이의 특별한 지능을 통해서만 극복할 수 있는 역경에 닥치게 된다. 가령, 아이들이 구멍으로 떨어졌는데 거기에서 빠져나오려면 신체-운동 지능 능력자인 아이의 재능이 필요하다. 이야기의 마지막에는 8명의 아이가 모두 서로의 재능과 지능에 의지하여 자신들에게 주어진 과업을 전부 수행한다(보석을 되찾는 결론도 좋다).

이 이야기는 학급에서의 행동에 빗대어 사용할 수 있다. 우리는 각 학생의 고유한 재능을 존중하고 그것을 축복할 수 있는 방법을 찾을 필요가 있다. 이러한 이야기는 학교의 다른 학생들을 위해 연극이나 인형극, 음악 공연으로 쓰일 수도 있다.

이밖에도 다중지능을 가르치기 위해 사용할 수 있는 활동은 많다. 이러한 활동은 한 해 동안 계속해서 개발해야 한다. 몇 가지 활동을 소개한 후에는 여덟 가지 지능 목록을 다중지능 피자와 같은 형식으로 만들어 눈에 띄게 게시해 놓는 것이 도움이 될 것이다. 그리고 이후 8개의 지능 중 한 가지 이상과 관련된 일이 일어나면 관련성을 강조하면서 그 게시물을 활용할 수 있다. 숙제를 위해 특별히 적절한 시각적 그림을 그려 온 학생이 있다면 당신은 그 학생이 숙제를 하는 데 자신의 공간 지능을 잘 사용했음을 알려 줄 수 있다. 또한 일상 활동에서 다중지능의 실질적 활용을 모델링함으로써 학생들이 이론을 내면화하도록 도울 수도 있을 것이다. 그러면 어느샌가 학생들이 자신의 학습 과정을 설명할 때 그 용어들을 사용하고 있는 것을 보게 될 것이다.

더 생각해 볼 문제

1. 이 장에서 제시한 자료나 활동을 활용하여 다중지능 이론을 당신의 학생들에게 소개할 수 있는 방법을 개발하라. 그들의 첫 반응을 기록한다. 그리고 뒤이어 보충 활동을 실시한다. 학생들이 그 용어를 스스로 사용하기까지 기간이 얼마나 걸리는가? 학생들이 자신의 학습 과정을 설명하기 위해 다중지능 이론을 사용한 2~3개의 예를 기록한다.

2. 다중지능 이론에 대한 강의를 포함하여 '학습에 관한 학습'을 다룬 특별한 과정이나 작은 활동을 만든다. 이때 학생들이 그들 자신의

사고방식을 이해할 수 있도록 도와주는 읽기, 운동, 활동 그리고 전략을 포함한다. 그것을 통해 학생들은 더 효과적으로 학습할 수 있게 된다.

3. 8개의 지능이 존중받고 축하받을 수 있도록 전시를 위한 벽이나 특별한 게시판, 그밖의 전시 구역에 게시한다. 유명한 인물의 포스터나 다중지능 활동과 관련된 학생들의 사진, 지능이 뛰어난 학생 개개인이 만든 결과물의 예시를 전시물에 포함한다.

05

다중지능 이론과 교육과정 개발

교실에서 이루어지는 학생들의 학습 활동을 보면 다양한 지능을 활용하여 지식을 탐구할 수 있는 기회를 제공하는 경우가 거의 없다. 눈물을 삼키며 꼼짝없이 자리에 앉아서 거의 반복적인 연습을 지속하는 학생이 과연 어떤 의미 있는 것을 배울 것인가? 매그언(Magoun) 뇌라고 일컫는 뇌의 어떤 영역은 신기성(novelty)에 의하여 자극을 받는다. 우리가 조사한 것과 같이 그런 반복적인 활동을 하게 하는 학교에서 12년 동안 시간을 보낸 학생들은 그렇게 새로운 자극을 경험하지 않을 것이며, 뇌는 계속 잠들어 있을 것이다.

-존 굿레드(John I. Goodlad)-

다중지능 이론은 교사가 미국 교실에서 주로 사용되는 전형적인 언어와 논리를 넘어서서 자신만의 기술, 도구 그리고 전략 레퍼토리를 확장할 필요가 있다고 제안함으로써 교육 분야에 큰 공헌을 했다. 미국 내 1,000여 개의 교실을 대상으로 관찰 연구를 실시한 굿레드(John Goodlad)의 선구적인 학교교육 연구 프로젝트에 따르면, 약 70%의 학교 교실에서는 교수 혹은 강의를 제공하는 것과 같이 주로 교사가 학생에게 이야기하는 형태의 '교사 발문(teacher talk)'이 이뤄지고 있었다. 그다음으로 가장 많이 관찰된 행동은 학생들의 쓰기 숙제였는데, 굿레드(2004)는 이에 대해 "이 숙제의 대부분은 교과서 혹은 활동지의 지시에 따라 응답하는 형식이었다."(p. 230)라고 기술하였다. 굿레드의 연구는 25년 후에야 정식으로 발표되었지만 그마저도 많은 것을 변화시키지 못한 채 상황은 더욱 악화되기만 했다. 그러던 중 제정된 연방정부의 아동낙오방지법은 미국의 제각각인 학교 내 특성들을 포괄할 수 있는 표준화된 검사 풍토를 만들었고, 그 검사를 준비하기 위한 표준화된 방법도 만들었다(Wallis, 2008). 비슷한 맥락에서 다중지능 이론은 한 측면으로 치우친 교수법을 교정할 수 있을 뿐만 아니라 좁고 한 측면에만 국한된 학습법에서 벗어나도록 촉구하는 모든 교육적 중재를 종합·정리하는 메타모델로서의 역할도 한다. 즉, 다중지능 이론은 잠들어 있는 뇌를 깨우는 자극이 될 수 있는 넓은 범위의 교육과정을 제공한다.

다중양식 교수의 역사적 배경

교수법을 제안하는 이론으로서 다중지능 이론은 새로운 개념이 아니다. 심지어 어떤 연설에서 플라톤(Plato, 1952)은 "의도적으로 사용한 것은 아니지만 초기 교육은 오락과 같은 즐거움을 허용했다. 그때 비로소 당신은 천성을 발견할 수 있는 더 높은 가능성을 가지게 될 것이다." (p. 399)라고 기술하며 다중양식(multimodal) 교수의 중요성을 강조하였다. 최근 현대 교육의 선구자들은 언어적(verbal) 교육학보다 더 근간에 기초하여 교수 체계를 발달시켰다. 18세기 철학자인 장 자크 루소(Jean Jacques Rousseau)는 교육에 관한 자신의 고전 논설인 『에밀(*Emile*)』에서 아동이 단어를 통해서가 아닌 경험을 통해서 학습해야 하며, 책을 통해서가 아닌 인생이라는 책을 통해서 학습해야만 한다고 선언했다. 스위스의 개혁론자인 요한 하인리히 페스탈로치(Johann Heinrich Pestalozzi)는 육체적 · 도덕적 · 지적 훈련은 구체적인 경험을 기반으로 하고 있어야 한다는 통합 교육과정을 강조했다. 또한 현대 유치원 종일반을 창시한 프뢰벨(Friedrich Froebel)은 동물 돌보기, 정원 가꾸기, 노래하기, 게임하기뿐만 아니라 선천적인 '재능'과 더불어 실제 일어나는 경험들로 구성된 교육과정을 발달시켰다. 20세기에 들어서서 마리아 몬테소리(Maria Montessory)와 존 듀이(John Dewey) 같은 혁신가들은 몬테소리의 촉각으로 느낄 수 있는 문자와 자기 진도에 맞춰진 자료, 듀이의 축소된 사회로서 교실을 바라보는 시각을 포함하여 다중지능 이론과 유사한 기술에 기반을 둔 교수 체계를 발전시켰다.

동일하게, 최근의 대안교육 모델은 다른 언어를 사용하였지만 필수적으로 다중지능 체계를 다루고 있다(또한 서로 다른 지능에 대한 강조 수준도 다양하다). 예를 들어, 협동학습은 대인관계 지능을 강조하는 것처럼 보이지만 구체적인 활동은 다른 지능과도 연관이 있을 수 있다. 이와 유사하게 총괄적인 언어 교수는 언어 지능 발달이 그 중심에 있지만 근본적인 목적 달성을 위해 음악, 실제적 활동, 내성(저널 모으기 활동을 통한) 그리고 그룹 과제도 사용할 수 있다.

다중지능 이론은 좋은 교사들이 자신의 교수에 있어 늘 해 왔던 것을 포함한다. 다시 말해, 학생들의 마음을 일깨워 주기 위하여 책과 칠판 이상의 무언가를 시도하는 것이다. 훌륭한 교사의 본보기가 되는 두 영화 〈스탠드 업(Stand and Deliver)〉(1987)과〈죽은 시인의 사회(Dead Poets Society)〉(1989)를 추천한다. 〈스탠드 업〉에서 고등학교 수학 교사인 제이미 에스칼란테는 분수를 설명하기 위해 사과를, 곱셈을 가르치기 위해 손가락을, 그리고 음수를 명확히 하기 위해 표상과 은유를 사용한다. 또한 〈죽은 시인의 사회〉에서 문학 교사 존 키팅은 학생들에게 클래식 음악을 듣고 축구를 하는 동안 문학을 읽도록 한다. 다중지능 이론은 최선의 교수법을 교수에 반영하기 위하여, 그리고 왜 이 방법이 효과적인지(혹은 왜 이 방법이 어떤 학생에게는 효과가 있고 다른 학생에게는 효과가 없는지) 이해하기 위하여 교사들에게 한 가지 방법을 제공한다. 더 광범위하고 더 확연한 차이를 보이는 학습자들을 위한 더 넓은 범위의 방법, 자료 그리고 기술을 포함하는 것은 교사들이 자신의 교수 형식 범주를 확장하는 데 도움을 준다.

다중지능 교사

다중지능 교실에서의 교사는 전통적인 언어적 · 논리-수학적 교실에서의 교사와 매우 대조적이다. 전통적인 교실에서 교사는 교실 앞에 서서 강의를 하고 칠판에 판서를 하며, 학생들에게 나눠 준 읽기 자료나 유인물에 대해 질문하고, 학생들이 쓰기 과제를 끝낼 때까지 기다린다. 다중지능 교실에서는 교사가 교육 대상을 확고하게 가슴에 새기며, 창의적인 방식으로 지능을 결합하면서 언어적인 것에서 공간적인 것으로, 또 음악적인 것으로 혹은 또 다른 것으로 자신의 강의 방식을 계속 변환한다.

다중지능 교사는 판서나 강의에 많은 시간을 보내지 않는다. 이것이 바로 올바른 교수 기법이다. 다중지능 교사는 아이디어를 표현하기 위해 칠판에 그림을 그리거나 비디오 클립을 보여 주고, 특정 주제를 명확히 하기 위하여, 또는 그 주제를 학습할 수 있는 환경을 제공하기 위하여 낮 동안 음악을 연주하거나 그 주제에 대한 환경을 꾸민다. 다중지능 교사는 학생들이 일어나 움직이고 공부한 주제를 삶의 현장으로 가져올 수 있도록 인공적인 것을 배제하며, 학생들의 이해를 고양하기 위한 탄력적인 요소를 그들이 수립할 수 있게 실제적 경험을 제공한다. 다중지능 교사는 또한 또 다른 방법(예: 짝 · 소집단 · 대집단 활동)으로 학생들과 상호작용한다. 즉, 학생들의 자기반성 시간 계획하기, 자기 주도적 과제 시행하기 또는 개인적 경험과 감정을 배우고자 하는 자료에 연결시키기, 살아 있는 것을 통해 나타나는 학습 기회 만들기 등을 한다.

그러나 다중지능 교사가 무엇을 하고 무엇을 하지 않는지에 관한 이 같은 특징은 다중지능 이론의 교수적 차원을 견고히 하기 위해 반드시 수반되어야만 하는 것은 아니다. 이 이론은 교사가 직접적으로 학생을 가르치는 데 대부분의 시간을 보냈던 전통적인 환경에서 학생들이 스스로 학습할 수 있도록 조정하는 열려 있는 환경으로 더 광범위한 교수적 상황을 실시할 수 있다. 심지어 전통적인 언어 교수는 8개의 지능을 자극하기 위해 고안된 다양한 방식으로 대체될 수 있다. 교사가 강의에서 리듬을 강조하는 것(음악적), 요점을 묘사하기 위해 칠판에 그림을 그리는 것(공간적), 말할 때 극적인 몸짓을 취하는 것(신체-운동적), 학생에게 자기반성 시간을 주기 위해 잠시 쉬는 것(자기성찰적), 정신적 통합을 이끌기 위한 질문을 하는 것(대인관계적), 강의에 자연적인 인용을 포함하는 것(자연탐구적)은 교사 중심적인 전통적 관점에 다중지능 원리를 사용한 것이다.

다중이론 교수의 주요 자료와 방법

강사 모드의 전형적인 교수를 벗어나 다중지능 이론을 교수하는 도구들이 꽤 존재한다. 〈표 5-1〉은 다중지능 이론의 교수 방법을 요약하여 제공하고 있다. 105~111쪽에 제시한 목록이 더 넓은 범위의 내용을 제공하고 있지만, 다중지능을 통한 교수에 활용할 수 있는 자료와 기술에 대한 조사는 아직도 충분하지 않다.

〈표 5-1〉 여덟 가지 교수 방법 요약

지능 \ 예시	교수 활동	교수 자료	교수 전략	교육적 움직임 (주요 지능)	교수 기술	수업 시작 활동
언어	강의, 토의, 단어 게임, 스토리텔링, 함께 읽기, 일기 쓰기	책, 녹음기, 타자기, 도장 세트, 테이프 책	읽기, 쓰기, 말하기, 듣기	비판적 읽기 · 쓰기	스토리텔링을 통해 가르치기	칠판에 긴 단어 쓰기
논리-수학	수수께끼, 문제해결, 과학 실험, 암산, 숫자 게임, 비판적 사고	계산기, 수학 조작물, 과학 장비, 수학 게임	수량화하기, 비판적으로 사고하기, 논리적 틀에 넣기, 실험하기	비판적 사고	소크라테스식 질문	논리적 모순 제기하기
공간	시각적 전시, 예술 활동, 상상 게임, 마인드맵, 은유, 시각화	그래프, 지도, 비디오, 레고 세트, 예술 재료, 시각적 환상, 카메라, 그림 모음집	보기, 그리기, 시각화하기, 색칠하기, 마인드맵	통합 예술 수업	그리기, 마인드맵	위쪽에 특이한 그림 두기
신체-운동	실습 학습, 드라마, 춤, 스포츠로 가르치기, 촉각 활동, 이완 활동	건축 도구, 점토, 스포츠 장비, 조작물, 촉각 학습 재료	쌓기, 연기하기, 만지기, 직감 갖기, 춤추기	실습 학습	몸짓 사용하기, 극적 표현하기	수업 시간에 신기한 물건을 돌아가며 보기

예시 / 지능	교수 활동	교수 자료	교수 전략	교육적 움직임 (주요 지능)	교수 기술	수업 시작 활동
음악	리듬 학습, 랩하기, 노래로 가르치기	녹음기, 테이프 모음집, 악기	노래하기, 랩하기, 듣기	오르프 슐베르크 음악 교수-학습법	목소리를 리듬감 있게 사용하기	학생들이 교실에 들어올 때 음악 틀어놓기
대인 관계	협동학습, 동료교수, 지역사회 학습, 모임 활동, 시뮬레이션	보드게임, 파티 용품, 역할극을 위한 소품	가르치기, 협동하기, 존중하며 상호작용하기	협동학습	학생들과 역동적으로 상호작용하기	옆 사람과 마주보고 공유하기
자기 성찰	개별화 교수, 독립적 학습, 학습 과정 선택, 자아존중감 향상	자기 점검 자료, 일기, 프로젝트 자료	자신의 개인적 삶과 관련짓기, 고려하여 선택하기, 반성하기	개별화 교수	감정을 전시에 끌어오기	"눈을 감고 인생에서 ~했던 때를 생각해 보세요."
자연 탐구	자연 학습, 생태계 인식, 동물 돌보기	식물, 동물, 자연탐구적 도구(예: 쌍안 망원경), 원예 도구	생물이나 자연적 현상과 연결하기	생태 학습	주제 문제를 자연 현상과 연결하기	주제에 대한 토의를 촉발할 수 있는 흥미로운 동물이나 식물을 가지고 오기

언어

- 서적
- 브레인스토밍
- 집단 독해
- 토론
- 즉흥 말하기
- 개별적 독해
- 일지 쓰기
- 크고 작은 집단 토론
- 강의
- 매뉴얼
- 언어 정보 암기
- 출판
- 수업 시간에 읽기
- 함께하는 시간(시간 공유)
- 스토리텔링
- 학생 연설
- 책 이야기
- 단어 녹음
- 워드프로세스 프로그램
- 단어 게임
- 연습 문제지
- 활동 기록

논리-수학

- 분류와 유형화
- 컴퓨터 프로그래밍 언어
- 코드 만들기
- 발견법(heuristics)
- 논리 퍼즐과 게임
- 논리적 문제해결 연습
- 주요 주제의 논리 순차적 프레젠테이션
- 논의의 소지가 있는 수학적 문제
- 피아제의 인지 활동
- 계산과 수량화
- 과학적 사고 활동
- 학문적 논증
- 소크라테스식 문답법

공간

- 3D 건축 입체 자료
- 예술 감상
- 도표, 그래프, 지도
- 색 단서
- 컴퓨터 그래픽 소프트웨어
- 창의적 공상하기
- 그리기와 칠하기, 컴퓨터 보조 디자인 소프트웨어

- 그래픽 상징
- 사고 스케치하기
- 가상 이야기하기
- 마인드맵과 다른 시각적 조직화
- 시각적 환상
- 그림, 콜라주, 시각 예술
- 사진
- 그림을 활용한 문해 경험
- 그림, 이미지를 통한 비유
- 사진, 슬라이드, 영화
- 시각 인식 활동
- 시각 패턴 찾기
- 시각적 퍼즐, 미로
- 시각 사고 훈련
- 시각화

신체-운동

- 몸으로 응답하기
- 몸 지도
- 교실 연극
- 경쟁적 및 협력적 게임
- 요리, 원예, 그밖의 '혼잡한' 활동
- 공예

- 창의적 운동
- 체험 활동
- 다양한 활동 수업
- 모든 친절한 활동을 넘겨주기
- 활동을 통한 사고
- 운동감각으로 개념 표현하기
- 조작
- 신체인식 훈련
- 신체교육 활동
- 촉각적 자료와 경험
- 운동감각적 표상 활용
- 몸짓 언어 사용, 수화로 소통하기
- 실질적인 현실 소프트웨어

음악

- 개념에 대한 새로운 멜로디 만들기
- 디스코그래피(음악 목록) 작성
- 집단별로 노래하기
- 오래된 노래와 개념 연결하기
- 자기 안의 음악적 표상 듣기
- 무드 음악
- 음악 감상
- 음악적 구성 프로그램

- 음악적 개념
- 피아노, 기타 또는 다른 악기로 생 음악 연주하기
- 타악기 연주하기
- 녹음된 음악 연주하기
- 리듬, 노래, 랩, 챈트
- 콧노래 또는 휘파람 불기
- 기억 너머의 음악
- 배경음악 활용하기

대인관계

- 학문적 동아리
- 견습 기간
- 보드게임
- 사회관계
- 갈등 중재
- 협동학습
- 나이와 직업 초월하기
- 집단 브레인스토밍 회의
- 상호적 프로그램 또는 인터넷 기반 프로그램
- 대인관계 상호작용
- 학습 맥락으로서의 파티 또는 사회 모임
- 또래 나눔(토의) 활동
- 공동체 조각 작품 만들기

- 시뮬레이션

자기성찰

- 재량(수업) 시간
- 동기 부여적이고 영감을 주는 교육과정에 노출시키기
- 감정의 순간
- 목표 설정 세션
- 독립적인 학습
- 개별화된 프로젝트 혹은 게임
- 흥미 중심
- 1분 성찰 시간
- 과제를 위한 여러 선택 사항
- 개인적 의미-연계
- 학습을 위한 개인적 공간
- 자기존중 활동
- 자기 주도적 교육
- 자기교수 프로그램 교육

자연탐구

- 수족관, 작은 육식동물, 다른 이동 가능한 생태계
- 학급 기상 관측소
- 생태교육
- 원예

- 자연 지향 프로그램
- 자연 연구 도구(쌍안 망원경, 망원경, 현미경)
- 자연 영상, 촬영본, 영화
- 자연 속 산책
- 학교 동물원
- 교구로서의 식물
- 학습을 위한 창밖 보기

다중지능 강의 계획 만드는 방법

다중지능 이론은 하나의 수준에서 앞서 언급한 것과 같은 다양한 교수 전략의 모음으로 나타낼 수 있다. 이런 측면에서 다중지능 이론은 지능의 인지적 구성 요소와 학생들이 교육을 받는 영역(예: 수학, 과학, 문학 등)에 대한 구체적인 필요성에서 도출할 수 있는 요구 외의 명확한 규칙이 존재하지 않는 교수 방법을 보여 준다. 교사는 자신의 교육 철학에 들어맞고 자신만의 독특한 교수 유형에 적합한 이론을 실행할 때 앞서 언급한 활동을 선택할 수 있다(철학은 모든 학생이 정확히 같은 방식으로 배워 왔다고 말할 수 없을 만큼 긴 역사를 가진다).

그러나 더 높은 수준에서는 다중지능 이론은 교육자들이 새로운 교육과정을 만들 수 있도록 매개적 구성을 제안한다. 사실 이론은 교육자들이 특정 기술, 내용, 주제, 교수적 목적에 도달할 수 있도록 하는 상황과 그것을 가르치기 위해 여덟 가지 이상의 방법을 발달시킬 수 있는 상황을 제공한다. 기본적으로 다중지능 이론은 일별 강의 계획 방법, 주별 단위, 연간 목표 주제 그리고 모든 학생이 그 시간에 가장 강력한 지능을 가질 수 있도록 돕는 프로그램 등을 제공한다.

다중지능 이론을 활용한 교육과정 발달에 접근하기 위한 가장 좋은 방법은 한 지능에서 다른 지능을 가르칠 수 있도록 자료들을 변환하는 방법을 생각하는 것이다. 다른 말로 하면, 영어와 같은 언어적 상징 체계를 스페인어나 프랑스어 등의 다른 언어로 변환하는 방법 혹은 다른 지능, 즉 그림, 신체적 · 음악적 표현, 논리적 상징 · 개념, 사회적 상호작용, 자기성찰적 연계, 자연탐구적 연합 등으로 변환하는 방법이 무엇인지 고민하는 것이다.

다음의 7단계는 구조화를 위한 틀로서 다중지능 이론을 활용한 강의 계획이나 교육과정을 만들기 위한 하나의 방법을 제안한다.

1. **특정한 목적 혹은 주제에 초점을 둔다.** 큰 규모의 교육과정을 발달시키거나 특정한 교수적 목적에 도달하기 위한 프로그램을 만들고 싶을 수 있다. 그러나 '생태 환경' 혹은 '모호한 발음' 을 중점으로 두었든 아니든 그 목적을 명확하고 간결하게 명시할 것을 명심하라. [그림 5-1]에서 보여 주는 것처럼 유인물의 중심에 있는 목적 혹은 주제는 대체될 수 있다.
2. **다중지능의 주요 질문을 사용한다.** [그림 5-1]은 특정한 주제 혹은 목적을 위한 교육과정을 개발할 때 사용할 수 있는 질문

을 보여 주고 있다. 이러한 질문은 아주 창의적인 방식으로 다음 단계로 넘어가도록 도와줄 수 있다.

3. 가능성을 염두에 둔다. [그림 5-1]의 질문들과 〈표 5-1〉에서 제시한 다중지능 기술 및 자료 목록, 6장에서 제시할 구체적인 전략에 관한 설명을 보라. 어떤 방법과 자료가 가장 적절해 보이는가? 제안되지 않은 다른 가능성에 대해서도 생각해 보라.

4. 브레인스토밍을 한다. [그림 5-2]에서 제시한 다중지능 계획서를 활용하여 각각의 지능에 대해 가능한 한 많은 교수 접근법을 목록화하라. 마지막에 [그림 5-3]에서 제시한 것과 같은

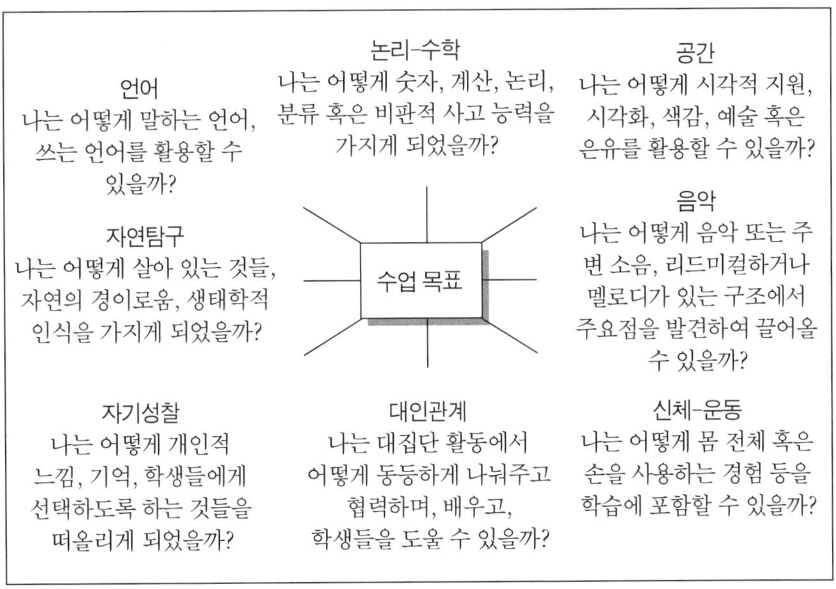

[그림 5-1] 다중지능 질문지

학습지를 도출할 수 있을 것이다. 접근법을 목록화할 때는 당신이 도달하기 원하는 주제를 구체적으로 적어라(예: '열대우림에 대한 비디오 클립'이 그냥 '비디오 클립'보다 좋다). 브레인스토밍을 위한 최고의 방법은 마음속에 있는 것을 모두 꺼내어 목록화하는 것이다. 적어도 20~30개의 아이디어 혹은 각각의 지능에 대한 적어도 2~3개 이상의 아이디어를 목표로 하라. 동료와 함께 브레인스토밍을 한다면 사고를 자극하는 데 도움이 될 것이다.

5. 적절한 활동을 선택한다. 완성된 계획 활동지의 아이디어를 보고 당신의 교육 환경에 가장 잘 적용할 수 있는 접근법에 동그라미 표시를 하라.

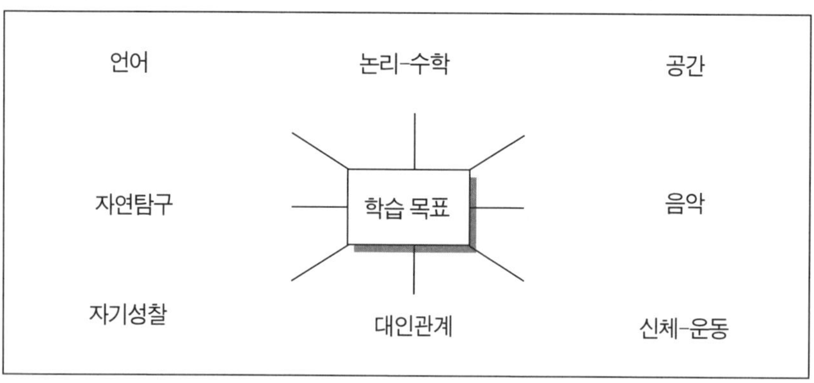

[그림 5-2] 다중지능 계획서

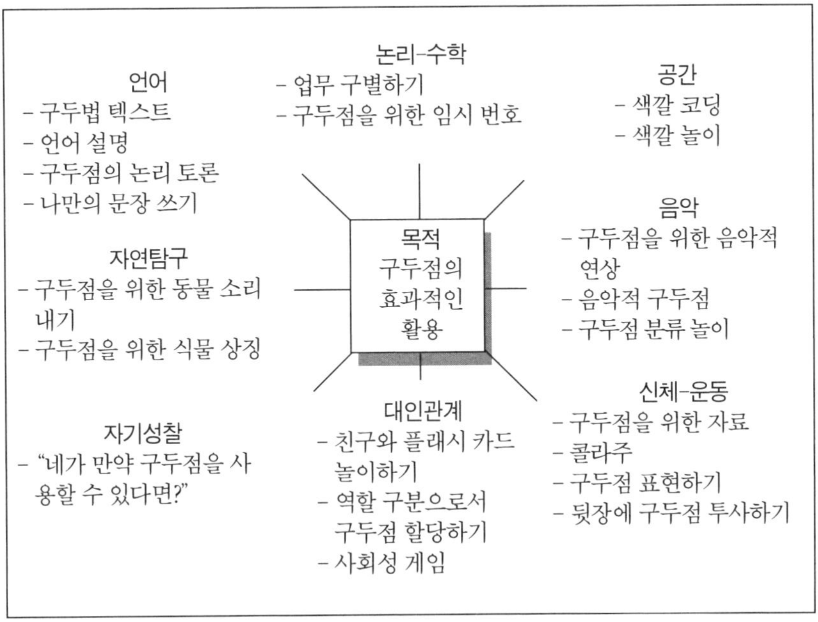

[그림 5-3] 구두점에 관한 완성된 다중지능 학습지

6. **순차적인 계획을 구상한다.** 당신이 취한 접근법을 활용하여 선택된 목적 혹은 주제와 관련한 강의 계획이나 단원을 떠올려 보라. 〈자료 5-1〉은 8일간의 강의 계획이 매 35~40분 수업에 목적에 따라 할당되었을 때 어떻게 구성될 수 있는지를 보여 준다.
7. **계획을 실행한다.** 필요한 자료들을 모으고 적절한 시간표를 선택했다면 이제 강의 계획을 실행하라. 필요하다면 실행하는 동안 발생하는 변화를 받아들이기 위해 강의를 수정하라(예: 학생들의 피드백에 기반을 두고 수정한다).

부록 C에는 이와 같은 다중지능 교수와 프로그램의 부가적인 사례가 제시되어 있다.

〈자료 5-1〉 8일간의 다중지능 수업 계획 예시

- 학년: 4학년
- 과목: 언어예술
- 목표: 네 가지 구두점(물음표, 마침표, 쉼표, 느낌표)의 기능과 차이점 이해하기

- 월요일(언어 지능): 구두점의 기능에 대한 구두 설명을 듣고 각 구두점의 예가 제시된 문장을 읽는다. 그리고 구두점을 바르게 써야 하는 학습지를 푼다.
- 화요일(공간 지능): 교사가 칠판에 각 구두점의 의미와 모양을 반영한 시각적인 그림을 그린다. 학생들은 각자가 생각하는 그림을 그려서 문장에 위치시킬 수 있다.
- 수요일(신체-운동 지능): 교사는 학생들에게 그들의 몸을 이용해서 문장을 읽게 하고 필요한 구두점의 모양을 몸으로 만들어 보게 한다(예: 물음표를 만들기 위해 몸을 둥글게 구부린다).
- 목요일(음악 지능): 학생들은 각 구두점에 따라 다른 소리를 만들어 낸다. 그다음 다른 학생이 구두점을 사용해야 하는 문장을 읽으면 알맞은 소리를 낸다.
- 금요일(논리-수학 지능): 학생 4~6명이 한 조를 이룬다. 각 그룹은

네 부분으로 나뉜 상자를 가지고 있고, 각 부분에는 각각 다른 구두점이 하나씩 들어 있다. 조별 학생들은 빠진 구두점이 무엇인지에 따라 문장을 분류하여 4개의 부분 중 하나에 넣는다.

- 월요일(대인관계 지능): 학생 4~6명이 한 조를 이룬다. 각 학생은 카드를 4개씩 가지고 있고, 각 카드에는 다른 종류의 구두점이 적혀 있다. 교사는 프로젝터 위쪽에 구두점을 사용해야 할 문장을 위치시킨다. 학생들은 문장을 보고 책상 가운데에 관련 있는 카드를 던진다. 조에서 가장 먼저 적절한 카드를 던진 학생은 5점, 두 번째 학생은 4점을 얻는다.
- 화요일(자기성찰 지능): 학생들은 스스로 각 구두점을 사용한 문장을 만들어 낸다. 각 문장은 그들의 개인적 삶과 연관이 있어야 한다(예: 누군가 대답해 주길 바라는 질문, 어떤 것에 대한 강렬한 느낌의 문장, 다른 사람들이 알았으면 하는 자신이 알고 있는 사실).
- 수요일(자연탐구 지능): 학생들은 동물들과 그것의 고유한 소리를 각 구두점에 배정하여야 한다(예: 마침표는 강아지의 짖는 소리, 쉼표는 오리의 꽥꽥거리는 소리, 물음표는 고양이의 야옹하는 소리, 느낌표는 사자의 으르렁대는 소리). 교사(혹은 학생)가 문단을 읽으면 학생들은 각 구두점이 나올 때마다 적절한 동물 소리를 낸다.

다중지능과 주제별 교수

더욱더 많은 교육자가 다학문적 관점으로 학생들을 가르치는 것의 중요성을 인식하고 있다. 비록 학업 기술을 가르치거나 지식의 고립된 부분을 가르치는 것이 그들의 미래 교육에 있어 더 유용할 수도 있는 능력 혹은 배경지식을 제공할지 모르지만, 그와 같은 교수법은 학생들의 실제 세계—몇 년이 지나 사회인으로서 기능하게 될 세계—와 연관이 없을 수 있다. 결과적으로 교육자들은 더 근접하게 삶을 모방하거나 중요한 방식으로 삶을 반영하는 교수 방법으로 돌아설 것이다. 이러한 교수법은 자연(본능)적인 주제를 가진다. 이 주제는 전통적인 교육과정 경계에서 제한되고, 삶에서 자연스럽게 발견되는 주제와 능력은 함께 엮이며, 실제적인 방법으로 그들의 다중지능을 활용할 수 있도록 학생들에게 기회를 제공한다. 통합 주제별 교수법을 발달시킨 수전 코발릭(Susan Kovalik, 1993)은 "지금 여기의 교육과정에서 가장 중요한 열쇠는 그것이 즉각 적절하고 의미 있는 것으로 인식되는 것이다. 또한 그것이 우리의 아이들에게 그 안에서, 그리고 그것을 넘어서서 행동하게 하기 위한 필수적인 기술 및 그들만의 세계를 가르치는 것에 목적을 두고 있으므로 우리는 아이들이 스스로 빠르게 변화하는 미래의 삶을 준비하도록 해야 한다."라고 기술하였다. 코발릭의 주제별 모델은 1개월 단위 혹은 주별로 구성된 주제들을 포함한다. 다른 교육과정 접근법은 3개월간의 주제 혹은 한 학기 단위와 같이 대체할 수 있는 구조에 중점을 두었다. 이러한 시간적 요소와는 상관없이, 다중지능 이론은 주제별로 교육과정을 세워 나갈 수 있는 상황을 포함하고 있다. 또한 여덟 가지 지능을 모두 기를 수 있는 주제와 관련하여 선택된 활동을 확실히 수행하는 방법을 제공하고 있기 때문에 아이들의 내적인 재능을 꺼낼 수도 있다.

〈표 5-2〉는 중재에 사용할 수 있는 활동을 보여 준다. 또한 여덟 가지 지능과 마찬가지로 전통적인 학업 주제에 도달하기 위하여 활동이 어떻게 구성되었는지도 보여 준다. 더불어 이 표는 과학 활동이 왜 논리-수학 지능에만 중점을 둘 필요가 없는지, 그리고 언어 활동(읽기와 쓰기)이 왜 언어 지능에만 중점을 둘 필요가 없는지 잘 묘사하고 있다.

다중지능 이론은 다양한 방식으로 교육과정에 적용될 수 있음을 기억하라. 여기에는 표준화된 지침이 없다. 이 장의 아이디어들은 단지 제안일 뿐이다. 코발릭(1993)이나 헌터(Hunter; Gentile, 1988 참고)와 같은 교육자가 개발한 것을 포함하여 다른 양식들을 결합하는 것을 추천하며, 주제별 발달과 강의 계획을 세우기 위해 다른 양식들을 새롭게 만들어 볼 것을 추천한다. 당신은 모든 아이가 학교생활에서 성공적인 기회를 가질 수 있도록 현재 가르치고 있는 지능에 도달하기 위한 최고로 성실하고 높은 수준의 시도를 해야만 한다.

〈표 5-2〉 다중지능과 주제별 교수

지능	수학	과학	읽기	쓰기	사회
언어	발명과 관련된 수학 문제 읽기	발명품에 포함된 기본적 과학 원리에 대해 이야기 나누기	발명품에 대한 일반 서적 읽기	발명하고 싶은 것에 대해 쓰기	특정 발명품이 생기게 된 사회적 상황에 대해 쓰기
논리-수학	발명의 기초가 된 수학 공식 배우기	새로운 발명품을 개발하기 위한 가설 세우기	발명품의 논리-수학적 원리에 대한 책 읽기	유명한 발명품에 대한 문장제 문제 쓰기	유명한 발명가의 연대표 만들기
공간	특별한 발명품의 기초가 되는 기하학 그리기	발명품의 모든 작동 부분이 보이도록 그림 그리기	발명품의 내부 작동에 대한 다이어그램이 많이 포함된 책 읽기	발명품과 개별 부품에 이름표 붙이기	사회적 · 역사적 맥락에서의 발명품을 보여 주는 벽화 그리기
신체-운동	특정한 신체 활동을 측정하는 발명품 만들기	과학적 원리의 소리에 따라 발명품 쌓기	기존 발명품들을 아우르는 교수법 읽기	고철을 이용하여 발명품 만드는 방법에 대한 지침서 쓰기	특정 발명품이 나다나게 된 과정을 연극하기
음악	악기의 발명과 관련된 수학 공부하기	기계음의 발명과 관련된 과학 공부하기	작곡의 배경에 대한 책 읽기 (예: 존 헨리)	새로운 발명을 고무시킬 수 있는 노래 가사 쓰기	각 역사 시대의 발명품에 대한 음악 듣기
대인관계	발명품에 포함된 수학을 공부하는 조별 활동에 참여하기	발명품의 과학적 원리에 대한 토의 집단 만들기	발명에서 협동이 필요한 이유에 대한 책 읽기	교실에서 사용할 수 있는 발명에 관한 놀이 쓰기	특정 발명품이 어떻게 나타났는지에 대한 토의 집단 만들기

지능	수학	과학	읽기	쓰기	사회
자기 성찰	발명품의 기본이 된 문장제 문제 만들어 보기	발명품의 과학적 바탕을 조사하는 자기학습 프로그램 만들기	유명한 발명가의 전기 읽기	유명한 발명가로서의 자신의 자서전 쓰기	만약 타임머신을 만든다면 어디로 가고 싶은지에 대해 생각해 보기
자연 탐구	자연현상을 측정하는 데 사용한 발명품 조사하기	복제의 과학적 원리와 복제된 인간이 생물학적 발명품이 될 수 있는지에 대해 공부하기	환경과 관련된 발명품에 대해 읽기 (예: 생물학적 소프트웨어, 유전자 변형 식품)	발명을 위한 실험에 동물을 사용하는 것에 대한 에세이 쓰기	지구의 생태학적 안녕에 기여하는 발명품 설계하기

더 생각해 볼 문제

1. 이 장에 제시된 교수 전략 목록을 검토한다. 수업에서 사용하고 있거나 사용했던 전략을 동그라미로 표시한 후, 그중 가장 효과적이었던 것에 노란색 별로 표시한다. 너무 많이 사용하고 있다고 생각하는 접근은 빨간 깃발로 표시한다. 마지막으로, 시도해 보고 싶은 새로운 전략은 파란색 화살표로 표시한다. 다음 몇 주간 빨간색 깃발로 표시한 과용하고 있는 기술은 사용을 줄이고, 노란색 별로 표시한 접근을 사용하는 시간은 계속 늘리면서 파란색 화살표로 표시한 기술은 수업에서 추가적으로 사용한다.

2. 특정 기술 혹은 많은 학생이 효과적으로 학습하지 못하고 있는 교수 목표를 선택한다. 그리고 이 장에서 다중지능 수업을 개발하기 위해 제시하고 있는 7단계 계획 과정에 그 목표를 적용한다. 그러고 나서 개발한 활동을 사용해 학생들을 지도한다.

3. 학급의 기본이 될 수 있는 주제를 선택한다. 이 장에서 8개 지능과 각각의 학업 주제 영역을 포함하는 활동의 기본 틀로서 제시한 7단계의 수업 계획 과정을 사용한다(활동을 만들기 위한 지침으로는 〈표 5-2〉 참고).

4. 평소 가르칠 때 사용하지 않는 지능에 집중한다. 수업을 계획할 때 그것을 포함시키고, 학생들에게 수업을 실시한다(8개 지능의 교수 자료를 위해 부록 B 참고).

06

다중지능 이론과 교수 전략

만약 지금 당신이 가지고 있는 것이 망치뿐이라면 당신은 주위에 있는 모든 것이 못으로 보일 것이다.

-에이브러햄 매슬로(Abraham Maslow)-

우리는 다중지능 이론을 통해 교실에서 쉽게 시행할 수 있는 다양한 교수 전략을 개발할 수 있다. 그러한 전략은 대부분 훌륭한 교사가 이미 오랫동안 사용해 온 전략과 같을 것이다. 한편, 다중지능 이론은 교사들에게 기존의 교육과는 다른 새롭고 혁신적인 교수 전략을 개발할 수 있는 기회를 제공한다. 다중지능 이론은 모든 학생에게 가장 적합하게 보이는 하나의 교수 전략은 없다고 본다. 모든 아동은 여덟 가지 지능 각각에 있어서 서로 다른 소질을 지니므로 특정한 전략이 한 집단의 학생들에게는 성공적이더라도 다른 집단의 학생들에게는 성공적이지 않을 수 있다. 예를 들어, 이 장에서 제시하는 것과 같이 교사가 리듬, 노래, 랩을 교육 도구로 사용하는 전략을 통해 지도한다면 음악적으로 강점이 있는 학생들에게는 효과가 있겠지만 그렇지 않은 학생들에게는 별 반응을 얻지 못할 것이다. 마찬가지로 그림과 사진을 수업에 활용하는 경우 공간 지능 유형의 학생들에게는 효과가 있겠지만 신체-운동적이거나 언어적으로 뛰어난 학생들에게는 별 효과가 없을 것이다.

이러한 학생들의 개별적인 차이점 때문에 교사는 학생에게 다양한 교수 전략을 사용해야 한다. 교사는 다양한 지능 영역을 넘나들면서 수업을 하겠지만, 이때 각 학생의 학습과 관련하여 그들 자신의 가장 발달한 지능을 활용할 수 있도록 수업 활동을 계획하여 시행해야 할 것이다.

이 장에서는 40가지의 교수 전략, 즉 8개의 지능에 따른 각 5개씩의 전략을 다룰 것이다. 전략은 일반적으로 설계한 것이기 때문에 어떤 학년 수준에도 적용할 수 있다. 다만 이 전략들은 수많은 전략 가운데 몇 개의 예에 불과하다(5장에서 제시한 다양한 전략 목록 참고). 그러므로 기존 전략 외에 각자 자신만의 고유한 전략을 개발할 수 있기를 기대한다.

언어 지능 교수 전략

언어 지능은 이미 학교 교육에서 지속적으로 강조해 온 것이므로 교수 전략을 개발하는 데 가장 쉬운 지능 영역이라고 볼 수 있다. 교과서, 연습지, 강의와 같은 전통적인 언어 전략은 이전에 너무 많이 사용했기 때문에 여기서는 언급하지 않을 것이다. 그렇다고 교과서, 연습지, 강의를 활용한 교수 전략을 절대 사용하지 않아야 한다는 뜻은 아니다. 이와 같은 기존의 교수 전략은 특정한 정보를 전달하는 데 매우 효과적이지만 전체 교수 전략에서는 매우 작은 부분을 차지하고 있으며, 가장 중요하거나 필수적인 것도 아니다. 전국의 학교에서 가장 널리 활용되고 있다 하더라도 '강의에 익숙하고 교과서에 익숙한' 극소수의 학생에게만 적합한 것이다. 반면, 앞으로 설명하는 5개의 전략은 모든 학습자의 언어 지능을 활용하게 하는 개방적 언어활동을 강조하기 때문에 폭넓게 사용될 수 있다.

스토리텔링

스토리텔링(storytelling)은 전통적으로 공공도서관의 아동 대상 행사나 학급의 특별학습 시간에 주로 사용되었다. 그러나 이 방법은 중요한 교육 도구이며 수천 년간 전 세계에 문화적으로 녹아 있는 방법이다. 교실에서 스토리텔링을 사용할 때는 중요한 개념, 생각, 교수 목표를 포함하여 직접 이야기한다. 보통은 인문교양 관련 지식을 전달하는 데 사용하지만 수학이나 과학에도 충분히 적용할 수 있다. 예를 들어, 곱셈의 개념은 무엇이든 손에 닿기만 하면 곱절이 되는 마법사 형제자매의 이야기를 통해서 지도할 수 있다(예: 첫 번째 아이는 2배, 두 번째 아이는 3배,

……의 형식으로). 또한 원심력의 개념을 전달하기 위해 모든 것이 중앙에서 밖으로 튀어 나가는 신비의 세계 이야기를 할 수도 있다.

언급해야 할 중요한 요소를 정리한 후 이것을 포함한 스토리텔링을 준비한다. 상상력을 발휘하여 신기한 나라와 다양한 등장인물, 예측 불허의 줄거리를 만든다. 처음에는 이야기를 시각화하여 보고, 전체 줄거리를 짝과 함께, 혹은 거울을 이용하여 연습한다. 이야기가 아동에게 도움이 되도록 하기 위해 엄청나게 독창적이거나 대단해야 할 필요는 없다. 아동은 종종 교사의 창의적 의욕과 진심어린 이야기에 바로 감동을 받곤 한다.

브레인스토밍

러시아의 심리학자인 비고츠키에 따르면 사고(생각)란 단어의 소나기를 내리는 구름과 같다고 하였다. 브레인스토밍(brainstorming)을 하는 동안 학생들은 언어적 사고의 폭발을 경험하게 되고, 칠판 또는 OHP에 쓰거나 컴퓨터 소프트웨어(예: Inspiration, Kidspiration 등)에 기록할 수 있다. 브레인스토밍은 시에 대한 수업, 집단 프로젝트를 위한 제안, 이전에 배운 내용의 복습, 소풍에 대한 제안 등 어떤 주제로도 할 수 있다. 브레인스토밍의 일반적인 규칙은 다음과 같다. 참여자는 관련된 어떤 것이든 마음에 있는 것은 이야기해야 한다. 그 의견을 비판해서는 안 되며, 모든 생각은 중요하게 취급해야 한다. 칠판이나 컴퓨터로 제시한 의견은 그대로 적거나 마인드맵, 벤다이어그램 등을 이용하여 조직화할 수 있다. 모든 사람이 생각을 이야기하도록 한 후 의견을 조직화해 보거나 모든 의견을 조직화하는 데 학생들을 참여하게 하고 특정한 프로젝트(예: 집단적으로 시를 작성)에 그 의견을 활용할 수도 있다. 모든 학생은 이 전략을 통하여 의견을 이야기하고 교사는 그 독창적 의견에 대한 특별한 인정(칭찬)을 해 준다.

녹음

테이프 녹음(tape recording) 혹은 다른 오디오 녹음을 활용하는 기기나 소프트웨어는 교실에서 가장 귀중한 학습도구다. 이러한 도구는 학생이 언어 능력을 개발하고 의사소통, 문제해결, 내적 감정 표현을 하는 데 필요한 언어 기술을 익힐 수 있도록 돕는다. 학생들은 녹음기를 활용하여 '큰 소리' 로 해결할 문제나 팀 프로젝트에서 다룰 내용을 녹음할 수 있다. 이처럼 학생은 녹음을 하고 들어보는 방법으로 문제해결 과정이나 자신의 인지 기술을 성찰할 수 있다. 또한 녹음을 통해 글 쓸 주제를 성찰한 후 글쓰기 준비에도 활용할 수 있고, '녹음 편지' 를 통해 교실의 다른 학생들과 개인적 경험을 나누고 피드백받을 수도 있다.

녹음기는 정보를 수집하는 수단(인터뷰 녹음)이자 정보를 표현하는 수단(읽어 주는 책)으로 활용할 수 있다. 예를 들어, 녹음기를 학급 활동 센터의 중앙에 놓고 들으면 학생들이 정보를 청취할 수 있다. 따라서 교사는 모든 교실에 녹음기를 비치하여 학생이 성장할 수 있도록 이 도구를 적절히 사용해야 한다.

일지 쓰기

개인 일지를 쓰는 것(journal writing)은 특정 주제로 계속 기록을 해 나가는 것이다. 주제 영역은 다양하고 제한이 없을 수도 있으며("수업 도중 생각나거나 느낀 것이 있다면 어떤 것이나 써 보렴."), 꽤 구체적인 것("역사 수업에서 1800년대 농부로서의 삶에 대한 기사를 쓰는 데 활용한 일지를 써 보렴.")조차도 할 수 있다. 일지는 수학("이 문항을 풀기 위한 자신만의 전략을 써 보렴."), 과학("실험을 기록하고 가설을 검증하고 작업을 하면서 알게 된 새로운 사실을 써 보렴."), 문학("책을 읽고 그것에 대한 자신의 의견을 지속적으로 써 보렴.") 등 여러 교과 수업에서 활용할 수 있다. 일지는 전적으로 개인적인 것, 교사와 학생만 공유할 수 있는 것, 학급 전체와 나눌 수 있는 것이 있다. 또한 그림, 스케치, 사진, 이야기 등의 다른 비언어적 자료를 통하여 다중지능 활동으로 개발할 수 있다(학생의 개인적인 활동과 삶을 성찰하는 데 일지를 주로 활용한다면 이 활동은 자기성찰지능 활동으로 볼 수 있다).

출판

전통적인 학급에서는 학생들이 완성하여 제출한 과제가 점수를 받고 그냥 버려진다. 매사가 이런 식이면 학생들은 과제를 해 내는 것은 매우 지루한 쓰기 숙제로 볼 수 있다. 그러므로 교사는 학생들에게 쓰기에 대한 다른 메시지를 전달할 수 있어야 한다. 쓰기는 생각을 나누는 강력한 수단이고 다른 사람들에게도 영향을 줄 수 있다. 따라서 학생들에게 그들이 쓴 과제를 출판할 기회를 제공하는 것은 이러한 관점에서 좋은 방법이다.

출판(게시, publishing)하는 방법은 여러 가지가 있다. 학생들은 자신의 작문 과제를 학급신문이나 교지, 지역 신문, 아동 잡지 등에 제출할 수 있다. 학생들의 글은 소프트웨어(예: Microsoft Publisher, Print Shop, Print Explosion)를 통해 편집하고 인쇄하여 교실이나 학교 도서관에 게시할 수 있다.

출판 후에는 저자와 독자 간 상호작용을 장려할 수 있다. 가령, 학생들의 자서전 모임이나 독서토론 모임을 열어 줄 수 있다. 학생들이 자신의 글에 대한 다른 사람들의 관심을 통해 글을 다시 쓸 수도 있고 토의할 수도 있다면 그들의 언어 지능은 높아지고 글 솜씨를 높이는 동기 또한 얻을 수 있을 것이다.

논리-수학 지능 교수 전략

전형적인 논리-수학적 사고는 수학과 과학에 한정되어 있다. 그러나 교육과정 전체를 아우르는 다양한 요소가 논리-수학 지능에 있다. 논리-수학 지능의 맥락에서 비판적인 사고의 중요성을 이야기해 보면 그것이 사회과학과 인문학에 널리 영향을 끼친다는 것을 알 수 있다. 마찬가지로 우리는 (언어의 문해 능력과 같이) 수 개념 능력(numeracy)이나 학교교육 전반에 걸친 수학을 강조함으로써 논리-수학 능력이 보편적으로 적용되는 것임을 알 수 있다. 다음 논리-수학 지능 향상을 위한 다섯 가지 전략은 모든 교과 수업에서 활용할 수 있다.

계산과 수량화

교육혁신의 맥락에서 교사는 수학과 과학 교과를 넘어서서 폭넓게 수 개념을 지도한다. 역사나 지리 같은 과목에서도 수와 통계를 강조할 수 있다(예: 전사자 수, 인구 등). 그러면 문학에서는 어떻게 계산과 수량화 활동을 해 볼 수 있는가? 그리 간단하게 할 수는 없지만 잘 살펴보면 소설을 비롯한 문학 작품에도 매우 많은 수의 계산과 수량화 문제가 등장한다. 버지니아 울프(Virginia Woolf)의 소설 『등대로(*To the Lighthouse*)』를 보면 영국 화폐 50파운드로 온실 지붕을 고치는 것에 대한 내용이 나온다. 50파운드는 미화로 얼마인가? 도리스 레싱(Doris Lessing)의 단편 『터널을 지나서(*Through the Tunnel*)』(2003)에서는 한 소년이 자신이 잠수하는 시간과 다이빙 전문가가 물에 잠긴 터널을 통과할 때의 잠수 시간을 비교하는 내용이 나온다. 이러한 내용은 논리-수학적 사고를 필요로 한다. 물론 문학 작품에서 수학 문장제 문제를 뽑아낼 필요는 없다. 그러나 가능하다면 이런 문학 작품에서 만나게 되는 계산과 수량화 문제에 대한 흥미를 일깨워주는 것이 바람직하다. 수학이 아닌 과목에서 계산과 수량화에 관심을 가지면 논리-수학 지능이 높은 학생은 그 과목을 더욱 열심히 하게 되고, 다른 학생들도 수학 개념이 단순히 수학을 배우는 데만 필요한 것이 아닌 삶을 살아가는 데도 필요한 것이라는 사실을 알게 될 것이다.

분류와 유형화

자료가 언어적이거나 논리-수학적이거나 공간적이거나 어떤 형태이든지 지적 틀을 지니면 논리적 사고를 발휘할 수 있다. 예를 들어, 문화에 영향을 미치는 기후의 효과를 다루는 수업에서 학생들은 각자 자신이 아는 지명을 브레인스토밍하여 나열해 보고 기후에 따라 지역으로 분류할 수 있다(예: 사막, 산, 평원, 열대 지방). 과학에서 물질의 상태를 다루는 수업 시간인 경우 교사는 기체, 액체, 고체 세 가지 유형의 표를 칠판에 먼저 써 두고 학생들에게 각 유형에 해당하는 물질의 사례를 제시하도록 한다. 그밖의 다른 논리적 틀로는 벤다이어그램, (시간 순서에 따른) 연대기, 마인드맵, 육하원칙 등이 있다. 이런 틀은 대부분 공간적으로 조직화될 수 있다. 이런 접근은 파편화된 정보를 주요 주제를 중심으로 조직화하여 보다 용이하게 기억·토의하고 생각해 볼 수 있게 한다.

소크라테스식 문답법

비판적 사고에 대한 강조는 지식의 전달자라는 전통적 교사상에 큰 변화를 가져왔다. 소크라테스식 문답법은 교사가 학생의 관점을 확인하는 질문자의 역할을 하는 것이다. 그리스의 철학자 소크라테스는 이러한 교수법의 대표적인 모델이었다. 교사는 학생들에게 일방적으로 지식을 전달하는 대신 학생들과 함께 대화에 참여하고, 그들의 신념의 정당성과 부당성을 밝히는 것을 목표로 하였다. 학생들은 세상이 움직이는 원리에 대한 자신만의 가설을 이야기하고 교사는 학생들의 이러한 가설을 검증(질문을 통한 명료성, 정확성, 논리적 일관성 확인)하도록 안내한다. 예를 들어, 만약 군인이 징집제도에 강하게 저항하였더라면 제2차 세계대전은 발발하지 않았을 것이라는 학생의 가설은 매우 진지한 점검을 받게 된다. 한 학생이 소설 『허클베리 핀(*Huckleberry Finn*)』에 나오는 등장인물의 의도를 옹호하면 그 가설이 소설에 나오는 다른 사실에 의해 뒷받침되는지 질문한다. 문답법의 목적은 학생이 틀렸다는 것을 증명하거나 창피를 주는 것이 아니라 자신의 비판적 사고를 더 정교하게 다듬어서 순간적인 감정으로 자신의 입장을 함부로 정하지 않도록 하는 데 있다(Paul, 1992).

발견법

발견법(발견적 교수법, Heuristics)은 문제를 해결하기 위해 다양한 전략, 추측, 지침을 활용하는 것을 통칭한다. 이 책에서 제시하는 가장 중요한 교수 방법이 바로 발견법이다. 발견법 원리는 문제해결을 위한 유사 사례 찾아보기, 문제를 다양한 부분으로 분해하기, 가능한 해결책 제시하기, 관련 문제 찾아보기, 해결해 보기 등이다. 대부분의 발견법은 수학과 과학에서 많이 활용하지만 다른 교과에도 적용될 수 있다. 예를 들어, 학생이 정부 폐기물 처리 문제의 해결책을 찾기 위해 먼저 폐기물을 만들어 내는 다른 주체의 예를 찾아볼 수 있다. 또한 주어진 글에서 중심 생각을 찾아 이해하기 위해 문장 단위로 분해하여 각각의 문장이 중심 생각을 제대로 반영하거 있는지 점검할 수 있다. 발견법은 학생들에게 '논리적 지도'를 제공하여 그들이 생소한 학문적 길을 찾아갈 수 있게 도와준다(Polya, 1957).

과학적 사고 활동

모든 교과 교육과정에서 수학적 사고가 중요한 것처럼, 과학 교과뿐만 아니라 다른 교과에서도 과학적 사고의 중요성은 쉽게 발견할 수 있다. 과학적 사고를 활용하는 교수 전략은 특히 70% 이상의 성인이 과학적 과정에 대한 기본 이해가 부족하다는 점에 비추어 봤을 때 그 중요성이 더욱 크다. 학교 교육과정에서 과학적 사고를 적용하는 방법은 여러 가지가 있다. 예를 들어, 학생들은 역사(예: 원자폭탄이 2차 세계대전에 미친 영향)에서 중요한 과학적 사고의 영향력을 학습할 수 있다. 그들은 과학 공상소설을 공부하며 여기서 나타나는 실행 가능한 생각을 통해 시야를 확장할 수 있다. 그들은 과학적 배경지식이 필요한 에이즈나 인구 과잉, 온실효과와 같은 세계적 쟁점에 대해 배울 수 있다. 각 교과 교육과정에 적용된 과학적 사고는 학생들의 관점을 풍부하게 해 줄 대안적 사고를 제공한다.

공간 지능 교수 전략

선사시대의 동굴벽화는 공간 지능이 인류에게 매우 중요했다는 것을 보여 주는 증거다. 불행하게도 오늘날 학교에서는 시각적 · 청각적 양식으로 정보를 전달하는 '감각 전달 통로(sensory-channels)' 가 판서 수준으로 축소되는데, 이는 그 자체가 언어적 전달 모형으로 한정된다. 공간 지능은 이미지와 그림, 즉 내적 심상뿐만 아니라 외적 세계에 존재하는 사진, 영화, 그림, 상징, 표의문자를 다루는 능력이다. 여기서 소개하는 다섯 가지 교수 전략은 학생들의 공간 지능을 교육적으로 활용할 수 있게 돕는다.

시각화

학생이 책이나 수업 자료를 그림과 이미지로 바꾸는 데 도움이 되는 가장 쉬운 방법은 눈을 감고 그것을 심상화해 보는 것이다. 이 전략은 학생이 자신의 '심상(마음 칠판, 마음 영사기, 마음 스크린)' 을 그려 보게 하는 것이다. 학생은 기억해야 하는 어떤 것이라도 심상화하고 그려 볼 수 있게 된다. 즉, 단어 철자, 수학 공식, 역사적 사실, 다른 자료와 같이 특정한 정보를 회상해야 할 때 학생은 자신의 심상을 떠올리고 그 이미지를 볼 수 있다.

이 시각화(심상) 전략의 다른 활용으로는 책이나 교과서 같은 교재를 읽고 난 후 눈을 감고 그 내용을 시각화하여 떠올리게 하는 것이다. 그러고 나서 학생은 자신의 경험을 그려 보거나 이야기할 수 있다. 교사 역시 보다 체계적인 '안내된 심상(guided imagery)' 교육활동을 통해 새로운 개념이나 자료를 학생에게 소개할 수 있다. 이러한 교육활동을 하는 중에 학생은 복합적인 공간 개념(운동 이미지, 단어 이미지, 음악 이미지)을 경험하게 될 수도 있다.

색 단서

공간 지능이 높은 학생은 종종 색에 민감하다. 안타깝게도 학교 수업에서는 흑백의 글자, 단색으로 쓰인 책, 연습지, 칠판이 사용된다. 하지만 색깔을 활용하는 창의적인 방식으로 학습활동을 구성하여 그것을 학교 수업에서 사용할 수 있다. 가령, 수업에서 다양한 색의 분필, 마커, 슬라이드를 활용할 수 있으며, 학생들에게 작문 과제를 줄 때 색연필과 색지를 사용하여 글을 쓰게 할 수 있다. 또한 학생들은 다른 색깔로 된 '색깔 코드' 를 활용하여 다양한 유형의 자료를 표시할 수 있다(예: 주요 개념은 빨간색, 관련 개념은 녹색, 명료하지 않은 개념은 주황색 등). 교사는 유형, 규칙, 범주를 표시할 때 색깔을 달리하여 강조한다(예: 그리스 역사에서 각 단계마다 다른 색깔로 표시). 그리고 학생들이 어려운 문제에 봉착했을 때 스트레스를 줄여 주는 수단으로 그들 자신이 가장 좋아하는 색깔을 이용하게 할 수도 있다(예: 단어나 문제를 이해할 수 없을 때 가장 좋아하는 색을 사용하면 정답을 찾거나 문제를 명확하게 하는 데 도움을 얻을 수 있다).

그림, 이미지를 통한 비유

비유는 서로 관련이 없어 보이는 하나의 개념을 다른 개념과 비교하여 연관시키는 것이다. 그림을 활용하는 비유는 시각적 이미지를 통해 나타낸다. 발달심리학자는 어린 아동이 비유를 매우 자주 사용한다고 보고한다(Gardner, 1979). 그러나 아쉽게도 이러한 비유 능력은 종종 나이가 들면서 사라지기도 한다. 그래서 교사는 일찍부터 비유를 통해 학생들이 새로운 개념을 익히도록 돕는다. 비유의 교육적 가치는 학생이 이미 아는 것과 새로운 것을 연계함으로써 찾을 수 있다. 즉, 학생이 배워야 할 주요 개념을 한 번 생각하고 이를 시각적 심상으로 연결해 보는 것이다. 교사가 자신의 비유를 제시하고 학생들에게 완성해 보게 하거나(예: "미국의 영토가 확장되는 과정을 아메바의 성장에 비유하여 그려 보세요.") 학생들이 그들 자신의 독자적인 이미지 비유를 제시하도록 한다(예: "인간의 내장 기관을 동물에 비유할 수 있다면 각각의 장기는 어떤 동물에 해당할까요?").

아이디어 스케치

토머스 에디슨(Thomas Edison)이나 헨리 포드(Henry Ford), 찰스 다윈(Charles Darwin) 등 역사적으로 유명했던 위인의 개인 노트를 살펴보면 위대한 생각을 발전시키기 위해 간단한 아이디어 스케치(idea sketching)를 활용했음을 알 수 있다. 교사는 이런 시각적 사고 활동이 학생들에게 교과를 확실히 이해할 수 있도록 해준다는 것을 알아야 한다. 아이디어 스케치 전략에서는 학생들에게 수업 시간에 배운 핵심, 주제, 중심 내용, 주요 개념을 그려 보게 한다. 멋지고 정밀하게 그리는 것 대신 신속하게 스케치하여 아이디어를 표현하도록 한다.

이런 스케치 활동을 하기 위해 'Pictionary' 라는 게임을 하는 것이 도움이 되는데, 이때 학생들은 중심 생각을 전달하기 위한 신속한 그림 그리기를 하는 데 익숙해지기 때문이다. 그리고 학생들에게 수업에서 중점을 둔 개념이나 아이디어를 그려 보게 한다. 아이디어 스케치 전략에서는 중심 아이디어에 대한 학생들의 이해를 평가할 수 있으며, 학생들에게 개념을 강조해 주거나 그들이 깊이 있게 사고하도록 충분한 기회를 제공할 수 있다. 이 활동을 위한 다양한 예시(예: 대공황, 중력, 확률, 분수, 민주주의, 파토스[문학적 pathos], 생태계, 대륙 이동)가 있을 수 있다. 아이디어 스케치 활동 후에는 스케치 그림과 대상 개념의 관계를 토론해 보는 것이 중요하다. 이때 예술적 잣대로 스케치 그림을 평가하지 않는다. 그 대신 스케치를 통해 학생들의 이해도를 높이도록 한다(McKim, 1980).

그래픽 상징

가장 전통적인 교수 전략은 문자를 칠판에 쓰면서 가르치는 것이다. 초등학교 이후로는 흔한 경우가 아니지만, 칠판에 그림을 그리는 것은 공간 지능이 우수한 학생들에게 매우 좋다. 그러므로 글자뿐 아니라 그림과 그래픽 상징(graphic symbols)을 활용하여 수업을 진행하는 교사들은 다양한 능력을 지닌 학생들을 잘 가르칠 수 있다. 그래픽 상징 활용 전략에서는 수업 내용 중 적어도 한 가지 이상의 내용을 상징을 이용하여 제시한다. 즉, 배워야 할 개념을 그래픽 상징으로 표현해 본다. 예를 들면 다음과 같다.

- 물질의 세 가지 상태의 상징: 고체(굵게 그린 선), 액체(얇은 물결선), 기체(작은 점들)
- 단어의 '어근' 아래에 식물 뿌리 상징을 그려 놓음.
- 시간(연대기) 직선 위에 사건을 표시하는 날짜와 사건의 이름을 쓰고 그 사건을 표현하는 상징을 그려 넣음.

이 전략을 활용하는 데 우수한 그림 실력이 필요한 것은 아니다. 정교하지 않은 그래픽 상징이라도 좋다. 오히려 교사가 그린 불완전한 그림을 보여 주는 것은 자신의 그림을 수업 시간에 공유하는 것에 부끄러움을 느끼는 학생을 위하여 좋은 모델이 될 수 있다.

신체-운동 지능 교수 전략

학생들이 하교를 하게 되면 공부한 책과 자료집을 두고 가지만, 그들의 몸은 그대로 가지고 간다. 그러므로 신체-근육이 기억할 수 있게 학습을 연계하는 것은 학생들의 기억력과 이해력, 흥미를 높이는 데 매우 중요하다. 전통적으로 신체-운동 교수 활동은 체육교육과 직업교육에서 중요하게 간주되어 왔다. 이와 더불어, 활동과 운동지각 중심 학습 활동을 국어 · 수학 · 과학 교과 학습과 쉽게 통합할 수 있는 교수 전략을 소개하면 다음과 같다.

몸으로 응답하기

수업 시간에 학생들에게 그들 자신의 몸을 의사 표현의 수단으로 이용하여 응답하게 한다. 가장 간단하면서 자주 사용할 수 있는 방법은 학생들에게 이해가 될 경우 손을 들도록 하는 것이다. 이 방법은 다양하게 변용될 수 있다. 손을 드는 것 대신 미소를 짓거나 윙크를 하거나 손가락을 치켜세우거나(예: 한 손가락은 조금 이해한 것, 다섯 손가락은 완전히 이해한 것), 팔을 사용하여 날갯짓을 하는 모습 등이다. 학생들은 수업 시간에 '몸으로 응답하기

(body answers)' 활동을 다음과 같이 할 수 있다. 수업에 대한 이해 정도(예: 이해가 되면 이마에 손을 대고, 모르겠으면 머리를 긁적인다), 의사 표시(예: 책을 읽다가 너무 오래된 내용이 나오면 눈살을 찌푸린다), 질문의 옳고 그름을 선택하는 것(예: 맞으면 두 손을 모두 올리고 틀리면 한 손만 올린다) 등이다.

교실 연극

학생들이 각자 배우의 역할을 맡아서 책, 쟁점, 다른 수업 자료를 기반으로 연극으로 꾸미거나 역할극을 만들 수 있다. 예를 들어, 수학 문제를 3막짜리 연극으로 만들어 총 3단계의 문제해결 과정을 진행할 수도 있다. 교실 연극(classroom theater)은 국어 시간에 비형식적으로 읽는 글을 이용하여 1분 정도 즉흥적으로 진행할 수도 있고, 한 학기의 수업 주제에 대한 넓은 이해를 바탕으로 종합하여 학기말에 1시간 정도 상연하는 형식적 연극의 형태를 취할 수도 있다. 또한 소품 없이 진행할 수도 있고 다양한 자료와 소품을 동원할 수도 있다. 학생들이 직접 배우가 되어 연극 무대에 설 수도 있지만 인형이나 모형, 소품을 이용하여 연극을 할 수도 있다(예: 전쟁 장면을 연출하기 위하여 모형 병사들을 여기저기 옮겨 다니며 전투하게 된다). 처음에는 교실 연극에 참여하는 것을 꺼리는 고학년 학생들을 위해 다양한 준비 활동을 해도 좋다(Spolin, 1986).

운동감각으로 개념 표현하기

몸짓 게임은 창의적인 방식으로 개념을 표현하는 것으로서 참가자들에게 도전감을 주는 것이므로 파티에서 자주 볼 수 있다. 운동감각으로 개념 표현하기(kinesthetic concepts) 전략은 학생들에게 수업에서 배운 구체적인 개념이나 용어를 신체로 표현하거나 팬터마임으로 해 보게 하는 것이다. 이 전략은 학생들이 정보를 언어적 · 논리적 상징체계에서 순수한 신체-운동 감각적 표현으로 전환하도록 한다. 표현 대상은 다양하며, 신체적 움직임이나 몸짓을 통해 표현할 수 있는 개념의 예로는 토양 침식, 세포 유사분열, 정치 혁명, 수요와 공급, 감소, 하나님 현신(epiphany), 생태계의 다양성 등이 있다. 간단한 팬터마임을 더욱 창의적인 움직임이나 춤으로 발전시켜 표현할 수 있다(예: 물질을 이루는 각 원소의 움직임을 춤으로 표현하는 것).

활동을 통한 사고

신체-운동 지능이 높아서 정교한 활동을 할 수 있는 근육이 발달한 학생들에게 손을 사용하여 사물을 조작하거나 만들어 보게 함으로써 학습할 기회를 많이 제공해야 한다. 많은 교사가 이미 교구(예: 쿠세네어 숫자 막대기[Cuisenaire rods][1])를 수학 교육에 접

---

1) 벨기에의 교사인 쿠세네어(Cuisenaire)가 창안한 수학 교구로서 나무로 만든 막대기다. 색과 크기로 숫자를 구분하는데 1cm 입방체는 흰색으로 1을 대표하고, 가로

목시키거나 과학 시간에 실험하는 방식으로 학생들에게 활동 기회를 제공하였다. 특정한 주제를 지닌 프로젝트를 통하여 학생들이 활동을 통한 사고(hands-on thinking)를 개발할 수 있다. 예를 들어, 미국 인디언 전통방식으로 아도비(adobe) 오두막을 세워 보거나 생태계를 표현한 열대우림 디오라마(dioramas)[2)]를 만들어 보는 것이다. 이러한 전략은 다른 교과에도 확장할 수 있다. 기초적인 학습 수준에서 새로운 단어를 외울 때는 진흙이나 플라스틱 파이프를 이용하여 글자를 만들 수 있다. 심층적인 인지학습에서도 복잡한 개념을 진흙이나 나무, 콜라주 등을 통해 표현할 수 있다. 예를 들어, 학생들은 경제 용어인 '적자(deficit)' 를 찰흙을 이용하여 표현하고, 그 결과물을 가지고 수업 시간에 토론을 할 수 있다.

몸 지도

인간의 몸을 특정한 영역을 공부할 때의 참조 도구 혹은 '지

1cm, 세로 1cm, 높이 2cm의 빨간색 직육면체는 2를, 높이 3cm의 연두색 직육면체는 3을, 높이 4cm의 분홍색 직육면체는 4를, 높이 5cm의 노란색 직육면체는 5를, 높이 6cm의 초록색 직육면체는 6을, 높이 7cm의 검정색 직육면체는 7을 나타내며, 8은 높이 8cm의 고동색 직육면체, 9는 높이 9cm의 파란색 직육면체, 10은 높이 10cm의 주황색 직육면체를 대표한다. 이러한 숫자 막대기를 여러 개 섞어 주고 아동이 그것을 자발적으로 가지고 노는 동안 수 개념을 터득하도록 한다(교육학 용어사전, 1995).

2) 디오라마는 상자 안의 판에 인형과 같은 모형을 실감나게 배치하여 만든 후, 조명을 설치하고 상자의 한쪽에 구멍을 내어 볼 수 있게 한 그림자 상자를 말한다.

드'로서의 교육적 도구로 활용할 수 있다. 이러한 전략의 가장 흔한 예는 손가락을 수세기와 계산에 활용하는 것이다. 이는 학생들이 신체를 이용하여 여러 과목에서 적용해 볼 수 있다. 지리 교과에서는 신체를 이용하여 미국 지도를 표현할 수 있다(예: "머리가 미 북부를 나타낸다면 플로리다의 위치는 몸에서 어디인가?"). 신체는 수학 문제해결 전략을 나타내는 데 사용할 수 있다. 예를 들어, 두 자릿수와 한 자릿수 곱셈의 답을 구할 경우에 발은 두 자릿수가 되고 오른쪽 무릎은 한 자릿수가 된다. 학생들은 문제를 해결하기 위해 다음과 같은 활동을 하게 된다. 즉, 숫자만큼 오른쪽 무릎을 두드리고 오른쪽 발을 두드리면 첫 번째 곱셈(일의 자릿수 곱셈)의 결과를 낼 수 있다(곱셈의 결과만큼 허벅지를 두드린다). 그다음, 오른쪽 무릎을 두드리고 왼쪽 발을 두드리면 두 번째 곱셈 결과를 얻게 된다(곱셈의 결과만큼 배를 두드린다). 마지막으로, 허벅지를 두드린 숫자와 다음으로 배를 두드린 숫자를 합하여 머리를 두드린다(이 숫자가 최종 답을 나타낸다). 이런 구체적인 개념이나 절차를 표현하는 신체적 움직임을 반복함으로써 학생들은 점차 개념이나 절차를 내면화할 수 있게 된다.

음악 지능 교수 전략

수천 년 동안 인류의 지식은 노래(가요)를 통해 세대와 세대를 건너서 구전되어 왔다. 이미 현대의 홍보 전문가들은 음악이 고객에게 상품을 기억하도록 만든다는 것을 발견하였다. 그러나 교육자들은 학업에서 음악이 갖는 중요성을 최근에야 알게 되었다. 그 결과, 우리 대부분은 수많은 광고 음악을 장기기억에 지니고 있으나 상대적으로 교육이나 학습과 관련된 음악은 거의 기억하고 있지 않다. 다음 전략은 음악을 중핵 교육과정으로 녹여 내는 데 도움이 될 것이다.

리듬, 노래, 랩, 챈트

무엇이든 교사가 가르치고자 하는 중요한 것에 리듬감을 넣어 노래, 랩 등으로 재구성할 수 있다. 기초학습(암기) 단계에서는 암기하려는 단어의 철자를 메트로놈의 리듬에 따라 말할 수 있거나, 역사적 연대기를 적절한 노래 가락에 넣어서 기억할 수 있다. 수업에서 강조하고자 하는 핵심, 이야기의 중심 내용, 핵심 개념을 리듬에 맞추어 노래 가사로 만들 수도 있다. 예를 들어, 존 로크(John Lock)의 자연법(Nature Law) 사상을 가르칠 때 학급의 절반은 "자연법, 자연법, 자연법……" 이라고 반복해서 이야기하고 다른 절반은 "삶, 자유, 행복, 삶, 자유, 행복……" 이라고 리듬을 타면서 반복해서 답하도록 할 수 있다. 학생들 스스로 자신이 공부하고 있는 수업을 요약하고 통합 · 활용해 보는 노래 가사, 랩 등을 만들도록 하는 것은 그들을 고차원의 학습으로 이끌 수 있다. 이 교수 전략은 다양한 현악기나 타악기를 함께 사용하여 더 확장할 수 있다.

디스코그래피

특정한 학습 내용을 설명하고 구체화하고 확장하기 위해 테이프, 콤팩트 디스크, MP3 파일 등 녹음된 음악 작품 목록을 학습 참고자료로 보충할 수 있다(디스코그래피[discographies]는 특정인이 연주, 작곡, 수집한 모든 음악 목록을 의미한다). 예를 들어, 사회 교과에서 남북전쟁에 대한 수업을 준비할 때, 그 당시 역사와 관련된 음악, 예를 들어, '조니가 행진하여 집으로 돌아올 때(When Johny Comes Marching Home)' '천막에서의 밤(Tenting Tonight)' '조국찬가(Battle Hymn Of The Republic)' '북군이 남부를 함락한 날의 밤(The Night They Drove Old Dixie Down)' 을 같이 들어 볼 수 있다. 이러한 음악을 들은 후에 학생들은 음악(노래)의 가사와 단원의 주제를 연결하여 토론할 수 있다.

더불어 수업에서 중요한 의미나 핵심을 강조하는 음악 구절, 노래를 활용할 수 있다. 예를 들어, 뉴튼(Newton, I.)의 제1운동법칙(관성의 법칙으로 외부에서 힘이 작용하지 않으면 운동하는 물체는 계속 그 상태로 운동하려고 하고 정지한 물체는 계속 정지해 있으려고 하는 등 스스로의 상태를 계속 유지하려 한다는 것)을 설명하기 위해 새미 데이비스 주니어(Sammy Davis Jr.)의 '무엇이라도(Something Gotta Give)' 의 첫 몇 소절을 들려 줄 수 있다. 이렇게 음악적으로 표현된 개념은 수업에 효과적인 연결고리가 된다.

기억 촉진 배경음악

25년 전에 동유럽의 교육연구자들은 학생들이 특정한 배경음악을 들으며 교사의 수업을 들으면 좀 더 쉽게 그 내용을 기억한다는 것을 발견했다. 4/4박자의 바로크음악과 고전음악(특히 캐논의 d장조와 헨델, 바흐, 텔레만, 코렐리 협주곡의 느린 악장)은 특별히 더 효과적인 것으로 밝혀졌다. 학생들이 책상에 머리를 대고 있거나 바닥에 누워 있는 등의 매우 편안한 상태에서 배경음악이 흐르는 가운데, 교사가 외워야할 지식(단어나 어휘, 역사적 사실, 과학적 용어)을 리드미컬하게 제시한다(Rose, 1987).

음악적 개념

음조(톤, musical tones)는 다양한 개념, 패턴, 구조를 표현하는 창의적인 방법이다. 예를 들어, 원을 음악적으로 표현할 때 특정 톤에서 홍얼거림으로 시작하여 점점 톤을 낮추었다가 다시 원래 톤으로 점점 올라갈 수 있다(이는 선이 내려갔다가 올라가는 것을 표현). 이런 방식으로 코사인과 타원, 다른 기하학적 형태를 표현할 수 있다. 뿐만 아니라 음악적 리듬을 이용하여 아이디어를 표현할 수도 있다. 예를 들어, 셰익스피어의 『로미오와 줄리엣(*Romeo and Juliet*)』이라는 소설을 배울 때 양가의 반대에 부딪힌 로미오와 줄리엣을 표현하기 위해서는 '몬테규가와 캐플릿가(the Montagues and the Capulets)' 의 리듬을 빼서 들을 수 있으며, 로미오와 줄리엣의 사랑을 표현할 때는 좀 더 조용한 음악 리듬을 들을 수 있을 것이다. 이러한 전략은 교사와 학생 모두에게 풍부한 표현 기회를 제공할 것이다.

무드 음악(Mood Music)

특정한 수업을 위한 적절한 분위기와 감정적인 분위기를 만들기 위해 준비한 음악을 틀어 준다. 이러한 음악은 사운드 효과(음악 지능을 활성화하여 전달된다)를 지니는데, 자연의 소리, 특정 감정 상태를 촉진하는 고전음악이나 현대음악을 사용할 수 있다. 예를 들어, 학생들이 바다 근처에서 일어나는 이야기를 읽기 전에는 심상에 좀 더 풍부한 정보를 제공할 수 있도록 녹음된 바다 소리(파도가 해변에 부서지는 소리, 바다 갈매기 소리, 클로드 드뷔시[Claude Debussy]의 '바다[La Mer]')를 듣는다.

대인관계 지능 교수 전략

어떤 학생들은 다른 친구들과 어울리고 서로 의견을 교환하는 등 학급에서 잘 적응하기 위해 어느 정도 시간이 필요하다. 이런 대인관계 지향적인 학생은 협동학습이 이루어질 때 가장 얻는 것이 많다. 그러나 모든 학생이 어느 정도는 대인관계 지능을 지니고 있기 때문에 교사는 다른 사람과의 관계를 통하여 학습하는 전략을 활용할 수 있어야 한다. 지금부터 소개하는 전략들은 학생의 소속감과 다른 사람과의 관계 욕구를 충족하는 데 도움이 될 것이다.

또래 나눔(토의) 활동

또래 나눔(토의) 활동(peer sharing)은 적용하기 가장 쉬운 다중지능 전략이다. 학생들에게 "가까이 있는 ○○를 보고 ○○에 대해 함께 이야기 나누세요."라고 말하면 된다. 나눔 활동은 어떠한 주제로든 할 수 있다. 교사는 학생들에게 수업에서 배운 것을 다루도록 요청할 수도 있다("선생님이 방금 가르쳐 준 것과 관련하여 질문을 함께 생각해 보세요."). 또는 수업을 시작할 때 학생들이 주제에 대한 선수 지식을 나누게 하는 방식으로 진행할 수도 있다("미국의 초기 정착자에 대해 알고 있는 세 가지를 함께 이야기해 봅시다."). 이때 또래 구성 방식은 학생들이 매번 같은 친구와 의견을 나누도록 하는 고정적 '짝(Buddy)' 활동으로 만들 수도 있고 매번 다른 친구와 나눔 활동을 하게 한 후 학기말에 학급의 다른 모든 친구와 만나 볼 수 있게 하는 형태로 계획할 수도 있다. 나눔 시간은 짧을 수도 있고(30초) 길 수도 있다(1시간 이상). 나눔 활동은 또래교수(한 학생이 다른 학생을 가르쳐주는 것)나 선후배 튜터링으로도 실시할 수 있다.

공동체 조각 작품 만들기

여러 학생이 모여서 개념이나 특별한 아이디어를 제시할 때 공동체 조각 작품(people sculptures) 활동을 할 수 있다. 여기서 공동체 조각 작품이란 학생 각자가 부분이 되어 전체 조각 작품 형태로 모여 특정한 생각, 개념, 목표를 집단적으로 표현하는 것을 말한다. 생물에서 골격구조를 배운다고 하면 학생들은 각자 특정한 뼈를 맡아서 전체 골격을 표현하는 공동체 조각을 만들 수 있다. 발명에 대한 단원을 공부할 때는 학생 각자가 부품이 되어 하나의 발명품을 구성해 볼 수 있고, 수학 수업에서는 각자 숫자와 기호가 되어 하나의 방정식 전체를 구성해 볼 수도 있다. 또 국어 수업에서는 학생들이 각자 특정한 글자가 되어 단어를 구성하거나 각자 단어가 되어 하나의 문장을 구성해 볼 수 있다. 식물에 대해 공부할 때는 각자 햇빛, 씨앗, 뿌리, 잎 등의 역할을 맡아 전체를 구성해 본다. 이때 학생들을 각 부분으로서 명료하게 지정할 수도 있고, 아니면 자유롭게 자기가 정해서 전체를 만들어 볼 수도 있다. 이 활동의 장점은 학생들이 이전에 책이나 수업에서 제시되었던 개념을 서로 모여서 재현해 볼 수 있다는 것이다. 공동체 조각 작품 만들기는 사변적인 이론 맥락을 넘어서 즉각적으로 느껴 볼 수 있는 사회적 상황에서 학습할 수 있게 한다.

협동학습

협동집단을 활용하는 것은 협동학습(cooperative groups) 모델의 핵심이다. 이러한 소집단은 일반적으로 3~8명 정도로 구성할 때 매우 효과적이다. 협동집단에서 학생들은 다양한 방법으로 학업 과제를 다룰 수 있다. 예를 들어, 작문 과제를 협동학습으로 수행할 수 있는데, 각각의 구성원은 과학자가 실험 논문을 쓰거나 작가가 대본을 쓰는 것처럼 집단적으로 아이디어를 생성하여 공유할 수 있다. 협동학습은 또한 여러 가지 방법으로 책임감을 분배할 수도 있다. 과제의 특징에 따라서 활동을 분담할 수 있는데, 글을 쓸 때 서론, 본론, 결론을 서로 나누어 작업할 수 있다. 그리고 '직소(jigsaw)' 전략을 사용할 수 있는데, 각자 다른 하위 주제를 공부하여 나중에 합쳐서 이해하거나 역할분담을 통해 각기 다른 역할을 하게 된다(예: 보고서를 쓰는 사람, 오타를 교정하는 사람, 발표하는 사람, 토론을 이끄는 사람 등).

협동학습은 다양한 지능적 강점을 보이는 학생들을 모두 포함하여 조직 · 운영되기 때문에 다중지능 교수활동으로서 적합하다. 예를 들어, 동영상 발표 프로젝트를 수행하는 협동학습 집단에서는 대인관계 지능이 높은 학생이 집단을 조직하는 데 기여할 것이고, 언어 지능이 높은 학생이 글을 쓰게 될 것이며, 공간 지능이 높은 학생이 그림을 그리고, 신체-운동 지능이 높은 학생이 소품을 준비하거나 지도자로서 솔선수범할 것이다. 협동학습 활동은 학생들에게 현실세계에서 성공적으로 기능하는 데 중요한 사회

공동체 활동에 참여할 기회를 제공한다.

보드게임

보드게임(board games)은 학생이 형식적이지 않은 게임 상황에서 흥미롭게 학습에 참여할 수 있게 하는 방법이 될 수 있다. 게임을 하면서 학생들은 서로 이야기를 나누고 규칙에 의논하며, 주사위를 던지고 즐겁게 시간을 보내면서 한편으로는 게임의 주요 규칙이나 주제에 서로 참여하여 배운다. 보드게임은 통상적으로 게임판(비닐 파일판), 매직펜(게임판 정보를 쓰거나 그리는 데 필요), 말(색깔 큐브, 작은 장난감 등)로 구성되어 있다. 게임의 주제는 다양한 교과 지식을 다룰 수 있다(수학 문제, 단어 맞추기, 열대 우림에 대한 문제, 역사 지식 등). 게임판을 격자로 구분하여 여러 질문을 넣고, 정답은 각 질문카드의 뒤에 적거나 따로 정답지를 만든 후 정답을 알려주는 사람을 지정하여 제시할 수 있다.

다양한 보드게임 형식이 가능하다. 개방형 질문 카드나 활동 카드를 만들어 쓸 수 있다. 즉, 카드에 질문-지시 사항이나 활동을 써 넣으면 된다(예: '당신이 대통령이 되면 공해 방지를 위하여 무엇을 할 것인가?' '사전에서 한계점[threshold]의 의미를 찾으시오.').

시뮬레이션

시뮬레이션(simulations) 활동은 가상 상황을 고안해 보는 협동적 집단 활동을 말한다. 이러한 가상 상황은 학습한 주제를 보다 직접적으로 면밀하게 알아보기 위한 것이다. 예를 들어, 역사 수업에서 다루는 그 시대의 의상을 차려 입고 교실을 시대 상황에 맞추어 변환함으로써 그 시대에 사는 사람처럼 행동할 수 있다. 마찬가지로 지리적으로 다른 지역이나 생태를 공부할 때 학생들이 교실을 가상의 정글이나 열대 우림으로 변환할 수 있다.

시뮬레이션은 순간적이고 즉흥적으로 할 수 있으며, 교사는 즉시 시행할 수 있는 시나리오를 제공할 수 있다. 즉, "너희는 신세계를 발견한 배에서 막 내렸어. 모두 함께 서 있지. 자 이제 어떤 일을 하게 될까? 시작해 보렴."과 같이 말할 수 있다. 특별한 시대나 공간을 반영하기 위해 학생들에게 소품, 의상, 다른 장비를 준비하도록 할 수 있다.

이 전략은 다양한 지능(신체-운동 지능, 언어 지능, 공간 지능)을 포함한 활동으로 구성될 수 있지만, 우선 학생들이 새롭게 배우고 이해하게 하기 위하여 상호작용하는 것을 강조하기 때문에 대인관계 지능 활동에 포함한다. 즉, 상호 대화 및 다른 학생들과의 상호작용을 통하여 학생들은 학습 주제의 상황적 맥락을 이해하고 상황 내부자의 생각을 알게 된다.

자기성찰 지능 교수 전략

대부분의 학생은 일주일에 5일, 하루에 6시간 정도를 25~35명 정도의 다른 친구들과 함께 교실에서 보낸다. 자기성찰 지향적이며 내성적인 학생에게는 이렇게 집중된 사회적 환경이 다소 힘들 수 있다. 그렇기 때문에 교사들은 일과 중에 학생들의 개성을 존중하고 각 개인이 독특한 개인사를 지니는 자율적인 존재임을 체험하는 기회를 제공해야 한다. 다음의 전략은 이러한 자기성찰을 촉진하도록 돕는다.

1분 성찰시간

수업, 토론, 팀 과제 등 여러 활동을 하는 동안 학생들은 자기성찰을 하거나 하나의 생각에 집중하기 위하여 하던 일을 잠깐 중지(time-outs)할 수 있다. 이러한 1분 성찰시간(one-minute reflection periods)은 학생들에게 제시된 정보를 이해하거나 이러한 정보를 생활 속에서 일어난 일과 연관시켜 볼 시간을 갖도록 한다. 또한 1분 동안의 자기성찰은 학생들이 각성 상태를 유지하고 다음 활동을 시작할 수 있도록 기분 전환의 기회를 제공한다.

1분 동안의 자기성찰 시간은 학교 일과 중에 언제든지 실시할 수 있지만, 특히 수업에서 중요한 주제나 어려운 내용이 제시된 후에 유용하다. 1분 동안(주의집중 시간에 적절하게 더 길어질 수도 있고 더 짧아질 수도 있다) 아무런 대화 없이 학생들은 제시된 내용에 초점을 맞추어 개인적인 성찰을 한다. 침묵은 종종 성찰을 위한 가장 최상의 환경이 되지만, 편안한 배경음악을 사용하는 것도 좋다. 학생들에게 생각한 것을 이야기하도록 강요할 필요는 없지만 또래 나눔(토의)과 같이 활용한다면 대인관계 및 자아성찰을 동시에 지향하는 활동이 될 수 있다.

개인적 의미-연계

자기성찰적인 학생들이 학교생활을 하는 중에 갖게 되는 큰 질문 중 하나는 "이 모든 일이 나의 삶에 어떤 의미를 가지는가?" 이다. 대부분의 학생은 아마도 이 질문에 대하여 나름대로의 답을 가지고 있을 것이다. 학생들이 배우는 것과 자신의 삶을 연계하여 개인적 의미를 지닐 수 있도록 교사가 도울 수 있다. 이 교수 전략은 교사가 학생들의 개인적 연계성, 느낌, 경험을 수업에 녹여 내는 것이다. 교사는 질문하거나("너는 전에 몇 번이나 이랬던 적이 있니?"), 설명하거나("이것이 네 삶에 어떻게 관련되었는지 알아보자.") 요청할 수 있다("나는 너희가 ……했을 때로 되돌아가서 다시 생각해 보렴."). 예를 들어, 골격구조에 관한 수업을 시작하기 위해 "뼈가 부러져 본 사람이 여기 몇 명이나 있지?" 라고 물어볼 수 있을 것이다. 그러면 학생들은 본격적인 수업이 시작하기 전에 뼈가 부러진 경험에 대한 이야기를 나누게 된다. 또는 지리 수업을 위해 교사는 "다른 나라에 가 본 적 있는 사람 있나요? 어느 나라인가요?" 라는 질문을 하고, 학생들은 방문해 본 나라를 지도에서 찾아서 이야기하게 된다.

재량 수업 시간

학생들에게 선택권을 주는 것은 특별히 좋은 자기성찰 교수 전략이자 훌륭한 교육적 기본 원리다. 기본적으로 재량 수업 시간(choice time)은 학생들이 자신의 학습 경험에 관하여 의사결정할 수 있는 기회를 제공한다. 선택한다는 것은 역기를 드는 것과 같다. 학생들이 여러 사항 중에서 선택을 하면 할수록 그들의 '책임감' 은 점점 높아진다. 선택은 작고 제한적일 수 있으며(예: "12쪽과 14쪽에 있는 문제 중 풀고 싶은 문제를 선택하렴."), 중요한 과제를 개방적으로 제시할 수 있다(예: "이번 학기에 해 보고 싶은 프로젝트를 선택하렴."). 선택은 내용과 관련되거나(예: "탐구해 보고 싶은 주제를 선택하렴."), 과정에 대한 것일 수 있다(예: "프로젝트 결과물을 제시할 방법을 한 가지 선택하렴."). 또한 선택은 비형식적이고 즉흥적으로 할 수 있거나(예: "좋아, 이것에 대한 이야기를 지금 그만 두겠니? 아니면 계속하겠니?") 매우 신중하게 구조화될 수도 있다. 교사로서 당신은 현재 수업에서 어떻게 선택하도록 하고 있는가? 수업에서 학생들이 선택하는 경험을 더 많이 가질 수 있는 방법을 고려해 보아야 한다.

감정의 순간(Feeling-Toned Moments)

존 굿레드(John Goodlad)의 『학교교육에 대한 연구(*A Study of Schooling*)』(2004)를 보면 애석하게도 그는 1000개의 관찰학급 대부분에서 진정한 정서(신남, 즐거움, 화남, 기쁨, 배려와 같은 정서 체험)를 발견할 수 없었다. 대다수의 교사는 학생들에게 중립적인 감정의 방식으로 정보를 제시한다. 그럼에도 우리는 인간이 여러 하부피질로 이루어진 '정서적 두뇌'를 가지고 있음을 알고 있다(Goleman, 2006 참고). 정서적 두뇌를 발달시키기 위해 교사는 '정서적으로' 수업을 할 필요가 있다. 이 전략은 교사가 학생들이 웃고, 화내고, 강하게 자기 의견을 주장하고, 한 가지 주제에 대해 열광하거나 여러 가지 감정을 느낄 수 있는 순간을 만들어 주어야 할 책임을 강조한다. 교사는 여러 가지 방법으로 감정의 순간을 조성할 수 있다. 첫 번째로, 교사는 가르치는 동안 자신의 정서 상태를 보여 주고 학생들에게 모델링하게 한다. 두 번째로는 학생들이 교실에서 그들 자신의 정서 상태를 편하게 느끼도록 한다(충분히 허락하기, 비난하지 않기, 어떤 일이 발생했을 때 감정 알아채기). 마지막으로 정서적 반응을 불러일으킬 경험(영화, 책, 논쟁)을 제시한다.

목표 설정 세션

자기성찰적 학생의 특징은 바로 자신을 위한 현실적인 목표를 설정하는 능력이 있다는 것이다. 이 능력은 분명히 성공적인 삶을 이끄는 데 가장 중요한 기술이다. 결과적으로 교사가 학생들에게 목표 설정 기회를 제시하면 삶의 준비 과정에서 큰 도움이 된다. 목표는 단기적일 수도 있고(예: "모두가 오늘 배우고자 하는 목표를 세 가지씩 작성하세요.") 장기 목표일 수도 있다(예: "25년 후에 자신이 무엇을 하고 있을지 말해 보세요."). 목표 설정 세션은 단 몇 분 동안 진행할 수도 있고 수개월 동안 심층적으로 진행할 수도 있다. 목표는 좁게는 그 학기의 교과 성적(예: "이번 학기에 어떤 학점을 받을까?")이 되거나 더 넓은 맥락에서의 학업 성과(예: "졸업할 때 무엇을 해야 할지 알기 위하여 어떤 것을 해야 하나요?"), 인생 목표(예: '진로로서 직업은 무엇인가?')로 볼 수 있다. 학생들에게 매일 자신을 위한 목표를 설정할 시간을 제공하도록 한다. 또한 학생들에게 그들 자신의 목표를 표현할 다양한 방법(글, 그림)과 목표에 대한 진전도를 나타낼 방법(그래프, 차트, 일지)을 제시한다.

자연탐구 지능 교수 전략

수업의 대부분은 학교 건물 안에서 진행되는데 이러한 형태는 자연을 통해 가장 잘 배우는 학생들에게는 학습의 가장 중요한 원천으로부터 그들을 차단하는 것이 된다. 이러한 문제 상황을 해결하기 위해서는 두 가지 방법이 있다. 첫째, 자연과 야외에서 학습할 기회를 제공한다. 둘째, 자연탐구 지능이 높은 학생들이 건물 안에서도 자연탐구 지능을 개발할 수 있도록 좀 더 자연탐구적인 재료, 산물을 교실과 학교 건물에 들여올 수 있다. 이와 같은 방법에 기반하여 도출된 전략은 다음과 같다.

자연 속 산책

노벨상 수상자인 물리학자 리처드 파인먼(Richard Feynman)은 자신의 아버지와 함께 산책을 하면서 과학의 길로 접어들기 시작했다고 회상하였다. 그의 과학적 호기심을 형성하게 한 것은 바로 그의 아버지가 함께 걸으면서 건넨 질문이었다(예: “어떤 동물이 저기에 저 구덩이를 만들었을까?”). 마찬가지로 ‘자연 속 산책(nature walks, 학교에서 걸어갈 수 있는 거리에 위치한 숲 속 걷기)’의 장점은 교실에서 배운 지식을 확인할 수 있다는 것이다. 실제로 어떤 교과목에서든 ‘자연 속 산책’ 활동을 적용할 수 있다. 과학과 수학 교과에서는 식물의 성장, 날씨, 지구 변화, 돌아다니는 곤충과 동물에 내재하는 원리를 탐구할 수 있다. 또한 만약 교사가 어떠한 자연 상황을 포함하는 문학이나 역사를 가르쳐야 한다면 자연 속 산책을 하는 과정에서 그 상황을 그려보고 이야기해 볼 수 있다. 그리고 자연 속을 걸으면서 그 안의 소재나 제재를 살펴보면 작문이나 미술 수업을 사전에 준비할 수도 있다.

학습을 위한 창밖 보기

학급에서 부주의한 학생들의 전형적인 이미지는 책상에 앉아 공상에 잠겨서 창밖을 내다보는 것이다. 왜 학생은 창밖을 바라보고자 할까? 이는 학생에게 창밖을 내다보는 것이 교실에서 하고 있는 것보다 더 흥미롭기 때문이다. 만약 그렇다면 긍정적 전략으로 이러한 활동을 활용하는 것이 필요하다. 다시 말해, 교사가 좀 더 나은 교육을 위해 '창밖 보기' 를 사용할 수 있다. 그러면 창문 밖을 내다봄으로써 교육적으로 무엇을 할 수 있는가? 날씨(예: 학급 기상 관측소 만들기)나 들새 관찰, 계절 이해(예: 나무와 식물 등 계절의 영향), 작문(예: 글에 자연 현상에 기반한 은유와 상징 만들기)을 할 수 있다. 자연 속 산책과 더불어 창밖 보기는 과학적 관찰하기나 문학 및 역사의 한 장면 떠올리기에 필요하다. 다른 교과에서는 창밖의 사물을 수업 시작, 수업 중간 점검, 수업 종료에 활용할 수 있다. 지구과학 및 지리(예: 창밖의 수평선 너머 혹은 땅 속 모습은 어떠한가?), 경제(예: 창 밖에 있는 나무를 심으려면 얼마가 드는가?), 사회(예: 창밖에 보이는 지역은 주민을 위하여 얼마나 제대로 설계되었는가?), 국어(예: 이 이야기를 읽고 나서 창밖을 바라보며 주인공이 저 멀리 나무 사이를 걷는 것을 상상해 보라) 등에 두루 사용할 수 있다.

교실에 창문이 없거나 창밖이 콘크리트 벽이어서 시야가 막혀 있다면(자연탐구 성향이 없는 설계사로 인한 슬픈 결과!) 이 활동을 하기 어려울 것이다. 이런 경우라도 교사는 공간 지능을 활용한 심상화 전략을 활용하여 학생들이 자연을 탐구할 수 있는 '상상의 창' 을 가질 수 있게 도와주어야 한다.

교구로서의 식물

자연 속 산책을 위하여 건물 밖으로 나갈 수도 없고 자연을 바라볼 수 있는 창문이 없다면 대안은 자연을 교실로 가져오는 것이다. 학습에 긍정적인 분위기를 조성하기 위하여 작은 실내용 화초를 선반이나 창틀에 두어 장식한다. 더불어 식물을 교구로 활용하는 것도 가능하다. 예를 들어, 몇 개의 꽃대마다 핀 꽃잎의 수는 자연적 상황에서 곱셈 개념을 가르칠 수 있는 기회가 된다. 화초는 교실 연극이나 공동체 조각 만들기에서 배경으로 사용할 수 있는 유용한 교구가 된다. 가령, 중앙정부의 각 부처에 대해 가르칠 때 자연적 비유로 나무줄기와 가지를 사용할 수 있다. 과학과 수학 교과에서는 식물의 성장을 측정하는 공부를 할 수 있고, 역사 수업에서는 하나의 식물이 역사적으로 약초, 음식, 독으로 사용된 것을 배울 수 있다. 특별히 자연탐구 성향이 강한 학생에게는 교실에서 식물을 돌보는 역할을 부여함으로써 그들을 북돋을 수 있다. 마지막으로 학생들이 배움에 있어 성장한 것을 식물의 성장에 비유할 수 있다. 학기 초에 싹을 틔우고 학기말에 그 싹이 얼마나 자랐는지 확인하면서 학생들도 그동안 많이 성장했다는 것을 비유적으로 설명할 수 있다.

학교 동물원

많은 초등학교 교실에서 이미 '학교 애완동물'을 키우고 있다. 이 활동은 교육적 가치 측면에서 매우 의의가 높다. 첫째, 학교 애완동물을 기르는 것은 자동적으로 자연탐구 성향이 강한 학생들에게 자연과 연계될 수 있는 공간을 만들어 주고 자연을 돌본다는 개념을 알게 한다(이 학생들 중 많은 수가 미래에 채식주의자가 될 수 있다). 둘째, 이 활동에 기반을 두고 다양한 교수 전략을 개발할 수 있다. 학생들이 애완동물의 행동 패턴을 기록하면서 과학과 관찰 기술을 개발할 수 있다(제인 구달[Jane Goodall] 박사의 동물에 대한 사랑은 5세 때 5시간 동안 닭장에 머물면서 어떻게 닭이 달걀을 낳는지 살펴본 사건까지 거슬러 올라간다). 학생들은 애완동물이 먹는 음식, 몸무게 등 숫자를 이용한 기록을 할 수 있다. 고등학교 수업 시간이라면 학생들에게 질문할 때 '또 다른 자아' 로서 학교 애완동물을 활용할 수 있다(예: "우리 토끼 알버트는 국제적인 기아 문제에 대해서 어떻게 느끼고 있다고 생각하나요?"). 동물애호를 통하여 세상을 바라보는 몇몇 학생은 의인화된 토끼의 목소리를 통하여 이야기를 시작할 수 있다. 동물을 기르는 것은 교사와 학생들에게 '현실검증' 의 기회를 제공할 수 있다. 즉, 인간과 동물의 교감을 확인하고 동물의 '지혜' 로부터 배움을 얻을 수 있다.

자연환경-생태 교육

이 활동의 중요한 의미는 자연에 대한 존중감을 갖게 하는 것이며, 생태교육의 주된 개념이다. 즉, 우리가 가르치고 있는 역사, 과학, 수학, 문학, 지리, 사회, 예술, 음악 등 모든 교과가 자연환경과 연계되어 있다는 것이다. 여기서 제안하고자 하는 것은 생태계가 단순한 교과나 독립된 단원이 아니라 학교의 모든 학습에 그것을 통합해야 한다는 것이다. 예를 들어, 단원의 주제가 나눗셈이나 백분율이라면 교사는 50년 전과 비교해 오늘날 존재하는 멸

종 위기 종의 비율 또는 1900년대와 비교하여 오늘날 브라질에 남아 있는 열대 우림의 비율을 조사하도록 할 수 있다. 또한 단원 목표가 의회에서의 법안 통과 과정이라면 이 법안이 단계별로 이동하는 과정을 생태학적 차원에서 설명할 수 있다(예: 자연에서 물질의 이동 단계). 국어 수업에서는 환경운동 문학 작품을 선택하여 읽을 수 있다. 인류의 '수호천사(환경 파괴 문제에 특별히 민감한 학생)들'은 이러한 자연환경 중심 활동을 통해 교과 수업에도 적극적으로 참여하게 될 것이며, 다른 모든 학생도 자원고갈과 환경보호에 깊은 관심을 갖게 될 것이다.

더 생각해 볼 문제

1. 이 장에서 제시한 교수 전략 중 흥미롭거나 이전에 사용해 본 적이 없는 세 가지 전략을 선택한다. 필요하다면 관련 자료를 읽거나 동료들과 토의하면서 수업 계획 및 자세한 수업 방법을 작성한다. 그리고 계획된 수업을 진행해 본 후 평가한다. 잘된 점과 아쉬운 점은 무엇인가? 어떻게 수정하면 보다 성공적으로 진행할 수 있는가?

2. 수업에서 자신이 보통 잘 다루지 않는 지능 영역을 선택하여 이를 촉진하는 다양한 추가 교수 전략을 새롭게 개발한다(5장에서 제시한 자료와 부록 B의 참고 자료 참고).

3. 이 장에서 제시한 다중지능을 위한 교수 전략을 한 가지 이상 활용

하여 학생들의 학습 경험을 넓히도록 한다. 예를 들면, 공동체 조각, 브레인스토밍, 색깔 코딩 등을 포함하여 수업 계획을 작성한다. 이러한 활동은 혼자 할 수도 있고 교과 간 교사 팀으로 진행할 수도 있다.

07
다중지능 이론과 학급 환경

(믿을 수 없게도) 학교라는 곳은 많은 학생을 그렇게 오랜 시간 좁은 장소에 몰아 놓고는 매우 어려운 과제를 서로 사이좋게 가장 효율적으로 해결해 갈 것을 기대한다.

-캐롤 와인스타인(Carol Weinstein)-

'교실(학급)' 이라는 단어는 교사가 서류로 가득 찬 큰 책상에 앉아 있거나 학생들을 가르치는 칠판 옆에 서 있고, 교실의 앞으로 줄 맞추어 정돈된 책상에 학생들이 앉아 있는 모습을 생각나게 한다. 물론 이것도 학급을 조직하는 하나의 방법이지만 유일한 방법이거나 최선의 방법은 아니다. 다중지능 이론에 따르면 학생의 지능을 수용하기 위해 학급 환경을 근본적으로 재구조화할 필요가 있다.

다중지능과 학습의 생태적 요소

다중지능 이론은 교사가 학습의 중요한 생태적 요인을 바라볼 수 있는 템플릿(틀)을 제공한다. 실제로 다중지능은 학습을 촉진하거나 방해하는 교실 환경 요인이나 학생의 성장을 위하여 꼭 있어야 할 환경 요소를 살펴볼 수 있도록 도와준다. 8개의 지능과 관련된 교실 환경의 생태적 요소를 살펴보기 위한 질문 목록은 다음과 같다.

언어 지능

- 교실에서 어떠한 말을 사용하는가? 교사가 사용하는 말은 학생의 이해 수준에 비추어 너무 복잡하지 않은가? 너무 간단하지는 않은가? 아니면 적절한가?
- 글은 어떤 형태로 제시되었는가? 글이 벽에 제시되어 있는가(예: 포스터 등)? 일차적 원자료(예: 소설, 신문, 역사적 문서)로 접하게 되는가? 아니면 이차 자료(예: 교과서, 워크북)로 접하게 되는가?
- 교실의 언어 공해(linguistic pollution: 반복적이고 바쁘게 계속 언어 관련 과업에 끝없이 노출되는 것) 수준이 높은가? 아니면 학생들이 권한을 갖고 자신의 언어 과제를 직접 개발하도록 북돋는가?

논리-수학 지능

- 교실에서 수업 시간이 어떻게 구조화되는가? 학생들이 장기 프로젝트를 계속 방해 없이 수행할 수 있는가? 아니면 일정 시간 내에만 과제를 수행하고 다른 주제로 넘어가는가?
- 학교 수업 시간이 학생들의 주의집중 특성(예: 오전은 학습에 집중하는 데 좋고, 오후 시간은 자유 활동에 적합할 수 있다)을 고려하여 배치되어 있는가? 아니면 이런 사정이 고려되지 않고 수업이 배치되어 있는가?
- 학교에서의 일과(예: 시간표, 행사, 규칙, 이동시간 등)가 일관성 있게 구성되어 있는가? 아니면 정해진 기준이 없어 혼란스럽거나 매번 새롭게 정하게 되는가?

공간 지능

- 교실의 가구와 책상은 어떻게 배치되어 있는가? 다양한 학습 활동의 특성에 맞게 가구가 배치(예: 작문을 하는 책상, 토의하거나 교구를 사용할 수 있는 책상, 자율학습을 할 수 있는 책상)되어 있는가? 아니면 한 가지 방식으로만 배치되어(예: 한쪽 방향으로 정렬된 책상) 있는가?
- 교실이 멋지게 꾸며졌는가(예: 미술 작품 등으로 장식)? 아니면 지루하거나 산만해 보이는가?
- 학생들은 다양하고 풍부한 시각적 체험(예: 만화, 삽화, 동영상, 예술 작품)을 할 수 있는가? 아니면 교실 환경이 메마르고 단순하게 보이는가?

- 교실의 벽, 바닥, 천장의 색 구성은 학습에 대한 흥미를 높이는가? 아니면 낮추는가?
- 어떤 종류의 조명(예: 형광등, 백열등, 자연 채광)을 사용하는가? 조명이 학생들을 집중하게 해 주는가? 아니면 산만하거나 피곤하게 하는가?
- 교실의 공간적 여유가 충분한가? 아니면 너무 빽빽하여 학생들이 스트레스를 받는가?

신체-운동 지능

- 교실에서 학생들이 대부분의 시간에 일어나서 활동적으로 움직이거나 참여할 수 있는 기회가 많이 주어지는가? 아니면 학생들이 책상에 그대로 앉아서 거의 움직이지 않고 지내는가?
- 학생들이 학교에서 균형 잡힌 식사와 건강한 간식을 먹는가? 아니면 패스트푸드와 저단백질-고열량의 식사를 하는가?
- 학생들이 직접 조작하고 만져 보고 느낄 수 있는 교구와 학습 자료가 풍부한가? 아니면 '교구에 손대지 마시오' 라는 느낌이 팽배하여 조심해야 하는가?

음악 지능

- 교실의 청각적 환경(예: 배경음악, 백색소음, 정숙)이 학습을 촉진하고 있는가? 아니면 학습을 방해하는 소음(예: 벨소리, 비행기 소리, 자동차나 트럭, 기계 소리)이 자주 나타나는가?

- 교사는 어떤 어조로 이야기하는가? 목소리는 강렬하고 높낮이가 분명한 어조로 다르게 하는가? 아니면 따분하고 단조로운 소리로 학생들을 졸리게 하는가?

대인관계 지능

- 교실 안에 소속감과 신뢰감이 넘치는가? 아니면 서로 소외되고 멀어지며 불신감을 갖는가?
- 교실에서 친구들끼리 갈등을 해결하기 위한 구체적인 절차가 있는가? 아니면 다른 권위자(예: 교장)에게 문제를 가지고 가서 해결책을 구해야 하는가?
- 학생들은 빈번하게 긍정적으로 상호작용하는 기회를 갖는가(예: 또래교수, 토의, 조별 프로젝트, 협동학습)? 아니면 학생들이 서로 어울리지 않고 홀로 있는가?

자기성찰 지능

- 학생들이 독립적으로 공부할 기회를 갖고 자기 진도에 맞는 프로젝트를 진행하며, 사생활을 보호할 시간과 공간을 가질 수 있는가? 아니면 서로 지속적으로 상호작용하도록 되어 있는가?
- 학생들은 자신의 자아개념을 고양할 수 있는 체험(예: 자존감을 높이는 활동, 진정성 있는 칭찬, 긍정적 강화, 학업에서의 빈번한 성공 경험)을 하고 있는가? 아니면 무시당하거나 실패하거나 부정적 정서를 체험하는가?

- 학생들은 교실에서 자신의 정서에 대하여 이야기할 수 있는 기회를 갖는가? 아니면 속 깊은 이야기를 하지 못하게 되어 있는가?
- 정서장애 경계에 있는 학생을 정신과 전문의에게 의뢰할 수 있는가? 아니면 학생 스스로 문제를 다루도록 내버려 두는가?
- 학생들은 자신이 배우는 방법에 대하여 진정으로 선택할 수 있는가? 아니면 오직 두 가지 선택지(자신의 방식과 정해진 방식)만 있는가?

자연탐구 지능

- 학생들은 학교 건물 밖의 자연에서 학습할 기회(예: 현장학습, 원예, 야외 수업)를 가질 수 있는가? 아니면 대부분의 수업 시간에 자연에서 격리되어 건물 안에서 머무는가?
- 교실에 다양한 동식물(예: 애완동물, 물고기, 햄스터, 화초)이 존재하는가? 아니면 교실 안에 파리를 제외하곤 다른 생물은 없는가?
- 교실에 하늘, 구름, 나무, 잔디 등 야외를 관찰할 창문이 있는가? 아니면 창문이 없거나 자연과는 완전히 차단되어 있는가?

앞의 질문에 대한 답은 학생들에게 제공되는 학교 학습 환경의 질에 대한 전반적인 설명이 될 것이다. 만일 전체적인 학교 환경이 생태학적으로 부정적인 방향을 향하고 있다면 배움에 열정적인 학생들이 교실에서 제대로 된 학습을 할 수 없게 된다. 이와 반대로 긍정적인 학교 학습 환경에서는 학습 · 인지 · 정서상의 어려움을 지닌 학습자라 하더라도 학습에 적절한 자극을 받아 많은 성취를 이룰 수 있다.

다중지능 활동 센터

앞서 제시한 일반적인 환경과 생태학적 요인뿐 아니라 다중지능 이론을 구체적으로 적용하는 예도 있다. 이러한 구체적 전략은 교실 공간을 분할하여 특정한 지능에 초점을 둔 활동 센터를 구성하는 것이다. 학생들은 자기 책상에 앉아서 다중지능 수업에 참여할 수 있다. 하지만 그냥 한자리에 앉아 있기만 하는 것은 다양한 다중지능 활동을 하기 어려운 구조다. 교실을 재구성하여 특정 지능 친화적 환경을 만들거나 특정 지능 활동 센터를 제공하면 다중지능의 각 영역을 탐구하는 데 매우 유리할 것이다. 활동 센터[3]는 [그림 7-1]에서 설명한 것처럼 다양한 형태일 수 있는데, [그림 7-1]과 같이 지속적-일시적 축(축A)과 개방적-특정 주제 축(축B)으로 펼쳐질 수 있다.

---

1) 프로젝트 제로(Project Zero)에서 유아 다중지능 활동 센터 수범 사례를 알고 싶다면 다음 주소로 연락하라.: Project Zero, Harvard Graduate School of Education, 321 Longfellow Hall, 13 Appian Way, Cambridge, MA 02138; http://www.pz.harvard.edu; e-mail: info@pz.harvard.edu). 브루스 캠벨(Bruce Campbell; Campbell & Campbell, 2000)의 초등학생을 위한 활동 센터 사례를 알고 싶다면 다음 웹사이트를 방문하라.: New Horizons for Learning(http://www.newhorizons.org)

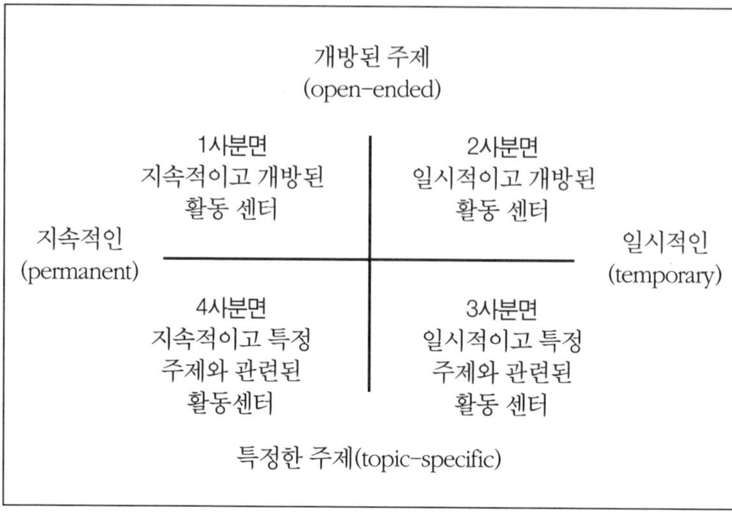

[그림 7-1] 활동 센터의 종류

지속적이고 개방된 주제를 다루는 활동 센터

[그림 7-1]의 첫 번째 사분면인 지속적인(보통 1년 정도) 센터는 학생들에게 넓은 범위의 개방된 지능 경험을 제공할 수 있게 설계되었다. 각 지능을 위한 1사분면에 해당하는 센터의 예는 다음과 같다.

언어 지능

- (편안한 의자가 있는) 책 공간과 도서관 공간
- (음성 파일, 이어폰, 말하는 책이 있는) 언어 관련 공간
- (타자기, 단어 소프트웨어, 종이가 있는) 글쓰기 공간

논리-수학 지능

- (계산기, 수학 관련 기계가 있는) 수학 공간
- (화학 세트, 현미경, 측정 도구가 있는) 과학 공간

공간 지능

- (페인트, 콜라주 자료, 그리기, 그림 소프트웨어가 있는) 예술 공간
- (비디오, 만화 소프트웨어, 비디오카메라가 있는) 시각적 미디어 공간
- (지도, 그래프, 시각적 퍼즐, 그림 모음집, 3D 건축 입체 자료가 있는) 시각적 사고 공간

신체-운동 지능

- (작은 트램펄린과 저글링 용품이 있는) 창의적 운동을 위한 열린 공간
- (점토, 목공 도구, 블록이 있는) 손으로 하는 활동 공간
- (선명한 지도, 다양한 질감 재료, 사포 종이가 있는) 촉각 학습 공간
- (공연할 수 있는 공간, 인형 극장이 있는) 드라마 공간

음악 지능

- (음성 파일의 소리 효과, 이어폰, 음악 목록이 있는) 음악 공간
- (타악기, 음성 녹음기, 메트로놈이 있는) 음악 연구 공간
- (청진기, 워키토키, 흔들 때 의문의 소리가 나는 여러 물질이 들어있는 작은 병이 있는) 듣기 공간

대인관계 지능

- 조별 토의를 위한 둥근 책상
- 또래교수를 위해 두 명이 앉을 수 있는 책상
- (보드게임, 격식 없는 사교 모임을 할 수 있는 편안한 가구가 있는) 사회 공간

자기성찰 지능

- 개별화 일을 할 수 있는 개인 열람실
- (사생활 보호를 위한 구석진 자리가 있는) 개인 공간
- (자기 진도 공부를 할 수 있는) 컴퓨터 책상

자연탐구 지능

- (원예 도구와 물자가 있는) 식물 공간
- (햄스터 장이나 토끼 장, 작은 동물을 넣는 케이지, 개미 사육 상자가 있는) 동물 공간
- (수족관과 물속 생물을 관찰 · 측정할 수 있는) 물속 공간

분명한 다중지능 명명법(예: 언어 지능 활동 센터, 공간 지능 활동 센터, 자연탐구 활동 센터)을 사용하는 이러한 각 활동 센터의 확실한 표시는 학생들의 다중지능 이론에 대한 이해를 강화할 것이다. 따라서 각각의 센터에서 가장 많이 사용된 지능의 이름을 센터에 붙이는 것이 좋다. 우리는 1장을 통해 지능은 언제나 상호작용한다는 것을 알았다. 그러므로 언어 지능 센터에 있는 학생들이 사

진을 글쓰기에 첨가하고자 한다고 해서 그들이 활동 센터를 바꿀 필요는 없다.

일시적이고 특정한 주제를 다루는 활동 센터

[그림 7-1]의 1사분면과 대각선으로 대칭된 3사분면은 부분적인 주제 혹은 대상 쪽으로 설계되거나 빈번하게 바뀐 특정한 주제를 다루는 활동 센터다. 예를 들어, 학생들이 집의 구성 단위를 공부한다면 교사는 학생이 참여할 수 있는 각 지능에 의미 있는 여덟 가지의 다른 센터를 만들어야 한다. 집의 구성 단위를 알기 위한 활동은 다음을 포함할 수 있다.

- 언어 지능: 읽기 센터는 학생이 집에서 책을 읽고, 읽은 것에 대해 글을 쓰는 곳이다.
- 논리-수학 지능: 계산 센터는 학생이 주택(집) 가격, 면적 등을 계산하는 곳이다.
- 공간 지능: 그리기 센터는 학생이 미래에 자신이 살 집을 그리는 곳이다.
- 신체-운동 지능: 만들기 센터는 학생이 나무와 접착제를 이용해서 집 모형을 만드는 곳이다.
- 음악 지능: 음악 센터는 학생이 집과 관련된 음악(예: '오래된 집과 노란 잠수함[This Old House, Yellow Submarine]')을 듣고 스스로 노래를 만들어 보는 곳이다.

- 대인관계 지능: 상호 소통 센터는 학생이 집에 관한 연극을 하는 곳이다(친구들과 함께 최대한 각자 집의 환경과 비슷하게 함).
- 자기성찰 지능: 경험 센터는 학생이 꿈꾸는 집이나 살았던 집에 대한 개인적인 경험을 생각하고, 글 쓰고, 그리고 연기를 하는 곳이다.
- 자연탐구 지능: 풍경 건축 센터는 학생이 집의 자연적인 모습(예: 잔디, 분재 정원, 분수, 식물, 수족관 등)을 보안하며 설계하는 곳이다.

일시적이고 개방된 주제를 다루는 활동 센터

[그림 7-1]의 2사분면은 학급 교사가 빠르게 만들거나 자유롭게 제거할 수 있는 탐구 활동 센터를 나타낸다. 이러한 종류의 센터에서는 8개의 책상을 드문드문 학급에 배치한다. 그리고 각 책상에 정확한 지능의 이름을 명시하고 학생들을 초대하여 개방된 활동을 할 수 있도록 구체적인 지능의 재료를 준비한다. 게임은 그들에게 일시적이고 개방된 주제를 다루는 활동 센터에서 특별히 잘할 수 있도록 도움을 준다. 다양한 지능 계발을 위한 다음과 같은 게임을 준비한다.

- 언어 지능: Scrabble
- 논리-수학 지능: Monopoly
- 공간 지능: Pictionary

- 신체-운동 지능: Twister
- 음악 지능: Encore
- 대인관계 지능: Family Feud
- 자기성찰 지능: The Ungame
- 자연탐구 지능: Frank' s Zoo

일시적이고 개방된 주제를 다루는 활동 센터는 학생들에게 다중지능의 아이디어를 소개해 주고 각 지능을 설명해 주는 간단한 경험의 기회를 제공하기에 특별히 유용하다.

지속적이고 개방된(매번 바꿀 수 있는) 주제를 다루는 활동 센터

마지막으로 [그림 7-1]의 4사분면은 근본적으로 1사분면(계속적이고 지속적인 주제를 다루는 센터)과 3사분면(일시적이고 특정한 주제를 다루는 센터)의 조합으로 설명할 수 있다. 지속적이고 특정한 주제를 다루는 활동 센터는 교사가 코발릭(Kovalik, 1993, 2001)의 높은 효과교수(Highly Effective Teaching: HET) 모델(일반적으로 주제중심 통합수업[Integrated Thematic Instruction: ITI]) 방식을 따라 1년 정도의 기간에 필요한 주제를 가지고 하기에 가장 적절하다. 각각의 센터는 연중으로 존재하고 바뀌지 않는 많은 재료와 자료를 갖는다(예: 공간 센터의 미술 재료, 신체-운동 센터의 만들기 재료 등). 그러나 각 센터 안에서 탐구하면서 연간 주제에 따라 매달 바뀌는 구성 요소 또는 주 별 주제를 갖고, 이에 따라 움직인다. 예를 들어, 연간 주제가 '변화'(더 적절한 표현은 '모든 것은 바뀌나?') 라면 1개월 정도의 기간에 배분하는 구성 요소는 계절을 다루고, 주별 주제는 개인적인 계절에 집중한다. 활동 센터는 아마도 한 주 동안은 겨울, 그리고 다음 주는 바꾸어서 봄, 그리고 이어지는 주들에 여름과 가을을 한다. 각각의 센터에는 학생들이 특정한 종류의 것을 혼자 혹은 협동해서 해 볼 수 있게 해당 주제와 관련된 활동 카드를 안내판에 붙여 놓는다. 예를 들어, 주제가 여름일 때는 다음과 같은 활동 카드가 있을 수 있다.

- 언어 지능: '여름 동안의 계획이 무엇인지에 대한 시를 쓴다. 만일 이것이 조별 활동이면 첫 번째 글 쓸 사람을 정하고 시를 받아 적는다. 그리고 각자 시를 행에 맞게 이어서 쓴다. 마지막에는 한 명이 학급에서 시를 읽는다.'
- 논리-수학 지능: '우선 얼마나 많은 날이 여름휴가 때 있는지를 알아본다. 그리고 얼마나 많은 분 단위 시간이 여름휴가 때 있는지 알아본다. 마지막으로 여름휴가를 초 단위로 계산한다. 만일 이것이 조별 활동이면 다른 조원들과 함께 답을 찾는다.'
- 공간 지능: '여름 동안에 어떤 계획이 있는지를 그림으로 그린다. 만일 이것이 조별 활동이면 긴 벽화 종이에 조원들이 함께 그린다.'
- 신체-운동 지능: '점토를 이용하여 여름에 대한 자신의 묘사에 따라 작품을 만들어 본다. 만일 이것이 조별 활동이면 다른

조원들과 점토 작품을 만들거나 좋아하는 여름 활동이 포함된 짧은 즉흥극을 만든다.'

- 음악 지능: '여름에 관련된 랩이나 노래를 만든다. 만일 이것이 조별 활동이라면 조원들이 학급에서 협동하여 노래를 부르거나 여름과 관련된 모든 노래를 생각하고, 학급에서 부를 수 있도록 준비하는 묘안을 떠올린다.'
- 대인관계 지능: '멋진 여름을 만들기 위해 필요한 것에는 어떤 것이 있는지 논의하고, 학급에서 결과를 요약 발표할 사람을 선출하기 위해 조별 토의를 한다.'
- 자기성찰 지능: '여름과 관련된 좋아하는 모든 것의 목록이나 스케치 모음집을 만든다.' (학생들은 센터에서 혼자 할 수 있게 한다.)
- 자연탐구 지능: '눈을 감고 이번 여름에 볼 수 있는 모든 종류의 동물과 식물 그림을 마음속에 그려 본다. 그리고 눈을 뜬 후 떠올린 모든 것을 그리거나 그것과 관련한 이야기를 만든다.'

활동 센터의 선택

학생들이 활동할 활동 센터를 결정하는 방법은 무엇인가? 이 질문의 정답은 아마도 활동 센터의 종류(센터가 사분면의 어디에 있는지)와 각 센터의 목적에 따라 달라진다. 일반적으로 1사분면과 2사분면 활동 센터(두 활동 센터는 개방된 주제를 다루는 경험과 관련이 있음)가 선택 활동에서 최고의 구조라고 할 수 있다. 다시 말해서, 쉬는 시간, 휴식 시간, 또는 학생들이 자신의 학교 일을 다 끝낸 특별한 선택 시간을 활용하여 가능하게 만들 수 있다. 이 방법을 사용할 때 활동 센터는 학생의 여덟 가지 지능 성향에 대한 훌륭한 정보를 제공한다. 학생들은 자신이 가장 자신 있는 지능 영역의 센터에 끌리게 된다. 예를 들어, 반복적으로 '공간 지능 활동센터' 에 가고 그림 활동에 관심을 보이는 학생은 자신의 삶에서 공간 지능이 차지하는 중요성에 대해 교사에게 강한 메시지를 보내는 것이다.

3사분면과 4사분면의 활동 센터는 직접적인 학습을 강조한다. 결과적으로 이러한 종류의 센터를 사용할 때 학생들은 자신이 시작하고 싶은 센터만 선택하고자 하지만 센터와 센터를 시계 방향으로 이동하여 모두가 여덟 가지 센터를 전부 경험하게 해야 한다. 1사분면과 2사분면의 활동 센터에서 시간에 따른 회전 방식을 사용하는 것은 학생들이 넓은 범위의 지능들을 모두 경험하게 할 수 있다.

활동 센터는 학생들에게 활동을 통한 관심을 갖게 하는 기회를 제공한다. 그것은 책상에 앉아서 하는 지루한 연습문제지나 개별과제 이외의 다른 어떤 것에 대한 목마름을 갖는 많은 학생에게 오아시스가 된다. 다중지능 이론은 학생들이 넓은 범위의 학습 잠재력을 활성화하도록 활동 센터를 구조화하게 한다. 앞서 서술한 내용은 개인의 지능을 기반으로 한 센터들에 한정되지만, 이 센터들을 다른 방법 안에서 여러 지능을 결합하기 위해 구조화할 수도 있다. 이런 의미에서 보면 사실상 간단한 읽기, 쓰기, 계산하기 활동을 넘어서는 어느 활동 센터라도 다중지능 센터로서의 자격을 지닌다. '정비 공간'은 논리-수학 지능, 공간 지능, 신체-운동 지능이 결합되어 있고, '작곡가의 작은 공간'은 언어 지능과 음악 지능이 결합되어 있는데, 이들은 결합된 지능의 다중지능 센터의 예다.

더 생각해 볼 문제

1. 166~170쪽에 있는 질문들을 이용해서 학습 환경에 대해 조사한다. 학급의 생태적 부분에서 만들고 싶은 변화 목록을 만들어 본다. 바꾸고 싶은 항목의 우선순위를 매기되, 우선순위가 낮은 것을 목록에서 빼지는 않는다. 그다음에 한 번에 만들 수 있는 변화를 만들기 시작한다.

2. 교실에서 다중지능 활동 센터를 준비한다. 우선 어떤 종류의 활동 센터(즉, 1사분면, 2사분면, 3사분면, 4사분면)를 시작할 것인지 결정한다. 그다음에 센터를 준비하기 위해 필요한 재료의 목록과 계획표를 만든다. 필요하다면 부모 자원봉사자, 학생들, 동료들에게 도움을 요청한다. 만일 지속적인 센터를 만든다면 프로젝트를 2~3주 후에 평가하고, 일시적인 센터를 만든다면 학생들이 경험한 후에 성공 여부를 바로 평가한다. 평가를 미래의 센터를 설계하기 위한 지표로 사용한다.

3. 학급에 활동 센터의 아이디어를 소개하기 위해 모두가 열심히 참여할 수 있고 모두가 경험한 적이 있는 주제(예: 패스트푸드)를 선택한다. 교실에 다중지능 표식(상징)을 각각 붙인 8개의 활동 센터를 만든다. 그리고 각각의 표식에 활동 카드를 붙인다. 그다음에는 학생들에게 그들 자신이 가장 편안하게 느끼는 지능 쪽으로 움직이게 한다(활동이 시작하기 전에 다중지능을 어떻게든 소개한다. 3장 참고). 대안적으로는 임의로 8개 지능의 상징을 쓰게 할 워크북을 나누어 주거나 학생들이 워크북과 센터가 일치하는지 확인하고 센터로 가게 한다. 그런 다음 학생들은 그들 자신의 영역 활동을 읽고 함께 활동을 시작할 수 있다. 그들이 각 활동 센터에서 배운 것을 발표하기 위해서 끝나는 시간을 정한다. 가령, 패스트푸드와 관련된 활동으로는 다음과 같은 것이 있다.

- 언어 지능: '학생들의 패스트푸드 관련 성명서(진술의 기본 원칙) 만들기'
- 논리-수학 지능: '패스트푸드 매장에서 제공하는 영양소 목록을 사용하여 패스트푸드 아침 · 점심 · 저녁을 먹을 때 지방이 가장 적게 포함되는 메뉴와 가장 많이 포함되는 메뉴 두 가지를 비교해 보여 주기'
- 공간 지능: '사람들의 패스트푸드 먹는 습관에 관련된 벽화 만들기'
- 신체-운동 지능: '(대사가 있거나 없는) 연극이나 광고를 통해서 사람들의 패스트푸드 먹는 습관을 예행 연습한 후 학급에서 보여 주기'
- 음악 지능: '사람들의 패스트푸드 먹는 습관에 관련된 광고 노래 또는 랩 쓰고 같이 부르기'
- 대인관계 지능: '소집단으로 패스트푸드 먹는 습관에 대해 토의한 후 집단 밖으로 나가서 나머지 학급 구성원들의 패스트푸드 먹는 습관

을 조사하기, 결과를 기록하고 발표할 사람 선출하기'

- 자기성찰 지능: '질문(만일 당신이 패스트푸드가 된다면 어떤 것이 되고 싶은가? 그 이유는?)을 생각하기, 생각을 기록하는 방법(예: 그리기, 쓰기, 무언극)을 한 가지 선택하기, 혼자 하거나 조별로 함께 하기'
- 자연탐구 지능: '패스트푸드를 만들기 위해 쓰인 모든 식재료(식물, 동물)의 목록 만들기, 패스트푸드 소비가 전 세계의 생태계에 미치는 잠재적 영향에 대해 토의하기(예: 햄버거 패티를 만들기 위해 필요한 소들이 먹어 치우는 초목의 손실로 인해 나타날 수 있는 환경오염의 문제)'

08
다중지능 이론과 학급 관리

자연은 아동에게 질서에 대한 민감성을 부여한다. 이는 내적 감각의 하나로서 사물 그 자체보다 다양한 사물 사이의 관계를 구별하게 한다. 따라서 이는 전체 환경을 형성하는데, 각각의 부분은 상호 의존적이다. 한 사람이 이러한 환경에서 비롯되었을 때, 그 사람은 목표를 성취하기 위해 자신의 행동을 통제할 수 있다. 이러한 환경은 통합된 삶의 기저를 제공한다.

-마리아 몬테소리(Maria Montessori)-

학급은 학생 시민으로 이루어진 작은 사회이며, 대다수는 상충되는 요구와 이해관계를 갖는다. 결과적으로 규칙, 일상생활, 규제, 그리고 질서의 요소인 절차는 학급을 이루는 기본적인 부분이다. 다중지능 이론은 그 자체가 학급 관리 계획을 제공하지는 않는다. 그러나 다중지능 이론은 그것을 필요로 하는 교사에게 학급의 '질서를 유지' 하고 학습 환경을 부드럽게 운영하는 데 사용할 수 있는 다양한 학급 관리 전략에 대한 새로운 관점을 제공한다.

학생의 주의를 집중시키기

아마도 학급 관리에 있어 다중지능 이론의 가장 큰 유용성은 교사에게 수업이나 새로운 학습 활동의 시작 단계에서 학생들의 주의를 얻을 수 있는 방법을 제공한다는 것이다. 여기 학급 질서를 유지하려는 한 교사의 시도에 대한 재미있는 기록(comedy record 이 있다. 교사는 학생들의 시끄러운 홍얼거림에 맞서 크게 "여러분!" 이라고 소리를 질렀는데 소용이 없었다. 그러자 교사는 더 크게 "여러분!" , 또다시 더 큰 소리로 "여러분!" 하고 소리 질렀다. 그럼에도 효과가 없자 교사는 마침내 "닥쳐!" 라고 소리를 질렀고, 비로소 학생들이 조용해졌다. 하지만 이내 다시 소음은 점점 커져갔고, 교사는 재차 "여러분! 여러분! 여러분! 닥쳐!" 라고 외쳤다. 교사는 이 과정을 여러 번 반복했고 결국 자신의 시도가 헛되었음을 알았다.

교사들은 이러한 상황을 많이 경험했기 때문에 웃을 수 있다. 그러나 다중지능 관점에 따르면 언어적 접근에서 학생들을 조용히 시키기 위한 한 단어의 사용은 학생들의 주의를 얻는 최소한의 효과만을 나타내는 방법이다. ('전경[figure]' 으로서) 교사의 언어적 요청이나 명령은 ('배경[ground]' 으로서) 학생들의 언어적 표현에 섞인다. 학생들은 교사의 목소리를 다른 주변의 소리로부터 쉽게 구분해 내지 못한다. 결과적으로 그들은 지시에 집중하는 데 실패한다. 이러한 현상은 특히 주의력결핍 과잉행동장애(ADHD)

아동에게서 명백하게 나타나며, 대다수의 학생에게서도 어느 정도 발견된다.

교사가 학생의 주의를 집중시키는 데 사용할 수 있는 보다 효과적인 기술은 다른 지능으로 이동하는 것이다. 예를 들어, 조용히 시키기 위한 유치원 교사의 피아노 화음 연주(음악 지능), 학생들의 주의를 집중시키기 위한 4학년 교사의 불 켜고 끄기(공간 지능), 자기 책임감에 대해 경고하기 위한 고등학교 교사의 침묵(대인관계 지능)은 학생들의 주의를 집중시키기 위한 비언어적 방법이 필요함을 보여 준다. 다음의 내용은 학급에서 학생들의 주의를 얻기 위한 전략들이다.

- 언어 지능: 칠판에 '조용히 하세요.' 라고 적기
- 음악 지능: 운율감 있게 박수를 치고 학생들이 박수로 응답하기
- 신체-운동 지능: 한 손가락은 입에 대고 다른 한 팔은 든 채 조용히 하라고 말하고, 학생들은 이 행동을 똑같이 따라하기
- 공간 지능: 집중하고 있는 다소 과장된 학급 사진을 게시판에 붙이기(실제 학생들의 사진).
- 논리-수학 지능: 스톱워치를 사용하여 낭비된 시간을 측정하고 30초 간격으로 낭비된 초의 수를 칠판에 적기
- 대인관계 지능: "이제 시작할 시간이에요. 뒤로 전달하세요." 라고 학생의 귀에 속삭이기, 그러고 나서 학생들이 이 전달사항을 모든 학급에게 전할 때까지 기다리기
- 자기성찰 지능: 수업을 시작하고 학생들이 그들 자신의 행동에

책임을 지도록 하기

- 자연탐구 지능: 날카로운 휘파람 소리를 내거나 (가능하다면) 살아 있는 동물을 가져오기(일반적으로 동물이 교실에 있으면 주의를 집중할 것임)

다중지능 이론의 관점에서 이러한 '지식과 기술(tricks of the trade)'을 살펴봄으로써 전환 준비하기, 활동 도입하기, 지시하기, 모둠 조직하기 등과 같은 다양한 학급 상황에서 구조화할 수 있는 근본적인 방법을 발견할 수 있다. 특히 이러한 각 학급 상황의 기저에 있는 메커니즘은 여덟 가지 지능에서 비롯한 한 가지 이상의 상징을 구체적인 지시 및 행동과 연결하는 방법으로 학생들에게 단서를 제공한다. 즉, 교사는 단순히 말로 지시하는 것이 아니라 사진이나 시각적 상징(공간 지능), 몸짓과 신체 움직임(신체-운동 지능), 음악적 표현(음악 지능), 논리적 패턴(논리-수학 지능), 사회적 신호(대인관계 지능), 감정(자기성찰 지능) 그리고 생명체(자연탐구 지능)를 활용해 학생들에게 단서를 제공하는 방법을 발견할 필요가 있다.

전환 준비하기

학생들의 전환(transition)을 돕기 위하여 그들에게 구체적인 단서를 가르치고 각 전환 유형에 따라 각각의 다른 단서를 제공할 수 있다. 음악 지능을 예로 들면, 전환에 대한 단서를 주기 위해 각 전환마다 각각 다른 음악을 사용하여 설명할 수 있다.

- 쉬는 시간: 베토벤의 심포니 6번(Beethoven's Pastoral Symphony No. 6)
- 점심시간: 영화 〈올리버(Oliver)〉의 삽입곡인 'Food, Glorious Food'
- 종료 시간: 드보르작의 심포니 9번(Dvorak's New World Symphony No.9 'Goin' Home')

만약 공간 지능에 초점을 맞춘다면 수업을 준비할 시간임을 알리기 위하여 시각적 상징이나 사진을 활용할 수 있다. 이때 학생들의 사진 혹은 이미지를 사용할 수 있다.

- 쉬는 시간: 학생들이 노는 사진
- 점심시간: 급식실에서 식사하는 아이들의 모습
- 종료 시간: 학교 버스에 오르거나 집에 가는 아이들의 모습

신체-운동 지능과 관련해서는 수업 시간이 다가옴을 알리기 위해 구체적인 몸짓이나 신체 움직임을 활용할 수 있다. 이와 같은 전략에서는 교사가 행동을 시작하면 학생들이 그 행동을 완성함으로써 그들이 메시지를 '받았다'는 것을 나타낼 수 있다.

- 쉬는 시간: 기지개를 켜고 하품하기('쉬는 시간' 임을 의미)
- 점심시간: 배를 문지르고 입술을 핥기
- 종료 시간: 눈 위에 손을 얹고 교실 밖을 응시하기(집으로 향하는 쪽을 쳐다봄)

논리-수학 지능과 관련해서는 학생들이 교실 어디에서건 볼 수 있는 큰 디지털 '카운트다운' 시계를 걸어 놓고, 전환까지 남은 시간을 설정하여 학생들이 수시로 이를 인지할 수 있게 하는 방법을 사용할 수 있다. 대인관계 지능으로는 전화-나무 모델(telephone-tree model)을 활용할 수 있다. 이것은 교사가 한 학생에게 단서를 주면 그 학생이 두 학생에게 말하고, 두 명의 학생 또한 각각 두 명의 다른 학생들에게 말하는 과정을 반복하는 방법으로, 모든 학생이 메시지를 받을 때까지 이어진다.

학급 규칙 이야기하기

다중지능 접근을 활용하여 학교 내에서, 혹은 학급 규칙상 예의 바른 행동에 관해 논의할 수 있다. 여기에는 다음과 같은 방식이 포함된다.

- 언어 지능: 규칙을 작성해 학급에 게시하기(가장 전통적인 방법).
- 논리-수학 지능: 규칙에 숫자를 부여하고 숫자로 규칙을 이야

기하기(예: "규칙 4번을 매우 잘 따랐구나!")

- 신체-운동 지능: 작성된 규칙 옆에 해야 할 것과 하지 말아야 할 것에 대한 시각적 상징 기록하기(예: '학급 친구 존중하기'는 두 사람이 손을 잡고 있는 이미지로 표현)
- 공간 지능: 각 규칙에 구체적인 몸짓을 부여하고, 학생들은 자신이 규칙을 안다는 것을 각각 다른 몸짓으로 표현함으로써 보여 주기(예: '학급 친구 존중하기'는 스스로를 껴안는 동작으로 표현)
- 음악 지능: 각 규칙을 노래로 표현하거나(학생들이 규칙을 직접 쓰거나 기존 곡의 멜로디로 표현) 관련 있는 노래로 연상하기(예: '학급 친구 존중하기'는 아리사 프랭클린[Aretha Franklin]의 노래인 'Respect'와 연관됨)
- 대인관계 지능: 각 규칙을 각 소그룹에 할당하면 이 소그룹은 할당받은 규칙의 시작과 종결을 알리고 규칙을 해석하며 강화하는 데 책임 갖기
- 자기성찰 지능: 학생들이 학기 초에 학급 규칙을 만드는 데 책임을 지며, 규칙에 관해 서로 이야기할 수 있는 독특한 방법을 개발하기
- 자연탐구 지능: 각 규칙에 동물을 짝짓기(예: '존중하는 토끼'), 학생들은 동물의 행동을 모방함으로써 규칙을 배움.

학생들에게 학급 규칙을 만들도록 하는 것은 규칙에 대한 지지를 얻는 보편적인 방법이다. 유사하게, 학생들이 그들 자신의 다

중지능을 개발하도록 하거나 학급 절차에 대한 단서를 개발하게 하는 것은 효과적인 단서를 만드는 유용한 방법이다. 학생들은 학급 내의 각 활동, 전환, 규칙 또는 절차를 만드는 것에 기여하기 위해 자신의 음악을 제안하고, 스스로 동작을 만들고, 시각적 이미지를 그리고, 자신의 동물을 제안하고자 할 것이다.

모둠 조직하기

학급 관리에서 다중지능 이론은 모둠을 조직할 때도 적용할 수 있다. 교사가 임의로 모둠을 만들 수도 있고("너, 너 그리고 네가 한 모둠이다.") 학생들의 내적 요소에 따라 모둠을 만들 수도 있지만(예: 흥미나 능력에 따른 모둠 조직), 이질적인 특성으로 조직된 모둠이 협동을 촉진하는 데 있어 지니는 가치에 대한 교육자들의 인식이 증가하고 있다. 이때 다중지능 이론은 각 지능과 관련하여 부수적인 특성에 기초한 이질적인 모둠을 조직하는 다양한 기술을 제시한다. 다음의 내용 중 일부는 『*Playfair: Everybody's Guide to Noncompetitive Play By Joel Goodman and Matt Weinstein*』(1980)에서 발췌한 것이다.

- 언어 지능: "네 이름의 모음 소리를 생각해 보렴. 자, 이제 그 모음 소리를 크게 말하며 교실을 돌아다니면서 이름이 너와 같은 모음 소리를 가진 친구를 3~4명 정도 찾아보렴."

- 논리-수학 지능: "내가 신호를 주면 1~5개의 손가락을 펴 보렴. 시작! 자, 그대로 손가락을 들고, 편 손가락의 수를 모두 더했을 때 홀수가 되는 친구를 3~4명 정도 찾아보렴."
- 공간 지능: "자기와 똑같은 색의 옷을 입고 있는 친구를 3~4명 정도 찾아보렴."
- 신체-운동 지능: "한 발로 깡충깡충 뛰어 보렴. 이제 똑같은 쪽의 발로 뛰고 있는 친구를 3~4명 정도 찾아보렴."
- 음악 지능: "모두가 알고 있는 노래가 있니?" 라고 묻고 교사는 4~5곡을 칠판에 쓴다(예: '산토끼' '학교종이 땡땡땡' 등). "좋아, 너희들이 내 옆을 줄지어 지나가면 나는 이 노래들 중 하나를 귀띔해 줄 거야. 그러면 그 곡을 기억하고 있다가 내가 신호를 주면 그 노래를 부르고, 자기와 똑같은 노래를 부르고 있는 다른 친구들을 찾아보렴…… 시작!"
- 자연탐구 지능: "초원의 양, 돼지, 소를 상상해 보렴. 갑자기 큰 소리가 나서 그중 두 마리가 도망가고 단 한 마리의 동물만 남았어. 지금부터 남은 그 동물의 소리를 흉내 내고, 같은 동물의 소리를 흉내 내는 친구를 3~4명 정도 찾아보렴."

학급 관리 계획을 세우면서 모든 지능을 활용할 필요는 없다. 그러나 전통적인 언어적 접근을 넘어섬으로써, 그리고 기타 지능들(최소한 두세 가지)을 사용함으로써 교사는 학생들에게 내재된 학급 일상에 대한 보다 다양한 기회를 제공할 수 있을 것이다.

개별 행동 다루기

교사가 얼마나 학급 규칙, 학급 일상, 절차 등에 대해 효과적으로 의사소통하고 있는지와 상관없이, 생물학적 · 정서적 · 인지적 차이 또는 어려움 등으로 인해 그것을 준수하는 데 어려움을 겪는 학생은 언제나 존재한다. 이러한 소수의 학생에게 (여러 지능을 통해) 제자리에 앉도록, 물건을 던지는 것을 그만두도록, 때리지 않도록, 그리고 행동을 시작하도록 상기시키는 것은 교사에게 수업시간의 많은 부분을 소비하게 한다. 비록 다중지능 이론이 이러한 문제에 완벽한 답을 제공하진 못하지만 문제 행동에 효과적이라고 입증된 다양한 훈육 시스템을 찾을 수 있는 맥락을 제공할 수는 있다. 자연스럽게, 다중지능 이론은 모든 학생에게 최선인 단 하나의 훈육 방법은 없음을 암시한다. 사실 다중지능 이론에서는 교사가 서로 다른 훈육 방법을 각각의 다양한 학생에게 맞출 필요가 있다고 이야기한다. 여덟 가지 지능에 따른 다양한 훈육 방법은 다음과 같다.

- 언어 지능: 학생들과 이야기하기, 문제와 해결책이 제시된 책을 학생에게 제공하기, 학생에게 스스로를 통제하기 위한 전략으로 '자기 대화' 를 사용하도록 돕기
- 논리-수학 지능: 드레이커스(Dreikurs, 1993)의 논리적 결과 접근(logical-consequences approach) 활용하기, 학생에게 부

정적 · 긍정적 행동의 발생을 도표화하고 수량화하도록 하기

• 공간 지능: 학생에게 적절한 행동을 그리거나 시각화하게 하기, 학생에게 어려움이 닥쳤을 때 활용할 수 있는 은유적 표현 제공하기, 학생에게 문제를 다루거나 적절한 행동의 모범을 보여 주는 비디오를 보여 주기
• 신체-운동 지능: 부적절한 행동과 적절한 행동에 대한 역할 놀이를 하고 차이를 토론하기, 학생들에게 힘든 상황을 다루기 위한 신체적인 단서 사용 방법을 알려 주기(예: 크게 숨 고르기, 스트레칭)
• 음악 지능: 학생이 직면할 수 있는 문제를 다루기 위한 음악적 선호 찾기, 적절한 행동을 하는 데 도움을 주는 음악 제공하기(예: 울화 행동을 진정시키는 음악, ADHD 아동을 돕는 자극성 음악으로 '음악적 리탈린[Musical Ritalin]'을 제공), 학생이 스스로 진정하기 어려울 때마다 속으로 좋아하는 음악을 연주하기
• 대인관계 지능: 또래 집단상담 제공하기, 역할 모델과 함께 친구되기, 더 어린 친구를 돌보거나 가르치기, 학생의 에너지를 이끌어 내기 위해 기타 사회적 발산 수단 제공하기(예: 모둠 이끌기)
• 자기성찰 지능: 학생이 스스로 통제할 수 있게 하기 위해 자발적으로 비처벌적인 방법인 '타임아웃(time-out)' 지역으로 가도록 가르치기(Nelsen, 1999 참고), 일대일 상담 제공하기, 행동 계약 맺기(학생들이 계약을 만드는 데 참여), 학생들에게

그들이 관심 있는 프로젝트에 참여할 수 있는 기회 제공하기, 자기효능감 증진 활동 제공하기

- 자연탐구 지능: 부적절하거나 적절한 행동에 대해 가르칠 수 있는 동물 이야기를 해 주기(예: 끊임없는 거짓말과 관련된 양치기 소년 이야기), 곤란한 행동의 영향과 관련된 동물 비유 활용하기(예: 공격적인 학생에게 어떤 동물이 좋은지 묻고 '길들이는' 법을 배울 수 있는지 묻기), 사회적 · 정서적 · 인지적 기능을 돕기 위한 '동물 보조 치료(animal-assisted therapy)' 사용하기

행동 전략은 특정한 종류의 어려움을 가지고 있는 학생들의 요구에 부합할 수 있다. 〈표 8-1〉은 몇몇 중재를 제공한다.

관점 넓히기

물론 이 전략들은 학생들의 정서적 문제나 행동적 어려움에 관한 포괄적인 전문가 팀 접근을 대체하는 것은 아니다. 그러나 다중지능 이론은 교사들에게 다양한 행동적 전략과 훈육 체계 수단을 제공하며, 한정된 중재 방법들 중 선택하는 데 있어 학생들의 개인적 차이에 근거하도록 하는 지침을 제시한다는 점에서 가치가 있다.

때때로 가장 좋은 전략은 단점 지능에 초점을 맞추는 것이다. 예를 들어, 한 학생이 미발달된 대인관계 지능으로 인해 행동 문

〈표 8-1〉 개별 행동을 다루기 위한 다중지능 전략

지능	공격적인 학생	내성적인 학생	과잉행동 학생
언어 지능	화를 다루는 방법에 관한 자서전	토론, 웅변 혹은 스토리텔링에 참여	과잉행동에 관한 도서(예: 『*The Boy Who Burned Too Brightly*』)
논리-수학 지능	드레이커스의 논리적 결과 시스템	상호반응 컴퓨터 시스템, 체스 동아리	과제에 대한 시간 수량화
공간 지능	갈등을 다루는 시각적인 방법	내성적인 학생이 친구를 만나는 내용의 영화	집중과 제어를 돕는 비디오 게임(시계열선형 분석)
신체-운동 지능	공격적인 행동 및 대안 행동을 시도하는 역할 놀이	걷기, 운동, 게임 등에서 신뢰가 가는 사람과 짝 이루기	점진적 이완법(progressive relaxation), 촉감 카드, 과격한 운동
음악 지능	사회적 기술을 촉진하는 음악	다른 사람과의 상호작용을 북돋는 디스코그래피	음악 자극(stimulating music, '음악적 리탈린')
대인관계 지능	무술 강의에서 조별로 수업 수강	집단상담	협동적인 학습 공동체에서 리더십 고양
자기성찰 지능	타임아웃, 계약	일대일 상담/심리치료	연습에 초점
자연탐구 지능	'길들이는(tame itself)' 방법을 배울 수 있는 동물과 동일시하기	자연에서의 우정과 관련된 자기 성찰적 도서(예: 『*The Secret Garden*』)	자연에서의 시간

제를 가지고 있다면, 아마도 이 학생은 사회적 기술을 발달시키기 위한 활동을 통해 가장 큰 효과를 볼 수 있을 것이다. 그러나 다른 경우 최선의 전략은 학생의 강점에 초점을 맞추는 것일 수 있다. 예를 들어, 교사는 읽기 문제와 좌절에 '대응' 하는 것을 어려워 하는 학생에게 읽기 과제를 제공하고 싶지 않을 수 있다. 뿐만 아니라 이 전략은 오히려 상황을 악화시키는 방법이 될 수 있다. 한편, 이 학생이 읽기 문제를 극복하도록 돕기 위해서는 그 학생의 교실 내 행동을 개선시키는 것이 중요한 요소일 것이다. 이 학생이 인쇄된 단어를 통해 쉽게 지식을 얻는다면, 이러한 강점에 맞춰서 행동 전략을 조정하여 제공하는 것이 가장 적절한 방법이 될 것이다.

결과적으로 학급 관리와 함께 활용되는 다중지능 이론은 구체적인 행동 전략과 기술을 제공하는 것 이상이다. 다중지능 이론은 일과 시간에 개인의 요구가 인지되고 주의가 집중되는 환경을 만듦으로써 교실 내 학생들의 행동에 큰 영향을 미칠 수 있다. 학생들은 이러한 환경에서 혼란을 보다 덜 느끼고 덜 좌절하며 스트레스 역시 덜 받을 것이다. 결과적으로 행동적인 '속임수(behavioral tricks)' 에 대한 필요가 적어지거나 훈육 체계를 정교화하게 되며, 이는 종종 학생들의 학습 환경이 무너졌을 때 시작한다. 레슬리 하트(Leslie Hart, 1981)는 다음과 같이 지적하였다. "학급 관리, 훈육, 교사 소진, 학생 '실패' 와 같은 것은 교사가 모든 것을 하는 접근(teacher-does-everything)에서 비롯된 것이다. 학생들이 학습할 때 자신의 뇌를 활발하게 쓸 수 있도록 장려하라. 그러면 놀라운 결과가 나타날 것이다." (p. 40)

더 생각해 볼 문제

1. 학생들이 현재 적응하는 데 어려움을 겪는 학급 일과를 선정한다(예: 하나의 활동에서 다른 활동으로 이동하기, 학급 규칙 배우기). 그리고 학생들이 어려움을 극복하도록 돕기 위해 각각의 다른 지능 특징적 단서를 실험해 본다.

2. 학생들의 주의를 끌 수 있는 음악 지능, 공간 지능, 신체-운동 지능, 대인관계 지능, 논리-수학 지능, 자연탐구 지능 혹은 자기성찰 지능과 같은 비언어적 방법을 시도해 본다. 이 장에서 논의한 것과 같은 대안적인 단서를 개발한다.

3. 특별히 학급에 방해가 되거나 다루기 어려운 행동 문제를 가지고 있는 학생을 선정한다. 그리고 그 학생의 강점 지능을 확인한다(확인하는 전략은 3장 참고). 다음으로 학생의 강점 지능과 잘 부합하는 행동 전략을 선택한다. 또한 약점 지능에 대한 전략도 고려하며 결과를 평가한다.

4. 학교 혹은 학급에서 현재 사용하는 행동 체계를 검토한다. 각 세부 지능이 잘 다루어지는지 확인하고, 어떻게 그것을 맞출 수 있을지 혹은 학생들이 가진 강점과 어떻게 부합하지 않는지 확인한다.

5. 이 장에서 구체적으로 다루지 못한 학급 관리 문제들을 확인하고, 다중지능 이론과 그 문제들을 연관시킨다. 학급 관리를 하는 데 있어 다중지능은 어떤 점에서 유용한가? 한계점은 무엇인가?

09 다중지능 학교

우리는 학교가 몇 가지 핵심적인 훈련을 통해 학생들을 심층적으로 이해하는 데 전념하기를 기대한다. 이는 학생들이 문제를 해결하고, 보다 넓은 지역사회에서 직면할 수 있는 과제를 완수하기 위해 지식을 활용하도록 돕는다. 이와 동시에 학교는 다중지능에 기반을 둔 방법(intelligence-fair-ways)으로 학생들의 발달을 정기적으로 측정하면서 각 학생이 가지고 있는 독특한 지능의 조화를 추구한다.

-하워드 가드너(Howard Gardner)-

다중지능 이론의 영향력은 학급 지도를 넘어 확장되었으며, 학교가 구조화되는 방법의 근본적인 변화를 요청하였다. 이는 교육자들에게 학교 학생들이 지능을 발달시키고 촉진하기 위한 경험을 할 권리가 있다는 강한 메시지를 전달하였다. 학교 일과에서 모든 학생은 수십 년에 걸친 모든 형태의 인간의 잠재능력을 고양하기 위해 표준화된 언어와 논리적인 활동에 참여해야 한다. 뿐만 아니라 그들이 각 지능을 개발하기 위해 초점을 둘 필요가 있는 과목, 프로젝트 그리고 프로그램에 노출되어야 한다.

다중지능과 전통적인 학교

오늘날 대부분의 미국 학교에서 경시되어 온 지능들(음악 지능, 공간 지능, 신체-운동 지능, 자연탐구 지능, 대인관계 지능, 자기성찰 지능)에 초점을 둔 프로그램은 '하찮은' 과목 혹은 적어도 '핵심' 과목 외의 중요치 않은 과목으로 생각되는 경향이 있다. 학군이 재정 위기에 직면하면 예산 담당자는 예산을 아끼기 위해 제거해야 할 대상으로 읽기나 수학 프로그램보다는 음악 · 미술 · 체육 프로그램을 고려한다(Viadero, 1991 참고). 설사 이 프로그램들이 지속된다 하더라도, 그들은 언어와 논리에 대한 요구를 미묘하게 강조한다. 굿레드(2004)가 학교 운영과 관련한 자신의 기념비적인 연구인 『학교교육에 대한 연구(*A Study of Schooling*)』(1979)에서 언급한 것에 따르면, "영어, 수학 그리고 학문적인 교과가 예체능 수업을 좌지우지하고 있다는 사실이 매우 유감스럽다……. 그런 교과들은 교육에서 전향적인 방식으로 우리를 이끄는 개인적 표현성 및 예술적 창의성과는 거의 관계가 없기 때문이다(pp. 219-220). 굿레드는 체육 수업에서도 유사한 문제점을 발견하였다. 즉, 그는 "이 프로그램에서 요구되는 것은 사실상 존재하지 않는 것이다. 체육 수업은 교사가 감독하는 휴식 시간(teacher-monitored recess)인 것처럼 보인다."(p. 222)라고 하였다.

〈표 9-1〉 전통적인 학교 프로그램에서의 다중지능

지능	과목	보충 프로그램	교육과정 외 활동
언어 지능	읽기 언어 문학 영어 역사 외국어 말하기	창의적인 쓰기 수업 의사소통 기술	토론 학교 신문 졸업앨범 언어 동아리 우등생 단체
논리-수학 지능	과학 수학 경제	생각하는 기술 컴퓨터 프로그래밍	과학 동아리 우등생 단체
공간 지능	산업예술 (shop) 제도 예술	시각적 사고 수업 건축 동아리 애니메이션 컴퓨터 보조 설계	사진 동아리 시청각 보조 체스 동아리
신체-운동 지능	체육	극장 게임(theater game) 무술 걷기 프로그램	스포츠 팀 드라마 응원단
음악 지능	음악	오르프(Orff Schulwerk) 프로그램 코다이(Kodaly) 방법 스즈키(Suzuki) 훈련	밴드 오케스트라 코러스
대인관계 지능	사회과학	사회성 기술 훈련 예방교육(예: 마약) 다양성 훈련 상담	합창단 학생회
자기성찰 지능	심리학	자기효능감 발달 프로그램 상담	관심 있는 동아리 활동
자연탐구 지능	생물학 동물학 식물학 생태학	기타 과목에서의 생태학적 인식 원예 프로그램 캠핑 여행	미래 농부들 미래 주부들 자연 관련 동아리(예: 원예, 조류 관찰)

학교에서 프로그램을 구조화하기 위해 노력하는 관리자나 행정가들은 각 학생이 매일 세부 과목(예: 미술, 음악, 체육)에서 두드러지게 요구되는 여덟 가지 지능과 직접적인 상호작용을 할 수 있도록 기회를 제공하는 체제로서 다중지능 이론을 활용할 수 있다. 〈표 9-1〉은 일반 전통적인 수업, 보충 프로그램 및 교육과정 외 활동을 포함하여 학교에서 여덟 가지 지능을 활용할 수 있는 몇몇 프로그램을 설명하고 있다.

다중지능 학교의 구성 요소

단순히 학생들에게 다양한 과목에 대한 평가를 제공하는 것만으로 다중지능 학교가 구성되는 것은 아니다. 가드너는 자신의 저서인 『다중지능: 이론과 실제의 새 지평(*Multiple Intelligence: New Horizons in Theory and Practice*)』(2006a)에서 이상적인 다중지능 학교에 대한 비전을 제시하였다. 특히 가드너는 비학교 모델(nonschool model)을 제안했는데, 여기에는 다중지능 학교가 어떻게 구성될 수 있는지 잘 나타나 있다. 첫째, 그는 다중지능 학교를 현대의 어린이 박물관(contemporary children's museum)을 예로 들어 그것에 근거한 것으로 보았다. 가드너에 따르면 이러한 환경은 아이들에게 융합적(interdisciplinary)이고 실제 일상생활 맥락을 기반으로 직접 체험을 통해 학습할 수 있는 환경을 제공한다. 또 아이들이 새로운 요소와 상황에 대해 자유롭게 묻고 답할 수 있는 편안한 분위기를 촉진한다. 둘째, 그는 도제교육(apprenticeship)을 청소년을 위한 교육 모델로 보았는데, 이것은 숙련자가 어린 후배들이 진행하는 지속적인 프로젝트를 감독하는 것이다.

가드너는 다중지능 학교에서 학생들에게 아침 시간을 전통적인 교과목을 비전통적인 방법으로 학습하는 데 보내도록 제안했다. 특히 가드너는 프로젝트 중심 교수법을 활용할 것을 강조하였다. 학생들은 특정한 분야(역사 갈등, 과학 원리, 문학 장르)를 깊이 탐구하고, 한 주제에 관한 여러 차원을 이해할 수 있는 지속적인 프로젝트(포토 에세이, 실험, 저널)를 수행한다. 그러고 나서 학생들은 일과 중 두 번째 시간 동안에 지역사회로 들어가서 그들이 학교에서 배운 주제에 대한 이해를 확장시킨다. 가드너에 따르면, 어린 학생들은 정기적으로 어린이 박물관, 미술관 혹은 과학 박물관 및 직접적인 체험학습을 할 수 있는 장소에 방문하고, 도슨트를 비롯한 전문가 가이드들과 상호작용하며 놀이 활동에 적극 참여한다. 3학년 이상의 학생들은 그들 자신의 지적 성향, 흥미, 활용 가능한 자원의 평가에 기반을 둔 도제교육을 선택할 수 있다. 이 학생들은 지역사회의 예술, 기술, 기능, 신체 활동 등의 영역 전문가와 함께 공부하는 데 오후 시간을 보낼 수 있다.

다중지능 학교에 대한 가드너의 근본적인 비전은 현재 대부분의 학교에는 존재하지 않는 역할을 수행하는 핵심적인 세 구성원의 활동에 근거한다. 가드너의 모델에서 모든 다중지능 학교는 다음과 같은 역할을 하는 구성원이 존재한다.

- 평가 전문가(assessment specialist): 이 구성원은 지속적인 '심상(picture)'을 발전시키거나 각 학생의 여덟 가지 지능에서의 강점, 약점, 흥미를 기록한다. 지능에 기반을 둔 방법(intelligence-fair-ways)을 활용함으로써 평가 전문가는 각 학생의 학교에서의 경험을 다양한 방법(관찰, 비형식적 평가, 멀티미디어 기록)으로 기록하며, 부모, 교사, 행정가 그리고 학생들에게 여덟 가지 지능 각각에 대한 그들 자신의 전반적인 성향을 개관해 준다. (다중지능 관점에서의 검사 및 평가에 관한 내용은 10장 참고).
- 학생-교육과정 중개인(student-curriculum broker): 이 구성원은 학생의 여덟 가지 지능에서의 재능 및 능력과 학교에서 이용 가능한 자원들 사이를 연결하는 역할을 한다. 학생-교육과정 중개인은 학생과 세부 과목 및 선택과목을 연결하고, 교사에게 학생마다 가장 적합한 과목을 제시해 줄 수 있는 방법에 대한 정보를 제공한다(예: 비디오, 직업 체험, 책, 음악 등). 이 구성원은 특정 종류의 교재, 방법, 학교에서 활용 가능한 인적 자원 등을 제시함으로써 학생의 학습 잠재력을 극대화하는 데 책임을 진다.
- 학교-지역사회 중개인(school-community broker): 이 구성원은 학생의 지적 성향과 큰 지역사회에서 활용 가능한 자원을 연결한다. 학교-지역사회 중개인은 도제교육, 조직, 멘터십(mentorships), 튜터리얼(tutorials), 지역사회 과정(community courses), 주변 지역의 이용 가능한 그외의 학습 경험 등에 대한 풍부한 정보

를 가지고 있어야 한다. 그리고 나서 이 구성원은 학생의 흥미, 기술, 능력을 학교를 벗어난 활동과 적절하게 연결하기 위해 시도하게 된다(예: 첼로에 흥미를 갖기 시작한 학생을 도와줄 수 있는 첼로 연주자 찾기).

가드너는 이러한 다중지능 학교의 설립은 유토피아가 아니라고 이야기한다. 대신, 이는 학생을 각 지능의 실제적인 내용 및 상징과 연결시키는 평가, 실제 생활의 기술과 경험을 반영하는 교육과정 개발, 확고한 교육적 원리를 반영하며 교육에 깊이 종사하는 전문 교사(master teacher)를 배출하는 교사교육 프로그램, 더 나아가 부모와 사업가, 박물관 및 기타 교육기관과의 높은 지역사회 연계성 등을 포함하는 여러 가지 요소의 접합이다.

다중지능 학교 모델: 핵심 학습공동체

다중지능 학교를 설립하려는 노력은 이미 여러 해 동안 지속되어 왔다. 특히 언론 매체와 교육자들이 주목하는 학교는 인디애나폴리스에 설립된 핵심 학습공동체(The Key Learning Community)다. 1984년 인디애나폴리스의 8개 공립학교 교사 모임은 새로운 학교를 설립하기 위해 가드너에게 자문을 구하였다. 그리고 칙센트미하이(Mihaly Csikszentmihalyi), 아이스너(Elliot Eisner), 보이어(Ernest Boyer), 맥도널드(James MacDonald), 굿레드(John

Goodlad)에게서 비롯한 새로운 교육적 사고의 융합과 더불어 이 교사들의 협력을 통해 1987년 9월 핵심 학교가 설립되었다. 지난 20년 동안 이 학교는 초등학교부터 12학년(K-12)까지 확장되었다.

핵심 학습공동체는 통합적인 학습 경험을 만들어 내기 위해 다중지능 교육의 몇몇 다른 특성을 결합하였으며, 다음의 특성을 포함한다.

- 여덟 가지 다중지능에 바탕을 둔 정기적인 지도: 핵심 학습공동체의 중학교 학생들은 전통적인 교과목 수업(예: 수학, 과학, 국어, 역사, 지리, 독일어)을 들을 뿐 아니라 동일한 수준으로 체육, 미술, 음악 수업도 듣는다. 즉, 일반적인 학교와 비교하여 핵심 학습공동체의 학생들이 일반적인 학생들보다 음악, 미술, 체육 수업을 두 배 정도 더 받는 것이다. 아동의 경우 유치원 때부터 바이올린을 시작하면서 악기 연주를 배운다.
- 학교 전체 주제(schoolwide themes): 매년 학교 교직원들은 한 학기에 2개의 주제를 선택하여 교육과정 활동에서 그것에 초점을 둔다. 작년에 사용된 주제들은 '연계(Connection)' '동물의 행동 양식(Animal Patterns)' '시공간의 변화(Changes in Time and Space)' '환경지킴이 활동(Let' s Make a Difference-Environmental Focus)' '유산(Heritage)' '르네상스: 과거와 현재(Renaissance-Then and Now)' 등이다. 주제를 발전시키는 동안 학교 전체는 계속 진행되는 학습을 반영한다. 예를

들어, 환경보호에 관한 주제가 진행되는 동안 학교의 일부를 가상의 열대 우림으로 꾸민다. 학생들은 각 주제에서 프로젝트를 선택하고 개발하며, 녹화가 진행되는 특별한 기간에 교사와 동료들에게 프로젝트를 발표한다.

- 모둠('pods'): 학생들이 개별적으로 자신의 흥미에 근거하여 선택하게 하는 특별한 학습 모둠을 구성한다. 이 모둠은 구체적인 주제(예: 원예, 건축, 연기) 또는 인지적인 선호(예: 수학적 사고, 문제해결, '마음과 동작[the mind and movement]')에 근거하여 조직한다. 학생들은 그들 자신이 선택한 분야에 특별한 능력을 가진 교사와 함께 실생활 기술과 지식 습득을 강조하는 도제교육과 같은 맥락(apprenticeship-like context)으로 공부한다. 예를 들어, 건축 모둠에서는 학생들이 주변 지역에서 9개의 집을 '선택'하고, 직접 발로 뛰는 등의 활동을 통해 각 집의 디자인에 대해서 공부한다.
- 몰입의 방('flow room'): 학생들은 매주 자신의 지능을 개발하기 위해 고안된 개방적이고 재미있는 활동을 하는 학교 내 '몰입의 방'에 여러 차례 방문한다(Cohen, 1991). 칙센트미하이(1991)가 이름 붙인 '몰입의 방'의 개념(한 활동에 깊이 몰두한 긍정적인 상태)에 따라, '몰입의 방'은 점수에 기반을 둔 보드게임, 퍼즐, 컴퓨터 소프트웨어 프로그램 그리고 기타 여러 자료를 갖추고 있다. 학생들은 '몰입의 방'에서 (혼자 또는 여럿이) 가능한 모든 활동에 참여할 수 있다. 교사는 그들이 경험을 촉진하도록 도우며, 그들 개개인이 여러 자료와

얼마나 잘 상호작용하는지 관찰한다. (각 자료는 세부 지능과 밀접하게 연관되어 있다. 예를 들어, 오셀로 게임은 공간 지능과 밀접하며, 트위스터[Twister]는 주로 신체-운동 지능과 관련되어 있다.)

- 이질적인 연령의 집단 구성: 핵심 학습공동체의 학생들을 임의 추첨으로 선발한다. 비록 몇몇 학생이 '학습장애' 혹은 '영재' 로 이미 꼬리표가 붙어 특수교육 프로그램에 배치되어 있기는 하지만 이러한 꼬리표는 현재 핵심 학습공동체에는 존재하지 않는다. 한 학급에 입급된 학생들의 능력 정도는 다양하며, 다양성을 추구함으로써 프로그램을 보다 풍부하게 한다(다중지능 이론과 특수교육에 관해서는 11장 참고).

비록 핵심 학습공동체가 다중지능 이론을 실현하기 위한 노력을 하는 많은 학교 중 유일하긴 하지만, 이 핵심 학습공동체는 다중지능에 기반을 두고 체계 전체를 재구조화할 수 있을 뿐 아니라 이러한 성공적인 재구조화를 온전히 구성원들의 노력(grassroots effort)을 통해 가능케 한다. 핵심 학습공동체는 행정가(관리자)의 명령으로부터 비롯된 것이 아니다. 이는 교육이 학생을 위해 해야 하는 것에 관한 꿈을 가졌던 8개 공립학교 교사의 헌신과 노력으로 인해 탄생한 것이다.

미래의 다중지능 학교

핵심 학습공동체는 다중지능 학교를 설립하기 위한 유일한 방법도, 추구해야 하는 방법도 아니다(다른 예로는 Hoerr, 2000 참고). 다중지능 학교에는 얼마든지 가능한 여러 개의 다른 유형이 있으며, 다중지능 이론을 실제로 적용하고자 하는 교육자, 부모, 관리자 및 지역사회 리더 집단 또한 다양하게 존재한다. 그들이 어떻게 구성되어 있는지와는 별개로, 미래의 다중지능 학교는 학생들이 지닌 모든 지능의 잠재성을 끌어올릴 수 있는 가능성을 지속적으로 확장해 나가야 한다. 어쩌면 미래의 다중지능 학교는 지금의 학교보다 실제 세상과 더 가까운 모습을 지닐 가능성이 있다.

전통적인 학교는 학생들이 지역사회에서의 의미 있는 경험으로 나아갈 수 있는 일시적인 통로가 된다. 그리고 한 가지 이상의 지능을 개발하도록 돕는 프로그램을 만들 수도 있다. 여기에서 우리는 다중지능을 가진 개별 학생의 강점 지능을 조기 발견하여 그것을 남용하거나 학생들을 너무 일찍 좁은 분야로 제한해 잘게 분리된 사회를 초래하게 만들어서는 안 될 것이다.

궁극적으로 다중지능의 발전을 가능케 하는 것은 점점 복잡해지는 사회의 끊임없이 변화하는 요구를 반영하기 위한 간학문적 방법을 적용하는 것이다. 사회가 변하면서, 그리고 이러한 변화에 대처할 수 있는 새로운 지능을 발견해 가면서 미래의 다중지능 학교들은 현재에는 그저 꿈같은 요소들을 현실에서 실현하고 있을지 모른다.

더 생각해 볼 문제

1. 다중지능 이론에 근거하여 학교를 평가해 본다. 수업 시간에 학생에게 고유한 다중지능 영역을 개발할 수 있는 학습 기회를 제공하고 있는가? 다중지능 개발 프로그램, 교과, 활동, 학습 경험이 있으면 확인해 본다. 어떻게 다중지능의 넓은 스펙트럼을 보다 잘 반영하는 프로그램을 만들 수 있는지 생각해 본다.

2. 예산과 자원을 필요한 만큼 얼마든지 쓸 수 있는 상황이라고 가정하고, 자신의 '이상적인' 다중지능 학교를 설계해 본다. 어떤 모습을 지니고 있는가? 건물의 설계도는 어떠한가? 어떠한 교과가 개설될 수 있는가? 교사의 역할은 무엇인가? 학생들의 학습 경험은 어떠한가? 그 학교의 학생이 어떻게 하루를 보내는지 가상 시나리오를 제시해 본다.

3. 다중지능 이론에 근거한 교육을 실천하는 학교들을 찾아보고(웹사이트 검색창에서 '학교' '다중지능' 등의 검색어를 활용), 그 학교들의 유사성과 차이점 및 특징을 조사해 본다. 어떤 측면이 자신의 학교나 학급에 적용될 수 있는가? 또한 어떤 측면은 적용하기 어려운가?

4. 교육 혁신의 한 가지 방식으로서 다중지능 이론에 근거하여 학교를 운영할 때 어떠한 문제가 생길 수 있는지 토론해 본다. 학교 재구조화에 최적화하기 위하여 다중지능 이론을 어떻게 적용해야 하는가? 보다 성공적으로 학교에 적용하기 위해서는 교사 연수에 어떤 요인을 포함해야 하는가?

10

다중지능 이론과 평가

나는 특정 검사나 그것이 내포하고 있는 정보보다 세상 사람들이 자신의 삶에서 중요한 기술을 어떻게 개발하는지 보여 주는 자연적 정보(naturalistic sources of information)가 더 중요하다고 믿는다.

- 하워드 가드너(Howard Gardner)-

학습 과정의 평가도 9장에서 설명한 교수적 실천의 변화에 상응하는 수정을 필요로 한다. 학생들에게는 여덟 가지 지능의 모든 분야에서 다양한 경험을 하도록 요구하면서 정작 교사 자신이 언어 또는 논리-수학 지능과 같이 제한된 영역에만 초점을 둔 표준화 검사를 통해 학생들이 배운 것을 측정한다는 것은 매우 위선적이다. 이것은 사회를 향해 '여덟 가지의 방법을 통해 학습하는 것은 재미있지만, 학생들의 학습 평가는 이전과 같은 검사 방법으로 진지하게 이루어져야 한다.'는 이중적인 메시지를 전달하는 것과 다를 바 없다. 따라서 다중지능 이론은 학생의 학습 과정 평가 방법의 근본적인 재구성을 제안하면서, 평가는 공식 표준화 검사나 규준지향 검사보다 준거지향 검사, 벤치마크(benchmarked) 또는 내준 비교(ipsative, 학생 자신의 과거 수행과 비교하는 평가)와 같은 참평가(authentic measures) 체계에 더 많이 의존해야 한다고 말한다.

다중지능 평가의 철학은 참평가가 객관식이나 빈칸 채우기 검사보다 학생들의 이해를 더 확실히 측정한다고 주장하는 교육자들의 관점과 일치한다(Gardner, 1993b, 2006a; Herman, Aschbacher, & Winters, 1992; Popham, 2008; Wolf, LeMahieu, & Eresh, 1992 참고). 특히 수행 평가는 학생들이 상황을 통해 배운 것을 보여 준다. 즉, 수행 평가는 학생들이 실생활에서 배운 것을 보여 줄 것으로 예상할 수 있는 환경과 밀접하게 연관되어 있다고 볼 수 있다. 반면에 표준화된 평가들은 실생활과는 관련이 없는 인위적인 환경에서만 학생들을 평가한다. 〈자료 10-1〉에서는 교육의 질을 높이는 데 있어서 참평가가 표준화 검사보다 우수함을 증명할 수 있는 여러 가지 방법을 나열하였다.

평가 경험의 다양성

참평가는 넓은 범위의 도구, 측정 및 방법을 다룬다. 이 평가의 가장 중요한 전제조건은 관찰이다. 가드너(1993a, 1993b, 2006a)는 우리가 각 지능의 상징 체계를 조작하는 학생들을 관찰할 때 그들

〈자료 10-1〉 표준화 검사와 참평가

표준화 검사

- 점수, 백분위 또는 성적에 의해 학생들의 풍요롭고 복잡한 삶이 단순화됨.
- 학생의 수행에 부정적 영향을 미치는 스트레스를 제공함.
- 실패하는 학생들의 특정 비율은 가상의 기준이나 표준에 의해 결정됨.
- 교사에게 시험 위주의 교과과정을 제공해야 한다는 부담을 가중함.
- 특정 순간의 지식을 평가하는 단 한 번의 시험을 강조함.
- 오류, 실수, 낮은 점수와 같이 학생들이 할 수 없는 것에 대한 해석에 초점을 두는 경향이 있음.
- 단일 정보의 중요성을 강조하여 교육적 결정을 내리는 경향이 있음.
- 균일한 방식으로 모든 학생을 대함.
- 다른 문화적 배경과 학습 방법의 차이를 가진 학생들을 평가하지 못함.
- 학생의 실력을 향상시키기 위한 정보를 전혀 제공하지 않고 그들을 평가하기만 함.
- 검사와 교육을 별도의 활동으로 간주함.

참평가

- 교사에게 각 학생이 가지고 있는 학습자로서의 독특한 경험에 대한 정보를 제공함.
- 흥미롭고 활발하며 활동적인 경험을 제공함.
- 모든 학생에게 성공의 기회를 제공하는 환경을 조성함.
- 교사가 프로그램 맥락에 맞는 의미 있는 교육과정을 개발하고 평가할 수 있도록 함.
- 학생의 성취를 정확히 이해하기 위해 지속적인 평가를 실시함.
- 학생의 강점에 초점을 두고, 그들이 할 수 있는 것과 하려고 노력하는 것에 대한 정보를 제공함.
- 학생의 진전도를 조금 더 정확하게 검사할 수 있는 다양한 평가 자료를 제공함.
- 모든 학생을 각각 특별한 한 명의 사람으로 대함.
- 문화적 배경에 상관없이 학생의 수행을 평가할 수 있는 공정한 평가를 제공하고, 모든 학생이 성공할 수 있는 동등한 기회를 제공함.
- 학습 과정에 유용한 정보를 제공함.
- 평가와 교육을 동전의 양면으로 간주함.

의 다중지능을 가장 잘 평가할 수 있다고 지적했다. 예를 들어, 우리는 학생들이 어떻게 보드게임(logical board game)을 하는지, 어떻게 기계를 다루는지, 어떻게 춤을 추는지, 어떻게 협동학습에서 일어나는 분쟁에 대처하는지 등을 관찰할 수 있다. 이와 같이 학생들이 실생활에서 문제를 해결하는 과정이나 결과를 산출하는 과정을 관찰하는 것은 학교에서 배운 과목의 범위에서 학생의 능력을 가장 정확히 예측할 수 있는 정보를 제공한다.

참평가의 실행을 위해 두 번째로 가장 중요한 요소는 학생들이 결과를 산출하는 과정과 문제를 해결하는 과정을 기록하는 것이다. 학생의 수행은 다음을 포함한 여러 가지 방법으로 기록할 수 있다.

- 일화 기록: 각 학생의 일지에 중요한 학문적 · 비학문적 성과, 또래 관계, 학습 자료와의 상호작용, 그 밖의 기타 관련 정보 등을 기록한다.
- 작업 표본(샘플): 언어, 수학, 예술 또는 교사가 담당하는 다른 영역에서 각 학생이 작업한 작품의 샘플을 보관하는 파일을 만든다. 학생이 작품의 원본을 보관하기 원하는 경우에는 복사본을 보관하도록 한다.
- 오디오 파일: 읽기 샘플(학생이 읽는 것을 녹음기에 녹음하고, 마지막에는 자신이 읽은 이야기에 대해 설명하도록 한다)과 농담, 이야기, 수수께끼, 추억, 의견 등과 같은 학생의 일상어를 녹음한다. 또한 학생의 음악적 능력(노래, 랩 또는 악기 연주)을 녹음하여 기록한다.
- 비디오: 다른 방법으로 문서화하기 어려운 영역에서 보이는

학생의 능력(예: 학교 연극에서 연기하는 능력, 축구경기에서 공을 받는 능력, 기계 수리 능력, 생태 프로젝트를 소개하는 능력)을 기록하고자 할 때, 그리고 학생의 완성 작품을 기록하고자 할 때 비디오를 사용한다.

- 사진: 오래 보관하기 어려운 학생의 작품(예: 3차원 입체 구조물, 발명품, 과학/미술 프로젝트)을 사진으로 보관할 수 있도록 디지털카메라를 항상 준비한다.
- 학생 일지: 학생들은 학교에서 있었던 자신의 경험을 글, 다이어그램, 낙서, 그림 등을 사용하여 기록하고 유지할 수 있다.
- 학생 기록 차트(student-kept charts): 학생들은 자신의 학업 진전도 차트와 그래프 기록을 보관할 수 있다(예: 독서량, 교육 목표 성취 정도).
- 사회도(sociogram): 협력 관계, 부정적 상호작용 그리고 중립적 관계를 나타내는 기호를 사용하여 학급에서 학생의 상호작용을 묘사할 수 있는 시각적 자료를 만들고 보관한다.
- 비공식 평가: 특정 영역에서의 아동의 능력에 대한 정보를 이끌어 내는 비표준화 검사를 만들 수 있는데, 이 평가는 학생의 이해를 나타내는 질적 그림을 구축하기보다는 특정 과목에서의 학생의 무지를 드러낼 수 있는 방법을 고안하는 데 초점을 둔다.
- 표준화 검사의 비공식 사용: 개별 학생에게 표준화 검사를 제공하되, 엄격한 관리 지침을 따르지 않는다. 여유로운 검사 시간을 제공하고, 학생들에게 지침을 읽어 주며, 그들이 자신의 답을 명확히 할 수 있도록 한다. 또한 학생들이 그들 자신의

답을 사진, 3차원 입체 구조, 음악 혹은 다른 방법을 사용하여 설명할 수 있는 기회를 제공한다. 그리고 오류 분석을 통해 학생의 사고를 파악하고 학생이 정확히 알고 있는 것이 무엇인지 알아낸다. 더불어 학생들을 특정 주제에 대한 대화에 참여하도록 유도할 수 있는 자극으로도 표준화 검사를 사용할 수 있다.

- 학생 면담: 학생들과의 정기적인 면담을 통해 그들의 학교생활적응력(school progress), 폭넓은 관심과 목표 그리고 관련 문제들을 논의한다.
- 준거지향 검사: 집단의 평균점을 기준으로 학생을 평가하는 것이 아니라 학생 개인의 기술과 능력에 비추어 그들을 평가하는 방법으로, 학생이 할 수 있는 것과 할 수 없는 것을 구체적으로 제시해 주는 검사다(예: 수학에서 받아올림을 할 수 있는 능력, 자신의 관심 주제에 대해 세 장 분량의 이야기를 만들 수 있는 능력).
- 체크리스트: 교실에서 사용되는 중요한 기술이나 내용 영역의 간단한 체크리스트를 만들어서 학생들이 이를 달성하였을 때 역량을 확인하여 비공식적 준거지향 검사 체계를 개발한다.
- 교실 지도: 교실 지도(교실의 모든 책상, 의자 및 활동 영역이 표시된 조감도)를 그려서 복사한다. 매일 지도에 관련 학생들의 이름을 쓰고 실내에서의 움직임 · 활동 · 상호작용 패턴을 기록한다.
- 일정 기록: 학생들이 달력에 자신의 활동 일과를 기록하고 유

지하도록 한다. 교사는 매달 말에 학생들이 작성한 달력을 수집할 수 있다.

다중지능 평가 프로젝트

다중지능의 기본 철학에 부합하는 여러 평가 프로젝트가 전국적으로 시작되었는데, 이 중 많은 수가 하버드 대학교의 '프로젝트 제로(Project Zero)' 에서 일하던 가드너와 동료들에 의해 수행되었다. 이것은 유치원, 초등학교, 중학교, 고등학교 수준의 프로젝트를 포함한다(Gardner, 1993b, 2006a 참고).

- **프로젝트 스펙트럼**(Project Spectrum): 이것은 매사추세츠 주 메드퍼드 소재 터프츠 대학교에서 시범 시행된 유치원 프로그램이다. 이 프로그램은 실생활에 밀접하게 연관된 활동에서 평가 도구를 사용함으로써 스펙트럼 교과과정에 필수적인 평가 방법을 확립하였다. 이 프로그램은 창조적인 운동 경험(신체-운동적 · 음악적 경험)과 학생들이 작은 3차원 입체 세계를 창조하고 그에 대해 이야기할 수 있는 스토리보드 활동을 포함한다. 또한 미술 포트폴리오와 다른 센터의 교사들이 활동에 참여하는 학생들을 관찰한 자료를 활용하였다(예: 스토리텔링 영역, 건축 영역, 자연탐구 영역). 교사들은 여덟 가지 지능의 '성향' 을 찾는 것뿐만 아니라 학생들이 다른 학습 상황에

서 자신감 있게 혹은 망설이며, 쾌활하게 혹은 심각하게, 신중하게 혹은 충동적으로 접근하는지 살피고 각 학생의 '작업 형태' 특성을 평가하였다(자세한 정보는 Gardner, Feldman, & Krechevsky, 1998a, 1998b, 1998c 참고).

- **핵심 학습공동체**(Key Learning Community): 핵심 학습공동체는 미국 인디애나폴리스 공립학교에서 시행하고 있는 초 · 중 · 고등학교(K-12) 프로그램이다. 이 프로그램에서 교사는 학생의 학습 진전도를 평가하기 위해 비디오를 많이 사용하는데, 학생들이 일 년에 두 번 학습 프로젝트를 발표하는 모습을 녹화한다. 이 영상 자료는 평가에 사용되며 학부모, 교사, 관리자 및 학생 스스로에게 유용한 정보를 제공한다(핵심 학습공동체에 대한 자세한 설명은 9장 참고).
- **학교 단위에서의 실용지능**(Practical Intelligence for School Units): 이 프로그램은 학생들의 학교 활동에 대한 메타인지 능력과 이해의 발달을 돕기 위해 중학교에 도입된 교육과정으로 '프로젝트 선택(Choosing a Project)' '알맞은 수학 도구 찾기(Finding the Right Mathematical Tools)' '필기(Note Taking)' '학교에 가는 이유(Why Go To School)' 를 포함한다. 학생들은 실제 상황 장면에서 성과 중심의 측정을 통해 평가된다. '프로젝트 선택' 의 평가는 3개의 제안 계획을 비판하고 가장 부족한 제안의 개선 방안을 제공하는 작업을 포함하며, '알맞은 수학 도구 찾기' 는 제한된 자원을 사용하여 문제를 해결하고 다른 해결책을 도출해 내는 작업을 통해 학생들을 평가한다.

• 아츠프로펠(Arts PROPEL): 아츠프로펠은 미국 펜실베이니아 주 피츠버그 공립학교에서 시범 시행된 고등학교 5개년 프로젝트다. 이 프로젝트는 두 가지 요소에 초점을 두었다. ① 영역 프로젝트(domain projects)는 학생들의 창작에 대한 민감성을 발달시키기 위해 운동, 활동, 시각 예술 작품, 음악, 창작 작품 등의 영역으로 구성되었다. ② 과정 포트폴리오(process-folios)는 학생들이 그림, 회화, 음악 작곡, 창작과 같은 프로젝트에 참여하면서 만든 초안, 수정안, 최종 작품을 보관한 자료다. 평가 절차는 자기평가(자기성찰 필요), 학생들의 기술과 상상력, 자기성찰과 다른 사람의 비판으로부터 배울 수 있는 능력을 탐색한 교사 평가를 포함한다(Scripp, 1990 참고).

여덟 가지 방법의 평가

다중지능 이론의 가장 큰 공헌은 학생들의 평가를 위한 다양한 평가 방법을 제공한 것이다. 표준화 검사의 가장 큰 단점은 학생들이 한 해 동안 배운 내용을 제한된 방식으로만 검사할 수 있다는 것이다. 표준화 검사를 하기 위해서는 일반적으로 착석을 하고 주어진 시간 내에 시험을 완료해야 하며, 시험 중에는 정숙해야 한다. 검사는 일반적으로 학생들이 OMR 답지에 동그라미를 표시해야 하는 언어적 질문을 많이 포함하고 있다. 반면에 다중지능 이론은 학생들이 특정 기술, 주제, 교육 내용 또는 다양한 방법 중 하나의 영역에서 그들 자신의 능력을 보여 줄 수 있어야 한다는 신념을 가지고 있다. 그리고 다중지능 이론이 모든 교육은 적어도 여덟 가지의 방법으로 교수될 수 있다고 제안하는 것은 평가 또한 적어도 여덟 가지의 방법으로 이루어질 수 있다는 의미를 함축한다.

예를 들어, 학생들이 마크 트웨인(Mark Twain)의 소설인 『허클베리핀(*Huckleberry Finn*)』(1885)에 등장하는 허클베리 핀의 특성을 이해한 후 설명하는 것을 교육 목표로 삼는다고 할 때, 표준화 검사는 학생들이 시험에서 다음과 같은 작업을 완료하도록 요구할 것이다.

소설 속 허클베리 핀을 가장 잘 설명하는 단어를 선택하라.

a) 민감함.

b) 질투가 많음.

c) 박식함.

d) 침착하지 못함.

이러한 항목은 학생들이 네 가지 단어 각각의 의미를 알고, 허클베리 핀에 대한 그들 모두의 해석이 시험 출제자의 해석과 일치할 것을 요구한다. 가령 시험 출제자들이 원하는 답이 '침착하지 못함.'이라고 할지라도 다양한 사회 문제에 대한 허클베리 핀의 개방적 면모를 통해 '민감함.'이 이 문제에 더 적합한 답이라고 해석할 수 있는 여지를 갖는다. 하지만 표준화 검사는 이러한 해석에 대해 논의하거나 탐구할 수 있는 기회를 제공하지 않는다. 특히 어휘력(word-sensitive)이 뛰어나지 않은 학생들은 허클베리 핀에 대한 지식을 많이 가지고 있어도 그것을 검사에서 표현하기가 어려울 것이다.

다중지능 이론은 다음과 같이 학생들의 이해를 표현할 수 있는 다양한 방법을 제안한다.

- 언어 지능: '구두로, 혹은 자유로운 방식으로 허클베리 핀에 대하여 기술하라.'
- 논리-수학 지능: '만약 허클베리 핀이 과학의 원리라고 한다면 법칙과 이론 중 어느 것에 해당하는가?'
- 공간 지능: '허클베리 핀이 좋아할 것 같지만 소설에 나오지 않은 것을 간단하게 그려 보라.'
- 신체-운동 지능: '허클베리 핀이 학급에서 어떻게 행동할지 팬터마임으로 표현해 보라.'
- 음악 지능: '허클베리 핀을 음악으로 표현한다면 어떤 소리 또는 노래인가?'
- 대인관계 지능: '허클베리 핀은 자신의 삶에서 어떤 사람을 생각나게 하는가?'
- 자기성찰 지능: '허클베리 핀에 대한 자신의 개인적인 감정을 간단하게 표현해 보라.'
- 자연탐구 지능: '허클베리 핀이 동물이었다면 무엇이었을지 생각해 보라.'

허클베리 핀을 이미지, 신체 활동, 음악, 과학 공식, 사회관계, 개인 감정 혹은 동물과 연결시킴으로써 학생들은 다중지능을 사용해 자신의 이해를 명확히 할 수 있는 더 많은 기회를 가질 수 있다. 이것은 학생이 학교에서 습득한 자신의 능력을 나타낼 수 있는 검사가 특정한 영역에 초점을 맞춘 언어검사뿐일 때 그들 자신이 배운 것을 보여 줄 수 있는 방법이 없다는 기본적 개념을 내포한다. 〈표 10-1〉은 학생들이 특정 과목의 능력을 드러낼 수 있는 방법의 다른 예를 보여 준다.

앞서 설명한 '여덟 가지 방법'을 사용하여 학생들을 다양하게 평가할 수 있는데, 이러한 평가 방법은 다음과 같은 방식을 포함한다.

〈표 10-1〉 특정 주제에서 자신의 능력을 보여 줄 수 있는 여덟 가지 방법의 예

지능	남북전쟁에서 남쪽이 패배한 요인	소설 속 인물의 성장	분자 결합의 원리
언어 지능	구두 또는 서면 보고서 제공	소설에 대한 논평을 포함한 구두 해석	구두 또는 서면으로 개념 설명
논리-수학 지능	사망자, 부상자, 소모품에 대한 통계 자료 제시	인물의 성장을 보여 주는 시간의 흐름에 따른 인과관계 차트 제시	화학 공식을 적고 이것이 어떻게 파생되는 지 보여 줌.
공간 지능	주요 전쟁들의 지도를 그림.	인물의 기복을 나타낸 흐름도나 그림 제작	결합 패턴을 보여 주는 다이어그램 작성

지능	남북전쟁에서 남쪽이 패배한 요인	소설 속 인물의 성장	분자결합의 원리
신체-운동 지능	3D 입체지도를 만들고 군인 모형을 이용해 연기	소설의 처음부터 마지막까지 일어나는 변화를 팬터마임으로 표현	다양한 색의 구슬을 사용하여 여러 분자 구조 구축
음악 지능	남북전쟁의 인과 요인을 나타내는 노래 정리(assemble)	인물의 성장 과정을 악보로 표현	다른 결합 패턴을 보여 주는 춤 연출
대인관계 지능	중요한 전쟁의 학급 시뮬레이션 제작	발달에 영향을 미친 동기와 정서 상태 논의	학급 친구들을 원자에 빗대어 분자 결합 설명
자기성찰 지능	자신의 능력을 입증할 수 있는 자신만의 방법 개발	인물의 성장 과정을 개인 삶에 적용	능력을 나타내는 스크랩북 제작
자연탐구 지능	북쪽과 남쪽의 지리적 특성이 결과에 어떤 영향을 미쳤는지 검토	소설 속 인물의 성장을 인류의 진화론이나 생태 역사의 발달과 비교	동물의 비유를 사용하여 결합 역학을 설명(예: 짝짓기를 위해 다른 동물들을 유혹하는 동물과 그렇지 않은 동물, 자연 공생 관계)

- 학생들이 여덟 가지 지능에 해당하는 모든 수행 활동에 참여하도록 하여 그들의 강점 영역을 찾아낸다.
- 교사는 학생의 가장 발달된 영역이라고 생각되는 지능에 부합하는 수행 과제를 할당한다.
- 학생들에게 자신이 평가되고 싶은 방법을 직접 선택하도록 한다. 〈자료 10-2〉는 학생들이 특정 주제 영역에서 자신의 평가 방법을 선정하고 '계약'하는 과정을 보여 주는 예시 양식이다.

평가 상황

다중지능 이론은 다양한 상황에서 학생들이 특정 영역의 능력을 표현할 수 있도록 평가의 범위를 확장한다. 이러한 평가의 프레젠테이션 방식과 응답 방식은 학생들의 능력을 평가하는 데 아주 중요한 역할을 한다. 만약 주로 사진을 통해 학습하는 학생이 글자로 새로운 학습을 해야 한다면, 그 학생은 아마도 새로운 학습을 하는 것이 어려울 것이다. 같은 맥락에서 행동을 통해 학습하는 학생의 경우 지필 시험을 통해서는 자신이 배운 것을 나타내기 어려울 것이다. 〈표 10-2〉는 다양한 상황에서의 프레젠테이션 방식과 응답 방식의 가능한 조합들을 보여 주고 있다.

미국 학교의 전형적인 검사 환경은 〈표 10-2〉에 제시된 64개의 평가 상황 중 오직 한 가지의 상황으로 설명할 수 있다(왼쪽 상단에 표기된 것: '책을 읽고 답변을 적으라.'). 하지만 〈표 10-2〉에 나열된 상황들은 평가를 목적으로 한 잠재적 구조의 일부라는 것을 기억해야 한다. 예를 들어, 여러 다른 평가 상황의 구성을 위해 '토킹북(talking book)을 들으라.'는 '책을 읽으라.'로 대체될 수 있고, '이야기하라.'는 '답변을 적으라.'로 대체될 수 있다. 또한 〈표 10-2〉에 제시된 하나의 조합 안에서도 다양한 상황이 생길 수 있다. 예를 들어, '견학을 다녀온 후 모형을 구축한다.'를 선택한 학생들의 경험은 견학을 어디로 가는지, 견학 중에 제공되는 경험은 무엇인지, 그리고 어떻게 모형 구축 활동이 구성되었는지에 따라

〈자료 10-2〉 '즐거운 배움(Celebration of Learning)' 참가 신청서

나는 ________________에 대해 학습한 내용을 다음의 방법을 사용하여 나타낼 것이다.

- 리포트 작성
- 포토에세이 제작
- 스크랩북 제작
- 모형 구축
- 발표
- 그룹 프로젝트 제작
- 통계 차트 제작
- 대화형 컴퓨터 프레젠테이션(interactive computer presentation) 개발
- 일지 쓰기
- 인터뷰 녹음
- 벽화 디자인
- 디스코그래피(discography) 제작
- 강연
- 시뮬레이션 제작
- 일련의 그림 · 다이어그램 제작
- 실험 설계
- 토론 · 토의 참여

- 마인드맵 작성
- 비디오테이프 부문 제작
- 생태 프로젝트 개발
- 뮤지컬 제작
- 랩 · 노래 작사, 작곡
- 다른 사람에게 가르쳐 주기
- 댄스 연출
- 기타:

나의 계획에 대한 간단한 설명:

학생 서명	날짜
교사 서명	날짜

변할 수 있다. 이러한 요인들은 학생들의 능력을 나타내기에는 좋지만(예: 학생이 관심 있는 장소 혹은 학생이 이전에 가 본 장소로 가는 견학) 다른 영역에서는 좋지 않은(예: 학생이 싫어하는 모형 자재의 사용이나 친하지 않은 학급 친구들과의 협력) 다양한 상황을 야기할 수 있다.

〈표 10-2〉 64개의 가지 다중지능 이론 평가 상황

활동/평가	언어 지능 평가	논리-수학 지능 평가	공간 지능 평가	신체-운동 지능 평가	음악 지능 평가	대인관계 지능 평가	자기성찰 지능 평가	자연탐구 지능 평가
자연탐구적 활동	자연을 관찰하고 응답을 적는다.	자연을 관찰하고 가설을 설정한다.	자연을 관찰하고 그림을 그린다.	자연을 관찰하고 모형을 구축한다.	자연을 관찰하고 노래를 만든다.	자연을 관찰하고 친구와 공유한다.	자연을 관찰하고 자기만의 창의적인 응답을 만든다.	자연을 관찰하고 생태학 프로젝트를 개발한다.
자기성찰적 활동	개인적 경험을 회상하고 응답을 적는다.	개인적 경험을 회상하고 가설을 설정한다.	개인적 경험을 회상하고 그림을 그린다.	개인적 경험을 회상하고 모형을 구축한다.	개인적 경험을 회상하고 노래를 만든다.	개인적 경험을 회상하고 친구와 공유한다.	개인적 경험을 회상하고 자기만의 창의적인 응답을 만든다.	개인적 경험을 회상하고 생태학 프로젝트를 개발한다.
대인관계화적 활동	협동 게임을 실시한 후 응답을 적는다.	협동 게임을 실시한 후 가설을 설정한다.	협동 게임을 실시한 후 그림을 그린다.	협동 게임을 실시한 후 모형을 구축한다.	협동 게임을 실시한 후 노래를 만든다.	협동 게임을 실시한 후 친구와 공유한다.	협동 게임을 실시한 후 자기만의 창의적인 응답을 만든다.	협동 게임을 실시한 후 생태학 프로젝트를 개발한다.

활동/ 평가	언어 지능 평가	논리-수학 지능 평가	공간 지능평가	신체-운동 지능 평가	음악 지능 평가	대인관계 지능 평가	자기성찰 지능 평가	자연탐구 지능 평가
신체-운동적 활동	견학을 다녀온 후 응답을 적는다.	견학을 다녀온 후 가설을 설정한다.	견학을 다녀온 후 그림을 그린다.	견학을 다녀온 후 모형을 구축한다.	견학을 다녀온 후 노래를 만든다.	견학을 다녀온 후 친구와 공유한다.	견학을 다녀온 후 자기만의 창의적인 응답을 만든다.	견학을 다녀온 후 생태학 프로젝트를 개발한다.
음악적 활동	한 곡의 음악을 듣고 응답을 적는다.	한 곡의 음악을 듣고 가설을 설정한다.	한 곡의 음악을 듣고 그림을 그린다.	한 곡의 음악을 듣고 모형을 구축한다.	한 곡의 음악을 듣고 노래를 만든다.	한 곡의 음악을 듣고 친구와 공유한다.	한 곡의 음악을 듣고 자기만의 창의적인 응답을 만든다.	한 곡의 음악을 듣고 생태학 프로젝트를 개발한다.
공간적 활동	영화를 보고 응답을 적는다.	영화를 보고 가설을 설정한다.	영화를 보고 그림을 그린다.	영화를 보고 모형을 구축한다.	영화를 보고 노래를 만든다.	영화를 보고 친구와 공유한다.	영화를 보고 자기만의 창의적인 응답을 만든다.	영화를 보고 생태학 프로젝트를 개발한다.

활동/ 평가	언어 지능 평가	논리-수학 지능 평가	공간 지능 평가	신체-운동 지능 평가	음악 지능 평가	대인관계 지능 평가	자기성찰 지능 평가	자연탐구 지능 평가
논리-수학적 활동	통계 차트를 분석하고 응답을 적는다.	통계차트를 분석하고 가설을 설정한다.	통계 차트를 분석하고 그림을 그린다.	통계차트를 분석하고 모형을 구축한다.	통계 차트를 분석하고 노래를 만든다.	통계차트를 분석하고 친구와 공유한다.	통계 차트를 분석하고 자기만의 창의적인 응답을 만든다.	통계 차트를 분석하고 생태학 프로젝트를 개발한다.
언어적 활동	책을 읽고 응답을 적는다.	책을 읽고 가설을 설정한다.	책을 읽고 그림을 그린다.	책을 읽고 모형을 구축한다.	책을 읽고 노래를 만든다.	책을 읽고 친구와 공유한다.	책을 읽고 자기만의 창의적인 응답을 만든다.	책을 읽고 생태학 프로젝트를 개발한다.

물론 교사가 평가를 위해 64개의 모든 상황을 만들 수는 없다. 하지만 〈표 10-2〉는 프레젠테이션(입력, input)과 표현 수단(출력, output)의 다양한 접근 방법을 포함한 평가 경험을 학생들에게 제공해야 한다고 제안한다. 다중지능 이론의 평가 경험(특히 프로젝트 기반과 주제지향 평가)은 학생들이 다양한 상황에 동시에 노출될 수 있는 빈번한 기회를 제공하는 데 목적을 둔다(앞서 언급한 '프로젝트 제로'와 동일). 예를 들어, 학생들이 오염이 지역사회에 미치는 영향에 대한 자신의 이해를 보여 주기 위하여 비디오를 제작한다고 하였을 때, 그들은 사진의 몽타주, 음악, 대화, 단어가 포함된 비디오(출력)를 만들기 위해 독서, 현장 조사, 환경 관련 음악 듣기, 협력 활동(입력) 등 여러 활동에 참여할 수 있다. 이 복잡한 프로젝트는 교사에게 학생의 여러 지능을 통해 그들의 생태학적 역량을 평가하여 얻은 상황에 맞는 풍부한 자료를 제공한다.

다중지능 포트폴리오

학생들이 점점 다중지능 관련 프로젝트와 활동에 참여하면서 포트폴리오에 자신의 학습 과정을 문서화할 수 있는 기회가 급격히 늘어나고 있다. 지난 20년 동안 개혁 성향을 지닌 교육자들의 포트폴리오 작업은 대개 언어와 논리-수학 지능을 필요로 하는 일에만 제한되어 있었다(쓰기 포트폴리오, 수학 포트폴리오). 하지만 다중지능 이론은 가능한 한 여덟 가지 지능이 해당하는 모든 영역의 자료가 포트폴리오에 포함되어야 한다고 제안한다. 〈자료 10-3〉에는 포트폴리오에 포함될 수 있는 자료의 몇 가지 예가 나열되어 있다.

다중지능 포트폴리오에 포함될 수 있는 자료는 교육 목적과 목표에 따라 자연스럽게 달라질 것이다. 포트폴리오는 적어도 다섯 가지의 기본 용도를 가지며, 그것을 '포트폴리오 제작의 5C(The Five C's of Portfolio Development)' 라고 한다.

1. 축제(Celebration): 한 해 동안의 학생들의 성취를 인정하고 격려한다.
2. 인식(Cognition): 학생들이 자신의 성과를 인식할 수 있도록 돕는다.
3. 대화(Communication): 부모, 관리자 및 다른 교사들에게 학생의 학습 진전도 정보를 제공한다.
4. 협동(Cooperation): 학생들이 공동으로 작업하고 스스로 평가하는 것에 의미를 부여한다.
5. 능력(Competency): 학생의 작품을 다른 학생들의 작품이나 표준 또는 기준과 비교하여 평가 준거를 확립할 수 있다.

〈자료 10-4〉의 체크리스트는 포트폴리오가 수업에 어떻게 사용될 수 있는지를 보여 주고 있다.

다중지능 포트폴리오 및 다른 다중지능 수행의 평가 과정은 이론 개발에서 가장 어려운 부분이다. 개정된 평가는 복잡한 수행과 작품을 평가할 수 있는 벤치마크(benchmarks), 루브릭(rubric), 그 밖의 다른 평가 방법의 개발을 강조하였다(Herman, Aschbacher, & Winters, 1992 참고). 개인적으로 이러한 방법들은 능력 평가 측면에 가장 적합할 것이라고 추측된다. 포트폴리오가 가지고 있는 다른 네 가지의 기본 용도는 비교평가보다는 자기평가와 내준 비교에 더 초점을 맞추어야 한다. 불행하게도, 일부 교사는 학생들의 다양하고 복잡한 수행을 전체적인 점수 또는 석차와 같은 평가 기법으로 단순화하여 평가한다. 즉, 포트폴리오 A는 1, 포트폴리오 B는 3과 같은 식이다. 또는 C학생의 미술 작품은 '풋내기' 수준일 때, D학생의 작품은 '전문가' 수준인 것도 같은 맥락이라고 볼 수 있다. 이러한 평가의 단순화는 최악의 경우 표준화 검사와 매우 비슷하게 기능하도록 만들 수 있다. 따라서 나는 교사들이 각 학생의 개별성을 드러내 주는 작품을 다중지능 평가에서 심도 있게 살펴보는 것에 초점을 맞춰야 한다고 제안한다(이 종류의 적합한 평가 모델은 Armstrong, 1980; Carini, 1977; Engel, 1979 참고).

궁극적으로 다중지능 이론은 학생들이 인정받고 축복받으며 양육된 그들의 다양하고 복잡한 삶 안에서 평가의 틀을 제공한다. 다중지능 이론의 평가와 지침은 동전의 양면과도 같다. 따라서 평가에 대한 다중지능 이론의 접근을 수업 과정의 일부처럼 보이도록 실행하기 위해 특별히 많은 시간이 필요한 것은 아니다. 하지만 평가와 지도에 대한 경험은 반드시 실질적으로 구별할 수 있게 나타나야 한다. 더욱이 이 과정에 속한 학생들은 평가 경험을 '평가받는 날'로 생각하지 않고 배움의 다른 기회를 얻는 것이라고 생각할 수 있어야 한다.

〈자료 10-3〉 다중지능 포트폴리오에 포함할 수 있는 자료

언어 지능을 문서화하기 위한 자료

- 글쓰기 초안
- 글쓰기 프로젝트의 초안
- 가장 잘 쓴 글의 샘플
- 탐구에 대한 서술
- 토론, 논의, 문제해결 과정을 녹음한 오디오 파일
- 기말 과제
- 연출법(dramatic interpretation)
- 읽기 능력 체크리스트
- 책 읽기나 스토리텔링을 녹음한 오디오 파일
- 단어 퍼즐 완성본

논리-수학 지능을 문서화하기 위한 자료

- 수학 능력 체크리스트
- 가장 잘 쓴 수학 리포트 샘플
- 순열/문제해결 과정에서 작성한 메모
- 과학 실험 기말 리포트
- 피아제 평가 자료(piagetian assessment material)
- 퍼즐 맞추기 혹은 수수께끼 샘플

- 제작된 혹은 학습된 컴퓨터 프로그램

공간 지능을 문서화하기 위한 자료

- 완성된 작품들의 사진
- 실제 크기의 3차원 모형(mockup)
- 생각을 나타낸 다이어그램, 흐름도, 그림 또는 마인드맵
- 콜라주, 소묘, 회화 작품의 샘플 또는 사진
- 완성된 프로젝트를 녹화한 비디오
- 완성된 시각-공간 퍼즐의 샘플

신체-운동 지능을 문서화하기 위한 자료

- 프로젝트와 실습을 녹화한 비디오
- 실제로 만들어진 프로젝트의 샘플
- 사고 과정의 '연기'를 녹음한 파일이나 비디오
- 손으로 작업한 프로젝트의 사진

음악 지능을 문서화하기 위한 자료

- 음악 공연, 작곡 혹은 노래 모음집을 녹음한 오디오 파일
- 악보의 샘플(연주곡 혹은 자작곡)
- 학생이 직접 작사한 랩, 노래 또는 음률
- 학생이 편집한 디스코그래피

대인관계 지능을 문서화하기 위한 자료

- 다른 사람들과 주고 받은 편지(예: 다른 사람으로부터 정보를 수집하기 위해 쓴 글)
- 조별 보고서
- 또래, 친구, 전문가에게 받은 서면 피드백
- 학생-교사 회의 · 면담 기록(요약/필기)
- 부모-교사-학생 회의 · 면담 기록
- 또래 집단 기록
- 협동학습 프로젝트의 사진, 비디오 혹은 리포트
- 사회봉사 활동 프로젝트 문서(증명서, 사진)

자기성찰 지능을 문서화하기 위한 자료

- 일기
- 자기평가 에세이, 체크리스트, 그림, 활동
- 다른 자기성찰 연습에 대한 샘플
- 질문지(questionnaires)
- 목표와 계획에 대한 인터뷰 기록
- 흥미 목록
- 실외 취미 활동 샘플
- 학생기록 차트(student-kept charts)
- 자신의 작품에 대한 자기성찰 메모

자연탐구 지능을 문서화하기 위한 자료

- 자연학습 견학 보고서
- 4H[1] 혹은 유사한 클럽 활동 기록
- 동물이나 식물을 돌보는 사진
- 자연탐구 프로젝트 실습을 녹화한 비디오 파일
- 생태 활동 관련 봉사활동 기록
- 자연이나 동물 사랑에 대한 글
- 자연 수집 사진(예: 나뭇잎, 벌레)

1) 4H 클럽은 실천을 통해 배운다는 취지로 설립된 세계적인 청소년 단체다. 4H는 머리(head), 마음(heart), 건강(health), 손(hands)을 의미하는 영단어의 머리글자를 의미한다.

〈자료 10-4〉 다중지능 포트폴리오 체크리스트

포트폴리오를 어떻게 사용할 것인가?

- 학생의 자기성찰을 위해서
- 일반학교의 평가 또는 성적표의 일부분으로서
- 학부모 모임에서
- 개별화교육계획/학생지원 팀(IEP/SST) 회의 때
- 다음 학년도 교사와 소통을 할 때
- 교육과정을 계획할 때
- 학생들의 성과를 인정할 때
- 협동학습 활동들을 만들 때
- 기타:

포트폴리오를 어떻게 구성할 것인가?

- 여러 과목(주제)에서 완성된 작품들
- 특정 목적의 여러 가지 표현
- 첫 번째 아이디어부터 최종 실현까지의 활동 진행 기록
- 주간/월간/연간의 대표 작품들
- '최고'의 작품들
- 조별 작품
- 기타:

포트폴리오에서 항목을 배치하는 데 어떤 방법을 사용할 것인가?

- 학생의 작품을 선정하기 위해 정기적인 시간을 정한다.
- 학생들이 선택할 수 있도록 훈련시킨다.
- 미리 정해진 기준에 알맞은 항목을 선택한다.
- 무작위의 방법을 사용한다.
- 기타:

포트폴리오를 어떻게 보여 줄 것인가?

- 스테이플 또는 테이핑 처리된 2개의 판넬
- 상자 또는 다른 용기
- 스크랩북
- 일기 또는 저널
- 두꺼운 종이로 된 폴더(서류철)
- 합본
- CD 또는 DVD
- 웹사이트나 블로그
- 기타:

누가 포트폴리오를 평가할 것인가?

- 교사
- 다른 교사들과 공동으로 작업하는 교사
- 학생의 자기평가

• 동료평가

• 기타:

어떻게 포트폴리오에 있는 작품을 정리할 것인가?

• 연대순으로

• 학생에 의해: '볼품없음'에서 '훌륭함' 순으로(이유 제시)

• 교사에 의해: '좋지 못함'에서 '우수함' 순으로(이유 제시)

• 아이디어의 탄생에서 그것의 성과(결실) 순으로

• 주제별로

• 기타:

포트폴리오를 평가하는 데 어떤 요소를 포함할 것인가?

• 목록의 개수

• 목록의 범위

• 설명된 자기성찰의 정도

• 이전 작품에서의 발전

• 현재 목표의 성과(학생, 교사, 학교)

• 제작, 인식 그리고 반영의 상호작용

• 피드백 또는 중재에의 대응성

• 개정의 깊이

• 교사들 간의 조별 의견 및 합의

• 위험을 감수할 의지

• 주제의 개발

• 비교를 위한 벤치마크 혹은 루브릭의 사용

• 기타:

더 생각해 볼 문제

1. 학생들이 도달할 수 있는 목표를 선정하고, 다양한 방법으로 그들의 경쟁력을 묘사할 수 있도록 여덟 가지 지능 중 두 가지 이상을 사용하여 다중지능 중심의 평가 방법을 개발해 본다.

2. 학생들이 여러 지능의 요소를 포함한 '축제 포트폴리오(celebration portfolios)'를 개발할 수 있도록 도와준다(무엇을 포트폴리오에 넣어야 할지 예시가 필요하다면 〈자료 10-3〉 참고).

3. 학생들이 경쟁력을 묘사할 수 있도록 '배움의 축제(celebration of learning)'를 배치하고 그들이 여덟 가지 지능과 연관하여 만든 작품을 보여 준다.

4. 표현하거나 개발 및 정제하고 싶은 문서의 한 방법에 초점을 맞춘다(학생들의 작품을 촬영한 디지털 사진, 비디오, 오디오, 전자 복제를 포함하여). 이러한 중간 과정을 사용하여 학생들의 작업에 대한 문서화를 시작한다.

5. 매일 혹은 일주일간 묘사할 수 있는 학생들의 경쟁력을 관찰하여 지속적으로 일지를 기록한다.

6. 평가를 위해서 사용한 투입(제시 방법)과 산출(표현 방법)을 실행한다. 다양한 평가 내용을 개발하고자 한다면 〈표 10-2〉의 지침을 활용한다.

7. 내준 비교 평가 접근을 개발하고 그것의 부족한 부분을 다른 평가 방법(예: 표준화 검사, 표준을 참조한 수행, 총체적으로 수집한 포트폴리오 등)과 비교한다.

11
다중지능 이론과 특수교육

사람들이 그들 자신의 가장 바람직한 모습이 될 수 있도록 도와줘라. 그리고 그들이 이미 가장 바람직한 모습이 된 것처럼 대하라.

-요한 볼프강 폰 괴테(Johann Wolfgarg von Goethe)-

다중지능 이론은 특수교육 분야에서 광범위한 함의를 지닌다. 다중지능 이론은 다양한 능력의 스펙트럼에 초점을 맞추어 넓은 범위에서 '장애(disability)'를 규정했다. 교육자들은 다중지능 이론을 바탕으로 특수한 요구를 가진 학생을 많은 지능 영역에서의 강점을 가진 온전한 사람으로 인식하기 시작했다. 미국 특수교육 운동의 역사를 통해, 교육자들은 학생들이 무엇을 할 수 없는가에 초점을 맞춘 결핍 패러다임(deficit paradigm)에서 시작하여 영재 교육자들이 기대하는 것이기도 한, 학교에서 학생들이 성공할 수 있게 하기 위한 충격적인 경향(disturbing tendency)을 시도했다. 이러한 경향의 예로, 메리 포플린(Mary Poplin)은 『*Learning*

Disability Quarterly』의 편집자로서 독자에게 보낸 마지막 인사에서 다음과 같이 언급하였다.

> 충격적인 진실은 『*Learning Disability Quarterly*』의 편집자로서 지난 4년간 근무하면서 오직 한 편의 논문만이 학습장애아의 재능에 대해 상세하게 말하려고 했다는 것이다. 이것은 평균 혹은 그 이상의 지능을 가진 학생들의 교육에 전념하던 이 분야에서 엄청나게 충격적인 논평이었다……. 왜 우리는 우리의 학생들이 미술, 음악, 춤, 운동경기, 기계 수리, 컴퓨터 프로그래밍 혹은 다른 전통적이지 않은 방법으로 창조적이라는 것을 모르는가?…… 우리가 보통의 교육자들처럼 단지 가장 전통적이고 학문적인 능력, 즉 기초 과목 혹은 일과표에 따른 읽기, 쓰기, 철자법, 과학, 인문학, 수학에서의 기능만을 신경 쓰고 있기 때문이다(Poplin, 1984, p. 133).

용어 자체로 질병의 패러다임(disease paradigm)이 발현된 것을 강하게 암시하는 언어병리(speech pathology), 정서장애(emotional disturbance), 주의력결핍 과잉행동장애(attention deficit hyperactivity disorder)를 포함한 특수교육의 다른 분야에서도 유사한 주제가 각각 확인되었다(Armstarong, 1987b, 1997, 1999b 참고).

성장 패러다임으로서의 다중지능 이론

우리는 특수한 요구를 가진 학생들을 결핍, 장애, 질병의 용어로 보아서는 안된다. 대신 성장 패러다임 내에서 작업하는 것을 시작해야 한다. 〈자료 11-1〉에서는 결핍과 성장 패러다임의 몇몇 주요한 차이를 설명하고 있다. 다중지능 이론은 학교에서 특수한 요구를 가진 학생들에게 도움이 되는 성장 패러다임을 제시한다. 그것은 차이나 장애를 인정하지만 특수한 요구를 지닌 학생을 기본적으로 건강하고 '다양한 기질적 능력을 가진(neurodiverse)' 개인으로 인식한다(다양한 기질적 능력이라는 새로운 개념과 특수교육 프로그램의 적용 가능성에 대한 정보는 Armstrong, 2005 참고). 예를 들어, 다중지능 이론은 '학습장애(learning disability)'가 모든 여덟 가지 지능에서 발생할 수 있다고 보았다. 특히 난독증(dyslexia)이나 난산증(dyscalculia, 언어 결핍), 안면인식장애(prosopagnosia) 혹은 얼굴 인식에서의 특정한 어려움(논리-수학 결핍을 가진 학생들), 관념 운동적(ideomotor) 혹은 특정 움직임을 수행하는 데 있어서의 어려움(신체-운동 결핍), 정확하게 노래하는 데 있어서의 어려움(음악 결핍), 비언어적인 사회적 신호를 인지하는 데 있어서의 어려움(자기성찰 결핍)을 비롯한 특정한 성격장애, 정원에서 일하거나 애완동물을 기르는 것과 관련된 어려움(자연탐구 결핍)을 겪는 학생들을 포함한다.

하지만 이러한 결핍은 종종 상대적으로 온전하고 건강한 개인

〈자료 11-1〉 특수교육에서 결핍 패러다임 대 성장 패러다임

결핍 패러다임(deficit paradigm)

- 특정한 장애의 용어(예: ADHD, ED, BD, EMR, LD)로 개인을 규정한다.
- 표준화된 검사 도구를 사용하여 특정한 장애를 실수, 낮은 점수, 약점에 초점을 맞추어 진단한다.
- 실생활과 관련 없는 전문적인 처지 전략을 사용하여 장애를 개선한다.
- 분리 학급, 그룹, 프로그램에서의 전문화된 처지를 통해 주류 교육에서 개인을 분리시킨다.
- 용어, 과제, 프로그램, 조립 세트, 교재, 연습문제지 등을 일반 학급에서 찾아보기 힘든 소수만 사용하는 것으로 제한한다.
- 개인의 삶을 정기적으로 관찰되고, 측정되며, 수정되는 특수한 행동적 · 교육적 목표로 분절시킨다.
- 일반교육 교사와 특수교육 교사로 구성된 별개의 교육 프로그램 두 개를 구성한다.

성장 패러다임(growth paradigm)

- 규정하는 것을 피한다. 개인을 특수한 요구를 가진 온전한 사람으로 바라본다.
- 실제적 맥락에서 수행평가 접근을 사용하여 개인의 욕구를 분

석한다. 강점에 초점을 맞춘다.

- 개인이 실생활의 사건들 내에서 충분하고 다양한 상호작용을 통해 학습 및 성장할 수 있도록 조력한다.
- 가능한 한 평범한 삶의 방식을 추구하며 동료들과 관계 맺기를 지속한다.
- 모든 학생에게 우수한 교재, 전략, 활동을 사용한다.
- 인류 다양성과 문화 다양성에 대한 이해를 개별 학생의 다양한 신경학적 능력에 적용한다.
- 전문가와 일반교육 교사가 함께 일할 수 있는 협력 모델을 구축한다.

의 학습 프로파일에 존재하는 다른 차원과 연계되어 자체적으로 작동할 수 있다. 그러므로 다중지능 이론은 다른 사람들과 분명하게 의사소통할 수는 없지만 전문적인 수준에서 음악을 연주할 수 있는 자폐성 서번트(autistic savant), 전문적인 그리기 기술이나 디자인에 재능을 가진 난독증(dyslexic) 학생, 무대에서 매우 훌륭하게 연기할 수 있는 발달장애(developmentally disabled) 학생, 특별한 언어적 · 논리-수학적 천재성을 가진 뇌성마비(cerebral palsy) 학생을 이해할 수 있는 모델을 제공한다.

성장을 위한 모델로서의 성공한 장애인

역사에서 한 가지 이상의 장애를 극복한 유명한 개인의 삶을 연구하는 것은 교육적일 것이다. 사실상 이러한 연구는 여덟 가지 지능에서 한 가지 이상의 예외적인 재능을 가진 사람들 역시 모든 유형에서의 특별한 요구를 지닌다는 사실을 확인시켜 주었다. 〈표 11-1〉은 자신의 천재성을 표현하기 위해서 초기의 지능을 극복한 장애를 가진 창조적인 개인들의 목록이다.

〈표 11-1〉의 개인들은 그들이 이룩한 업적들로 인해 유명하다. 몇몇 사례에서 그들의 장애는 성과에 그다지 중요한 영향을 미치지 않는다. 다른 사례에서는 그들의 장애가 예외적인 능력을 발달시키도록 자극하였다. 다중지능 이론은 이러한 삶에 대한 논의 내용과 유사한 문제를 극복한 학생들의 삶에 대한 연구로부터 얻은 이해를 적용했다. 예를 들어, 난독증을 가진 학생은 자신의 어려움이 학습 가능성이라는 거대한 영역을 손상시키지 않은 채 단지 하나의 지능 분야 중에서도 작은 부분(언어 지능의 읽기 영역)에만 영향을 미친다고 이해할 수 있다. 예를 들어, 아가사 크리스티(Agatha Christie)와 한스 크리스티안 안데르센(Hans Christian Andersen)을 포함한 많은 작가는 난독증이었다는 것에 주목할 필요가 있다(Fleming, 1984; Goertzel, Goertwel, & Goertzel, 2004; Illingworth & Illingworth, 1966).

모든 개인이 특별한 요구를 가진 학생이라는 관점에서 다중지

〈표 11-1〉 개인적 장애를 성공적으로 극복한 사람들

지능	학습장애 (LD)	의사소통 장애(CD)	정서장애 (ED)	신체장애 (PD)	청각장애 (HD)	시각장애 (SD)
언어 지능	아가사 크리스티 (Agatha Christie)	데모스테네스 (Demosthenes)	애드거 앨런 포 (Edgar Allan Poe)	알렉산더 포프 (Alexander Pope)	새뮤얼 존슨 (samuel johnson)	러디어드 키플링 (Rudyard Kipling)
논리-수학 지능	앨버트 아인슈타인 (Albert Einstein)	마이클 패러데이 (Michael Faraday)	찰스 다윈 (Charles Darwin)	스티븐 호킹 (Stephen Hawking)	토머스 에디슨 (Thomas Edison)	요하네스 케플러 (Johannes Kepler)
공간 지능	레오나르도 다빈치 (Leonardo da Vinci)	마르크 샤갈 (Marc Chagall)	빈센트 반 고흐 (Vincent van Gogh)	앙리 드 툴루즈 트랙 (Henri de Toulouse-Lautrec)	그랜빌 레드먼드 (Granville Redmond)	오토 리첼 (Otto Litzel)
신체-운동 지능	오귀스트 로댕 (Auguste Rodin)	로버트 피어리 (Admiral Peary)	바슬라프 니진스키 (Vaslav Nijinsky)	짐 애보트 (Jim Abbott)	말리 매틀린 (Marlee Matlin)	톰 설리번 (Tom Sullivan)
음악 지능	세르게이 라흐마니노프 (Sergei Rachmaninoff)	모리스 라벨 (Maurice Ravel)	로버트 슈만 (Robert Schumann)	이츠하크 펄먼 (Itzhak Perlman)	루트비히 판 베토벤 (Ludwig van Beethoven)	호아킨 로드리고 (Joaquin Rodrigo)
대인관계 지능	넬슨 록펠러 (Nelson Rockefeller)	윈스턴 처칠 (Winston Churchill)	해리 스택 설리번 (Harry Stack Sullivan)	프랭클린 루스벨트 (Franklin Roosevelt)	킹 조던 (King Jordan)	해리 트루먼 (Harry Truman)
자기성찰 지능	조지 패튼 (General George Patton)	아리스토텔레스 (Aristotle)	프리드리히 니체 (Friedrich Wilhelm Nietzsche)	잔다르크 (Joan of Arc)	헬렌 켈러 (Helen Keller)	앨더스 헉슬리 (Aldous Huxley)
자연탐구 지능	린네 (Linnaeus)	찰스 다윈 (Charles Darwin)	그레고르 멘델 (Gregor Mendel)	장 자크 루소 (Jean Jacques Rousseau)	요하네스 케플러 (Johannes Kepler)	E. O. 윌슨 (E. O. Wilson)

능 이론은 그들이 장애를 다루는 방법을 배울 수 있다는 긍정적인 방향을 제시하였다. 여덟 가지 지능을 바탕으로 장애를 보는 교육자들은 학생 개인의 삶에서 장애는 단지 한 부분에 지나지 않는다고 간주했다. 따라서 그들은 특별한 요구를 가진 학생의 강점에 더 집중할 수 있었다. '자기 충족적 예언' 과 '피그말리온 효과' 에 대한 연구들은 교육자들의 관점을 반영하고 있다. 수업의 질을 통해 학생들은 미묘하지만 굉장히 중요한 영향을 받을 수 있다. 그리고 이것이 학교에서 학생의 궁극적인 성공과 실패의 결정을 도와줄 것이다(Rosenthal & Jacobsen, 2004 참고).

강점 지능 활용하기: 인지적 우회

교사와 행정가들은 학교에서 어려움에 직면하는 학생들의 삶에서 '다중지능 강점 탐정' 으로서의 역할을 하는 것이 필요하다. 이러한 지지는 그들의 특별한 요구에 대한 긍정적인 해결책을 제공할 수 있다. 구체적으로 다중지능 이론에서는 특정 지능 영역의 한계 때문에 성공하지 못하는 학생이 이러한 장애물을 그들 자신의 더 발달된 지능인 대안적 방법을 사용하여 우회할 수 있다고 주장한다(Gardner, 1993a 참고).

몇몇 사례에서는 특별한 요구를 가진 학생들은 손상되지 않은 지능 안에서 대안적 상징 체계를 사용하여 배울 수 있었다. 예를 들어, 시각장애인이 사용하는 점자가 촉각에서 특별한 강점을 가진 심각한 난독증 학생에게 효과적으로 작용한 것은 매우 흥미롭다. 유사하게, 연구자들은 읽기장애 학생 그룹에서 영어보다 한자가 효과적이라고 보고하였다. 즉, 이 사례에서는 그래픽 상징 체계가 더 효과적이었던 것이다.

다른 사례에서는 자율 전략이 보조기기 혹은 특별한 학습 도구와 연관을 지닌다. 예를 들어, 커즈와일 리더(Kurzweil Reader)는 학습 혹은 인지의 어려움 때문에 문서화된 글을 해독하지 못하는 개인에게 전기 스캐닝과 이러한 신호를 소리로 전환하여 청취·이해할 수 있는 방법으로 제공한다. 유사하게, 계산기는 극심한 산술장애나 다른 계산 과정의 어려움을 지닌 개인을 구해 줄 수 있다. 때때로 이러한 전략은 치료자, 코치 혹은 개인 교사 등의 인적자원이 될 수도 있다. 〈표 11-2〉는 다른 중요한 전략의 목록이다. 이는 한 지능에서의 어려움이 어떻게 더 발달된 지능을 통해 과업을 변경함으로써 성공적으로 그러한 어려움을 극복하는지 보여 주고 있다.

특별한 요구를 가진 학생은 적합한 교수 전략을 발달시키기 위해 유사한 기본적 접근을 사용한다. 중요한 과정은 학생들이 학습하거나 이해하는 데 어려움이 있는 지능 언어를 이해 가능한 지능 언어로 바꾸는 정보 전환 과정을 포함한다. 〈표 11-3〉은 몇몇 예시를 제공하고 있다.

근본적으로 보조 전략을 개발하는 접근은 일반학급에서 여덟 가지 방법의 계획과 단원을 창조하는 것과 유사하다(5장 참고). 일반교육 방법과 특수교육 방법의 융합은 다중지능 이론에 내재된

〈표 11-2〉 어려운 분야에서 지능을 강화하기 위한 전략과 도구

어려운 분야	언어 전략, 도구	논리-수학 전략, 도구	공간 전략, 도구	음악 전략, 도구	신체-운동 전략, 도구	대인관계 전략, 도구	자기성찰 전략, 도구	자연탐구 전략, 도구
언어적 어려움	녹음기, 커즈와일 리더	철자/문법 확인 소프트웨어	표의문자의 언어	노래 가사	점자	읽는 사람 혹은 받아쓰기 하는 사람	주제에 제한을 두지 않는 잡지	자연과 동식물을 기반으로 읽기
논리-수학적 어려움	계산기	수학교사 소프트웨어 프로그램	미술, 도표, 그래프	음악과 수학 관련성 탐험	주판과 다른 조작들	수학 교사	자기 진도에 맞춰 학습할 수 있는 수학 혹은 과학 프로그램	자연 관찰에 과학적인 도구를 사용하는 것
공간적 어려움	말하는 책과 테이프, 토론 방문	컴퓨터 이용 설계 소프트웨어	확대경, 지도	음조 센서가 있는 지팡이	입체 지도, 모와트 감지기	개인 가이드	셀프 가이드 투어	정원 냄새 맡기/ 동물원 만지기
신체-운동적 어려움	입문서	가상현실 소프트웨어	안무 도표	음조를 이용한 시계열선형 분석	이동성 기기(즉, 전동휠체어)	개인 친구	비디오테이프를 통한 피드백	친구

어려운 분야	언어 전략, 도구	논리-수학 전략, 도구	공간 전략, 도구	음악 전략, 도구	신체-운동 전략, 도구	대인관계 전략, 도구	자기성찰 전략, 도구	자연탐구 전략, 도구
음악적 어려움	리드미컬한 시	음악 소프트웨어	음악 소리를 여러 색깔의 빛으로 전환하여 표현하는 기구(기계)	테이프, CD, 기록	진폭을 증폭시키는 악기	음악 교사	자기 진도에 맞춰 학습할 수 있는 음악 레슨	생태계의 다른 종류의 소리 녹음
대인 관계적 어려움	심리 요법 속의 대화치료	인지 요법	대인관계를 주제로 한 영화	음악 그룹 (합창단)	외항선 모험	회복/자조 지지 그룹	개인적인 정신치료	환경운동 단체 활동
자기 성찰적 어려움	자조서	개인 휴대용 정보 단말기	미술치료	음악치료	장애물 코스	상담사/ 심리치료사	조용한 곳, 고독	자연속 영혼세계와의 교류를 구하는 의식
자연 탐구적 어려움	휴대용 도감, 「내셔널지오그래픽(*National Geographic*)」 잡지	분류학과 분류 체계	PBS, TLC 그리고 디스커버리 채널의 자연프로그램	새소리 또는 다른 자연 및 동물 소리의 녹음	아주 넓은 자연 산책	자연 전문 가이드, 생태 조직을 위한 봉사활동	애완동물 돌보기, 정원에 식물 심기, 또는 다른 혼자만의 자연 프로젝트	캠핑과 하이킹 경험

〈표 11-3〉 특정 주제를 위한 다중지능 개선 전략의 예시

계획(전략)	글자 전환: 'b' 와 'd'	미국 3개 주와 관련된 문제	단순 공식 이해하기
언어 개선 전략	단어들 또는 문장들 속 맥락을 통해 확인하기	구두로 묘사해 주고 해석 문제 주기	이야기하기, 단어 문제 사용
논리-수학 개선 전략	문자 수수께끼 놀이 또는 글자 패턴 놀이	교실 안에서 물체들 분류하기	수직선 위의 수학적 비율 보여 주기
공간 개선 전략	'b'와 'd'의 색상표: 각 문자에 특별한 문체의 특징 사용, 글자의 '그림'을 창조(예: 'bed' 게시물의 어간은 어디인가?)	다른 상태의 그림들 그리기, 다른 상태 속 구성의 그림들 보기	'파이'의 도표 보기, 그림 그리기
신체-운동 개선 전략	운동감각의 연상기호 사용(주먹들을 함께 놓고, 엄지들을 들어 올리고, 손바닥은 자신을 향하게 함-이것이 'bed')	춤 속의 세 가지 상태의 행동을 직접 해 보는 실험실 시험, 세 가지 상태의 모델 세우기(만들기)	속임수 퍼즐들을 함께 두고 부분을 나누기
음악 개선 전략	많은 'b'와 'd'를 구분하기 위한 노래 부르기	3개의 다른 빠르기로 연주를 녹음하기	노래의 부분 연주(예: 세 가지 노래를 하나로 기록)
대인관계 개선 전략	'b'와 'd' 글자 카드를 학생에게 무작위로 줌. 그들의 소리와 함께(청각으로) 다른 것들을 찾게 한 후 카드와 함께 보이는 답을 확인함.	하나의 교실을 3개의 상태로 창조하기(각각의 사람을 분자로)	교실을 다른 부분의 파이들로 나누기
자기성찰 개선 전략	'b'와 'd'로 시작하는 가장 좋아하는 단어 목록	누군가의 몸, 집 그리고 이웃 속의 세 가지 상태 조사	가장 좋아하는 공식을 선택하고 그것의 구체적인 경우들 모으기
자연탐구 개선 전략	'b'와 'd'로 시작하는 가장 좋아하는 동식물 목록	자연에 존재하는 세 가지 상태 조사(예: 구름, 비, 모래)	사과를 비롯한 여러 식료품을 작은 단위로 나누기

근본적인 성장 패러다임을 강조한다. 다시 말해, 특수한 요구를 가진 학생들을 위한 최선의 학습 방법은 모든 학생을 위해서도 가장 성공적인 것이다. 하지만 각각의 학생 혹은 작은 집단에 속한 학생의 요구를 구체적으로 맞추는 수업은 어려울 것이다.

특수교육에서 다중지능 이론의 광범위한 시사점

특수교육 분야에서 다중지능 이론의 영향은 새로운 보조 전략과 중재의 발달을 넘어선다. 만약 다중지능 이론이 일반교육 혹은 특수교육 프로그램의 두 분야에서 광범위하게 실행되었다면 다음과 같은 효과를 가져올 수 있었을 것이다.

- 소수의 특수학급으로의 배치: 일반 교육과정이 모든 지능의 스펙트럼을 포함한다면 특수학급으로의 배치가 감소할 것이다. 현재 대부분의 교사가 음악, 공간, 신체-운동, 대인관계 혹은 자기성찰 지능을 무시한 채 언어 지능과 수학 지능에만 초점을 맞추고 있다. 대다수의 학생이 일반학급에서 실패하고 특수한 환경에 배치된다(Armstrong, 1987a; Schirduan & Case, 2004). 일반학급이 다중지능 교육 프로그램을 통해 각기 다른 학습자의 요구를 충족할 수 있게 되면, 특히 학습장애와 문제행동을 위한 특수한 배치의 요구가 줄어들 것이다. 따라서 이 모델은 교육에서 완전통합을 지지하고 있다(Kluth, 2003).

• **특수교사의 변화된 역할:** 특수교사 혹은 교육 전문가는 더 적게 특수교사로서 활동하면서 일반학급의 특수 다중지능 이론 설계사로서의 역할을 하게 될 것이다. 이러한 새로운 역할에서 다중지능 이론 상담가는 가드너의 학생-교육과정 중개자(6장 참고)와 같이 다음의 몇몇 과제를 통해 일반학급 교사를 도울 것이다.

- 학생의 강점 지능을 판별하라.
- 특정 학생의 요구에 집중하라.
- 다중지능 교육과정을 설계하라.
- 특정한 다중지능 중재를 개발하라.
- 다중지능 활동을 사용하여 조별 활동을 하라.

모든 혹은 대부분의 특수교사 및 다중지능 교사의 시간이 교육적 성과를 내기 위해 사용될 것이다. 이 시간은 일반학급에서 학생 개인의 요구에 초점을 맞추어 특정한 다중지능 이론의 활동을 개발하는 것에 초점을 둔다.

• **강점 판별의 강조:** 특수한 요구를 지닌 학생들을 보조하는 교사는 학생들의 강점을 판별하기 위해 더욱 주안점을 둘 것이다. 3장과 10장에서 설명한 양적 · 질적 방법은 특수교육에서 더 큰 역할을 하게 될 것이고, 적합한 교육적 프로그램을 개발하기 위한 수단으로 표준화된 진단 방법을 대체할 수도 있다.

- 자아존중감의 향상: 특수한 요구를 지닌 학생들의 능력과 강점을 강조함에 따라 학생들의 자아존중감과 내적 통제성이 증진될 것이고, 이는 학습 환경에서 성공을 고취할 것이다.
- 학생의 이해와 인식 개선: 학생들이 다중지능 이론을 자신의 개인적 차이를 이해하기 위해 사용함에 따라 그들의 내성, 이해 그리고 인식이 일반학급으로의 완전한 통합을 이루며 향상될 것이다.

궁극적으로 교육에서 다중지능의 채택은 특수교육을 성장 패러다임으로 향하게 할 것이며, 특수교육과 일반교육의 훌륭한 수준에서의 협력을 가능하게 할 것이다. 다중지능 학급은 지장을 주는 학생을 제외한 모든 특수한 요구를 지닌 학생을 위한 최소제한환경이 될 것이다.

〈자료 11-2〉 개별화교육 프로그램에서의 다중지능 계획 예시

- 과제: 읽기
- 단기 지도 목표: 2학년 읽기 능력 수준의 글 중 친숙하지 않은 아동용 글을 접했을 때 학생은 효과적으로 80% 이상을 해석하고 그 글을 내용으로 하는 5개의 질문 중 4개에 답할 수 있다.

- 강한 신체-운동 지능과 공간 지능을 지닌 아동을 위한 계획 1
  - 학생은 새로운 말과 새로운 이야기의 내용에 따라 행동할 수

있다.

- 새로운 단어를 그림으로 만들어 낼 수 있다.
- 찰흙을 사용해서 새로운 단어를 조각할 수 있다.
- 책의 내용을 표현하는 그림을 그릴 수 있다.

평가: 학생이 책을 읽는 동안 몸을 움직일 수 있도록 한다.

학생은 질문의 내용에 구어로 답하지 않고 그림을 그려 답할 수 있다.

• 강한 음악 지능과 대인관계 지능을 지닌 아동을 위한 계획 2

- 학생은 새로운 단어를 사용해 음악을 만들 수 있다.
- 새로운 단어학습을 요구하는 보드게임이나 카드게임을 할 수 있다.
- 간단한 음악책을 읽기의 소재로 사용할 수 있다.
- 아동서를 다른 학생에게 읽어 줄 수 있다.
- 더 어린 아동에게 읽기를 가르칠 수 있다.

평가: 학생은 책을 읽는 동안 노래하는 것이 허용된다.

학생은 다른 학생에게 책을 읽어 주거나 또래가 제기한 질문에 답하면서 자신의 능력을 증명할 수 있다.

더 생각해 볼 문제

1. 장애를 극복한 유명한 개인에게 초점을 맞추어 일반학급 혹은 특수학급에서 사용할 수 있는 교육과정을 개발한다. 비디오를 비롯한 여러 교재를 포함한다. 장애가 한 사람으로서의 개인의 삶에서 단지 한 부분으로 어떻게 설명될 수 있는지 학생들과 이야기한다. 장애를 전인적 발달에서 나타날 수 있는 사소한 결함(glitches)으로 바라볼 수 있도록 다중지능 이론을 활용한다.

2. 학교 내에서 현재 성공하지 못한 특수교육 대상 학생들을 판별한다. 3장에서 제시한 몇몇 전략을 사용하여 다중지능 이론에 입각하여 학생들의 강점을 파악한다. 몇몇의 지능을 결합한 강점을 포함하여 가능한 한 많은 강점을 브레인스토밍한다. 이후에 동료들과 강점의 평가 과정이 그들의 학생에 대한 전반적인 시각과 그들을 돕기 위한 해결책을 생성하는 데 어떤 영향을 미쳤는지 토의한다.

3. 자신의 프로그램에서 특정한 한 가지 지능에서의 한계 때문에 학교와 연관된 어려움을 가진 특수교육 대상 학생들을 판별한다. 더 발달된 지능을 사용하여 문제를 변경하도록 도와줄 수 있는 구체적인 보조도구(예: 대안적 상징 시스템, 학습 교재, 보조기구, 인적자원)를 판별한다. 학생들의 특정한 요구에 적용할 수 있는 가장 적합하고 이용 가능한 도구를 두세 가지 선택한다. 결과를 평가한다.

4. 학생의 강점에 근거하여 한 가지 이상의 지능에서 개별화교육계획의 다중지능 전략을 기술한다.

5. 만약 당신이 특수교사라면 일반학급의 교사와, 만약 당신이 일반학급 교사라면 전문가와 만나 주류교육에서 특수한 요구를 가진 아이들이 성공할 수 있도록 도와주는 다중지능 이론 전략을 공동으로 사용하는 방법에 대해 논의한다.

6. 개인적으로 특수한 요구를 가진 아동과 작업하고 그들이 다중지능 이론에서 자신의 특별한 강점을 인지하도록 돕는다(Armstrong, 2003; Margulies, 1995 참고).

12 다중지능 이론과 인지 기능

인간을 '생각하는 존재' 로 정의하기는 하지만, 정작 인간은 마음의 위대한 특권을 거의 사용하지 않는다. 생각하지 못하는 것에 대하여 얼마나 많은 이가 적절하게 생각하지 못하는가! 자신이 무엇을 하는지에 대하여 얼마나 많은 이가 결코 생각하지 못하는가!

– 제인 테일러(Jane Taylor)–

교육의 주도적 패러다임으로서 인지심리학의 영향력이 커지면서 교육자들은 학생들이 사고 전략을 개발하도록 돕는 것에 점차 관심을 갖게 되었다. 그에 따라 학생들이 '어떻게 생각하는가'는 '무엇에 대하여 생각하는가'보다 더 중요하게 되었다. 8개의 지능은 그 자체로 인지적 역량이다. 따라서 앞 장들에서 기술한 방식으로 다중지능을 개발하는 것은 학생의 생각하는 능력을 함양시킨다. 여기서는 블룸(B. Bloom)의 인지적 목표의 단계를 포함하여 학습, 기억, 문제해결 그리고 다양한 고차원적 사고에서의 인지적 접근과 교사들이 가장 자주 강조하는 영역에 어떻게 다중지능 이론을 적용할 것인지에 대하여 보다 구체적으로 살펴보도록 하겠다.

기억

교사들은 항상 학생의 기억 문제와 관련하여 어려움을 겪어 왔다. 그들은 종종 "아이들이 어제는 그것을 알았지만 오늘은 잊어버렸어요."와 같이 이야기한다. "마치 내가 그것을 가르친 적이 없는 것 같아요. 그런데도 가르쳐야 하나요?" 하고 많은 교사가 한탄한다. 학생들에게 그들이 배운 것을 기억하도록 돕는 것은 교육자의 가장 절박하며 해결되지 못한 문제다. 다중지능 이론은 예전부터 이어져 온 이러한 교육적 문제를 해결하기 위한 가능성을 제시한다. 이는 '순수한' 기억에 대한 주의에 결함이 있음을 보여준다. 가드너에 따르면 기억은 지능 특정적이다(Gardner, 2006a, p. 76). 지능이 특정화되기 전까지 '좋은 기억' 혹은 '나쁜 기억'과 같은 것은 없다. 따라서 어떤 사람은 얼굴에 대해서는 좋은 기억을 갖지만(공간 지능, 대인관계 지능) 이름과 날짜에 대해서는 나쁜 기억을 갖는다(언어 지능, 논리-수학 지능). 누군가는 음조를 회상하는 데 뛰어난 능력을 갖지만(음악 지능) 그에 따르는 춤의 스텝을 기억하지는 못한다(신체-운동 지능).

이러한 기억에 대한 새로운 관점은 '나쁜 기억'을 가진 학생들이 단지 한두 개의 지능에서만 좋지 못한 기억을 가지고 있다고 본다. 그러나 문제는 그들의 나쁜 기억이 학교에서 가장 빈번하게 강조되는 지능일 수 있다는 것이다. 바로 언어 지능과 논리-수학 지능이다. 따라서 해결 방법은 이러한 학생들이 다른 지능 영역에서의 '좋은' 기억(예: 음악, 공간, 신체-운동)에 접근하도록 돕는 데 있다. 따라서 특정한 대상에 대한 기억 훈련 혹은 작업은 모든 여덟 가지 '기억'이 활성화될 수 있는 방식으로 지도되어야 한다.

철자는 전형적으로 기억 기술에 매우 의존하는 학문 영역이다. 불행히도 단어의 철자를 학습하기 위한 교수적 접근은 단어를 5번 쓰기, 문장 내에서 단어 활용하기, 단어의 철자 소리 내어 읽기 등 언어적 전략만을 활용한다. 다중지능 이론은 철자에 문제를 갖는 학생들이 성공하기 위해 이러한 청력 전략, 구두 전략, 그리고 쓰기 전략(모두 언어적인 전략)을 넘어서는 것이 필요하다고 제안한다. 다음은 단어의 철자를 기억하기 위한 언어적 상징의 철자법적 구조(예: 영어 알파벳)가 어떻게 다른 지능과 관련되는지를 보여 주는 몇 가지 예다.

- 음악 지능: 단어의 철자를 노래로 만들어 부를 수 있다. 예를 들어, 특정한 일곱 가지(혹은 7의 배수의 개수로 이루어진) 낱글자로 구성된 단어는 '반짝반짝 작은 별'의 멜로디에 맞추어 부를 수 있으며, 여섯 가지 낱글자로 구성된 단어는 '생일 축하 노래'의 멜로디에 맞추어 노래할 수 있다.
- 공간 지능: 단어의 철자를 시각화할 수 있다. 학생들은 '내부의 칠판'이나 그 밖의 그들의 마음의 눈에 비치는 심상에 대

해 철자를 쓸 수 있다. 즉, 공부를 하는 동안 학생들은 철자를 심상화하고 시험 시간에 그들 자신의 '내부의 칠판'을 참조한다. 그 밖에도 공간적 접근으로는 철자 패턴에 색깔 입히기, 단어의 철자를 그림과 같이 그리기(예: 'sun'은 빛을 뿜는 단어를 그림), 그리고 '배치'에 있어 단어의 철자 줄이기 혹은 어간의 공간적 위치를 보여 주는 그래픽 윤곽 그리기 등이 있다.

- 논리-수학 지능: 단어의 철자는 숫자화될 수 있다. 즉, 일련의 0과 1로 축소될 수 있다(자음=1, 모음=0). 단어의 철자 쓰기는 또한 다른 숫자 체계를 활용함으로써 부호화될 수도 있다(예: a=1, b=2 등 알파벳 순서에 따라 날짜에 숫자를 할당하기).
- 신체-운동 지능: 단어의 철자 쓰기를 전신 움직임으로 바꿀 수 있다(예: 알파벳의 각 낱자를 따라 하는 자세 만들어 내기). 그 밖의 신체-운동적 접근은 모래에 단어의 철자를 써 보기, 진흙으로 단어의 철자 만들어 내기, 그리고 단어의 패턴을 보여 주기 위하여 신체 움직임 활용하기(예: 모음에서 일어나고 자음에서 앉기)를 포함한다.
- 대인관계 지능: 집단원들이 함께 특정한 단어들의 철자를 쓸 수 있다. 예를 들어, 각 학생은 낱자를 가지며, 단어가 불렸을 때 단어에 해당하는 낱자를 가진 학생들이 다른 학생들과 함께 해당 단어를 형성한다.
- 자기성찰 지능: 학생들은 발달적으로 단어의 철자를 쓰거나(예: 특정한 단어의 철자를 자신이 맞다고 생각하는 방식에 따라 쓰

기) 개인적인 정서 측면을 담당하는 단어의 철자를 쓰는 법을 배운다.

- 자연탐구 지능: 학생들은 자연물(예: 가지, 나뭇잎, 줄기 등)을 활용하여 단어의 철자를 쓰거나 자연 환경에서 단어의 철자를 쓴다(예: 주변 들판의 바닥에 막대기로 단어의 철자를 쓰도록 하기).

이처럼 단어, 숫자, 그림, 신체 움직임, 음악 구절, 사회적 상호작용, 개인적 감정과 경험, 자연 현상과 같은 여덟 가지 지능의 요소와 연계된 학습 자료를 통해 교사가 학생을 가르칠 수 있다. 학생들은 모든 여덟 가지 지능을 활용한 기억 전략을 배운 후 자신에게 가장 적절한 전략을 선택해 낼 수 있을 것이며, 자습시간에 그것을 사용할 수 있을 것이다.

문제해결

여러 연구에 따르면 미국 학생들의 경우 지난 몇 년에 걸쳐 철자 쓰기나 산술과 같은 틀에 박힌 기초 학습 과업에서의 수행은 향상되었지만 고차적 인지 처리 과정에 대한 측정에서는 다른 국가의 학생들과 비교했을 때 성취 단계가 매우 낮았다. 특히 미국 학생들의 문제해결 능력은 성취가 매우 필요한 영역이다(Lemke et al., 2004). 결과적으로, 교육자들은 학생들이 학습 문제에 직면했을 때 보다 효과적으로 생각하도록 돕기 위한 방식을 찾게 되었다. 하지만 불행히도 이러한 비판적 사고는 논리-수학이나 자기성찰 및 언어 영역에서만 활용되었다.

다중지능 이론은 비판적 사고 전략을 모든 지능 영역으로 확장시킬 수 있다. 그러므로 이러한 문제해결 전략을 외현적으로 드러내 보이기 위해 현 세대를 이끄는 탁월한 위인들의 사고 과정을 검토할 필요가 있다(John-Steiner, 1987; Gardner, 1993b 참고). 따라서 교육자들은 이러한 훌륭한 위인들이 사용하는 특정한 문제해결 처리 과정의 '최상위 수준'을 공부함으로써 학생들에게 동일한 유형의 사고 처리 과정을 촉진할 수 있다.

많은 학자가 자신의 작업에 도움을 얻기 위하여 상상 언어와 영상 언어(공간 지능)를 사용해 왔다. 물리학자 존 하워스(John Howarth)는 자신의 문제해결 처리 과정을 다음과 같이 설명한다.

> 나는 추상적인 그림을 그렸고, 내 머릿속에 떠오른 그림의 추상화 과정이 물리적 문제를 분석적으로 다루는 추상성과 유사함을 깨달았다. 그 유사성은 바로 변수의 수를 줄이고 단순화하며, 바라는 것이 무엇인지 숙고하는 것이 가장 필수적이라는 것이다. 그러고 나서 상황을 분석한다. 그림을 그릴 때는 필수적인 요소들만을 선택하여 포함하게 할 수 있다. 즉, 수많은 다른 그림으로부터 추상화되며 그 그림들의 공통된 요소를 포함하여 단순화한 것이 그림이다(John-Steiner, 1987, pp. 84-85).

어떤 학자들은 시각적-공간적 이미지와 마음의 특정한 운동감각적 혹은 신체-운동적 특성을 결합한 문제해결 전략을 사용해 왔다. 예를 들어, 알베르트 아인슈타인(Albert Einstein)은 종종 빛(광선)의 끝에 올라타는 것과 같은 판타지 등의 '사고 실험'을 수행하였으며, 이것이 그가 상대성 이론을 개발하도록 도왔다. 프랑스의 한 수학자가 아인슈타인에게 그의 사고 처리 과정에 대해 질문했을 때 아인슈타인은 그것이 시각적이며 근육과 같은 요소를 포함한다고 말했다(Ghiselin, 1955). 마찬가지로 앙리 푸앵카레(Henri Polincare)는 어떻게 자신이 여러 날에 걸쳐 짜증스러운 수학 문제와 고군분투하였는지에 대해 다음과 같이 이야기했다.

> 15일 동안 나는 푸크스 함수(Fuchsian functions)는 존재할 수 없다는 것을 증명하기 위해 노력했다. 당시의 나는 무지하게도 매일 작업장에 앉아서 한두 시간 동안 수많은 조합을 시험해 봤지만 아무런 결론에도 도달할 수 없었다. 어느 날 오후, 평상시와는 다르게 블랙 커피를 마시자 그날 밤 잠을 이룰 수가 없었다. 그러자 아이디어가 막 생겨났다. 나는 여러 개의 아이디어가 마구 충돌하는 것을 느낄 수 있었다. 그러다 몇 개가 연결되더니, 말하자면 안정화 상태로 접어들었다(안정된 조합이 되었다). 다음 날 아침, 나는 푸크스 함수의 종류(등급)가 존재함을 입증했다. 이것은 초기하급수의 순열에서 나온 것이었다. 나는 몇 시간만에 그 결과를 적기만 했을 뿐이다(Ghiselin, 1955, p. 36).

음악가들은 매우 다른 방식의 문제해결 역량에 관하여 이야기하며, 그중 하나는 음악적 상상에 접근하는 것이다. 모차르트는 자신의 작곡 과정을 다음과 같이 설명하였다. "연속적으로 (작곡의) 부분 부분에 대해 상상하는 것이 아니라 그것이 원래 있어 왔던 것처럼 단번에 전체를 듣는다. 이 과정은 말로 다 형언할 수 없는 기쁨이다. 이러한 모든 발명, 즉 이러한 작업은 즐겁고 생생한 꿈속에서 일어난다."(Ghiselin, 1955, p. 45) 아인슈타인은 닐스 보어(Niels Bohr)의 원자 모형 주위 궤도를 선회하는 전자들이 흡수하고 방출하는 에너지를 언급하면서 논리-수학적 및 공간적 영역에서의 음악적 사고의 기능을 인정하였다. 그는 "이것은 사고의 영역에 있어서 음악성의 최상위 형태다."라고 말하였다(Clark, 1972, p. 292).

때로는 개인의 지능에 특수한 과정이 존재하기도 한다. 예를 들어, 한 매체는 미국의 36대 대통령이었던 린든 존슨(Lyndon B. Johnson)의 대인관계 지능을 반영하여 다음과 같이 설명했다. "미소를 지으며 공손한 척할 수 있는 사람은 많지만 존슨은 그들과는 다른 무언가를 가졌다. 다른 사람들이 어떻게 생각하든 린든은 그 사람에게 동의할 것이며, 사실상 그에 앞서서 이미 똑같이 생각하고 있을 것이다. 그는 누군가의 마음을 따를 수 있으며, 그것이 향하는 곳을 밝힐 수 있다."(Caro, 1990, p. 256) 자기성찰 지능을 발현하는 방법에 있어서는 마르셀 프루스트(Marcel Proust)가 어린 시절로 자신을 되돌려 놓는 듯한 내적 감정을 불러일으키는 케이크 맛처럼 단순한 감각—그의 걸작 『잃어버린 시간을 찾아서

(*Remembrance of Things Past*)』의 기반을 제공하였던 맥락—을 사용하였다(Proust, 1928, pp. 54-58 참고). 끝으로, 자연탐구적 영역에 있어서는 다윈의 노트에 대한 연구에서 그가 진화에 관한 이론을 발생시키는 데 도움이 되도록 나무의 이미지를 활용하였다고 밝혔다. "새로운 싹이 생겨나면서 많은 끝눈(terminal buds)이 죽는 것과 같이, 유기체는 가지가 불규칙하게 자라는 나무에 비유할 수 있다." (Gruber, 1977, p. 126)

이러한 '최상위 수준'의 인지 과정을 학급의 실제에 어떻게 적용할 수 있는지 단번에 알아내기란 어려워 보인다. 그러나 천재의 문제해결 전략을 통해 특정한 기본 요소를 만들어 내고, 이를 통해 학생들도 학습할 수 있는 전략을 창안하는 것은 가능하다. 예를 들어, 학생들은 아인슈타인이 그의 사고 실험에서 수행한 것과 매우 유사한 방식으로 자신의 사고를 '시각화'하는 방법을 배울 수 있다. 또한 다윈이 노트를 통해 자연적 이미지에 대해 작업한 것과 같이 학생들은 자신의 작업에서 문제와 관련한 은유적 이미지를 스케치하도록 배울 수 있다. 다음의 목록은 학업 장면에서 학생들이 활용할 수 있는 다중지능 문제해결 전략의 광범위한 영역을 나타낸다.

- 언어 지능: 자기 대화 혹은 소리 내어 생각하기(Perkins, 1981 참고)
- 논리-수학 지능: 발견학습(Polya, 1957 참고)
- 공간 지능: 시각화, 아이디어 스케치, 마인드맵하기(Margulies, 1991; McKim, 1980 참고)

- 신체-운동 지능: 운동감각 형상화(Gordon & Poze, 1996 참고), 문제해결을 위한 '직감'에 접근하기, 손이나 손가락, 몸 전체 활용하기
- 음악 지능: 문제의 '리듬' 혹은 '멜로디' 느끼기(예: 화음 대 불협화음), 문제해결 역량을 드러내기 위해 음악 활용하기(Ostrander & Schroeder, 1979 참고)
- 대인관계 지능: 다른 사람들의 아이디어 살피기(Johnson, Johnson, & Holubec, 1994 참고)
- 자기성찰 지능: 문제 판별하기, 문제와 관련된 꿈 형상화하기, 개인의 감정에 접근하기, 깊은 자기성찰하기(Harman & Rheingold, 1984 참고)
- 자연탐구 지능: 자연으로부터 문제와 해결 방법을 상상하고 비유 활용하기(Gordon & Poze, 1966 참고)

이러한 전략이 소개되면 학생들은 주어진 학습 상황에서 자신에게 성공적일 것으로 보이는 인지적 메뉴를 선택할 수 있다. 이러한 인지 훈련 방식은 전통적인 '사고 기술' 프로그램(수학 문장제 문제를 해결하는 5단계 과정을 게임과 수수께끼로 만든 연습문제지)보다 나은 것으로 밝혀졌다. 이를 통해 향후 학생들은 교사에게 "더 생각해 보렴." 하고 충고를 받을 때 "어떤 지능으로요?"라고 질문하는 여유를 부릴 수 있을 것이다.

콜럼버스의 발견 촉진하기

가드너는 자신의 저서 『교육받지 않은 마음(*The Unschooled Mind*)』(1991)에서 오늘날의 심도 있는 세계에 대한 이해에 미치지 못하는 표면적 수준의 지식을 학생들에게 지도하는 학교 교육의 경향성을 다루었다. 그 결과, 학생들이 고등학교, 대학교, 심지어 대학원을 졸업하더라도 여전히 상당 부분 미취학 아동과 동일한 순진한 신념을 갖는 것으로 나타났다. 한 예로, 기계공학과에서 물리학 과목을 수강한 대학생의 70%는 공중으로 던진 동전이 그것에 작용하는 중력의 영향을 받은 아래쪽으로 향하는 힘과 손의 영향을 받은 위쪽으로 향하는 힘의 두 가지 힘의 영향을 받게 된다고 보고했다(진실은 오직 중력만이 힘을 행사한다는 것이다[Gardner, 1991]). 가드너는 아무리 다양한 영역의 알고리즘, 규칙, 법칙 그리고 원칙을 생각해 낼 수 있는 잘 교육받은 학생이라 할지라도, 그들은 여전히 오해의 지뢰밭, 엄격하게 적용된 절차, 고정관념, 단순화 등의 특징을 지닌다고 보았다. 필요한 것은 순진한 신념에 도전하고, 질문을 유발하며, 다중적 관점을 이끌고, 궁극적으로 새로운 상황과 맥락에 기존의 지식을 적용하는 관점을 통하여 학습자의 마음을 이끄는 교육에 접근하는 것이다.

가드너는 '콜럼버스의 신대륙 발견(Christopherian encounters)'을 활용하여 학생의 마음을 확장할 수 있다고 제안한다. 이 표현은 과학 분야의 고정관념을 극복하려는 맥락에서 사용된 것이긴 하지만, 한편으로는 아동의 다중지능이 확장되어 더 높은 차원의 능력과 이해로 나아갈 수 있다는 멋진 비유가 될 수도 있다. 마치 콜럼버스가 '바다의 끝을 건너' 항해함으로써 지구가 평평하다는 개념에 도전하였고 그 결과 지구가 둥글다는 사실을 밝혀 낸 것과 같이, 가드너는 학생들이 그들 자신의 생각 속에 존재하는 모순과 괴리에 맞서 '경계를 넘어' 갈 수 있도록 교사가 그들을 이끌어야 한다고 보았다. 또한 그는 이 과정에서 교사가 학생들의 제한된 믿음에 도전할 것을 제안하였다. 이러한 '콜럼버스의 신대륙 발견'은 학생들의 마음이 다중지능의 각 영역에 닿기 위한 여러 가지 방법을 통해 다중지능 이론에 적용될 수 있다.

- 언어 지능: 문학 작품을 문자 그대로의 해석을 넘어서 해석할 수 있도록 학생들을 안내하기(예: 소설 『모비딕[*Movy Dick*]』[1851]은 단순한 고래와 바다 이야기 그 이상을 의미한다).
- 논리-수학 지능: 자연 현상에 관한 학생들의 사고가 모순에 직면하도록 그들을 안내하는 과학적 실험 고안하기(예: 학생들에게 돌아가는 회전목마의 한가운데서 똑바로 구르는 공이 끝까지 어떻게 굴러갈지 예측해 보게 한 후 그 결과를 논의하기)
- 공간 지능: 학생들이 '그림은 유쾌한 색을 활용해야 한다.' 혹은 '그림은 아름다운 경치와 매력적인 사람을 묘사해야 한다.' 등의 예술에 대한 편견에 직면하도록 하기(예: 예술에 대한 편견을 깨는 피카소[Picasso]의 작품 〈게르니카[*Guernica*]〉를 학생들에게 보여 주기)

• 신체-운동 지능: 특정한 감정이나 아이디어를 춤 혹은 연극으로 표현하는 데 있어서 학생들이 자신의 몸을 활용하는 전형적인 방식에서 벗어나도록 하기(예: 학생들이 다양한 자세와 표정으로 아서 밀러[Arthur Miller]의 『세일즈맨의 죽음[*Death of a Salesman*]』[1949]에 등장하는 윌리 로먼[Willy Loman]의 패배에 대한 느낌을 표현하게 하기)
• 음악 지능: 학생들이 '조화로워야' 하며 '규칙적인 박자를 가져야' 한다는 좋은 음악에 대한 고정관념에서 벗어나도록 돕기(예: 스트라빈스키[Stravinsky]의 〈봄의 제전[Rite of Spring]〉 [초연 당시 좋은 음악에 관한 청중의 신념에 부응하지 못해 문제가 되었던 작품]을 학생들에게 들려 주기)
• 대인관계 지능: 학생들이 문학 작품, 역사 혹은 다른 분야에서 허구적 인물이나 실존 인물이 보이는 단순한 동기를 넘어서는 행동을 이해할 수 있게 돕는 것(예: 학생들이 『호밀밭의 파수꾼[*The Catcher in the Rye*]』[1951]에서 주인공 홀든 코필드의 의도가 '마을의 밤' 에 대한 욕망을 넘어서는 것이었음을, 혹은 아돌프 히틀러[Adolf Hitler]가 '권력에 대한 갈망'보다는 더 큰 것이 동기가 되어 권력을 쟁취하고자 했음을 이해하도록 돕는 것)
• 자기성찰 지능: 학생들이 교육과정에 포함된 여러 교과 내용과 자신의 삶(체험)을 연계하여 자기성찰을 심화하도록 하는 것(『허클베리 핀』의 주인공과 자신을 비교하여 생각해 보기)
• 자연탐구 지능: 학생들이 진화론과 창조론의 상반되는 증거들을 비판적으로 검토하게 하는 것

다중지능 이론은 학생들이 그들 자신의 다양한 알아가는 방식을 활성화하기 시작하면서 단순한 사고 과정 이상으로 보일 수 있다. 따라서 교사는 학생들이 그들의 다중지능을 통해 보다 높은 수준의 이해를 개발하도록 도와야 한다. 각 지능에 해당하는 '콜럼버스의 신대륙 발견'이 학교 수업의 정규 과정이 되도록 함으로써, 교사는 학생들의 교육받지 않은 마음이 진실로 강력하며 창의적인 사고력으로 계발될 수 있게 도와야 한다.

다중지능 이론과 블룸의 인지적 교육 목표의 단계

시카고 대학교의 교수 벤자민 블룸(Benjamin S. Bloom, 1956)은 '교육 목표의 분류'를 발표했으며, 이 인지적 영역 분류에서 제시한 여섯 가지 수준의 목표는 교사가 학생의 고차적 사고 능력을 어느 정도로 자극하고 계발하였는지 측정하는 척도로서 지난 40여 년간 사용되어 왔다. 여섯 가지 단계는 다음과 같다.

1. 지식: 기계적 암기 기술(사실, 용어, 절차, 판별 체계 알기)
2. 이해: 자료에 대한 번역, 해석 혹은 추론 능력
3. 적용: 하나의 장면에서 다른 장면으로 지식을 적용하는 능력
4. 분석: 보다 큰 전체에 대한 구성 부분을 발견하고 차별화하는 능력
5. 종합: 여러 개의 구성 부분을 일관된 전체로 함께 조직하는 능력

6. 평가: 일련의 준거를 활용하여 가치나 정보의 유용성을 판단하는 능력

블룸의 분류는 학생의 마음이 얼마나 심도 있게 다중지능 교육을 체험했는지 판단함으로써 일종의 질 관리 메커니즘을 제공한다. 앞서 이미 소개한 방식으로 다중지능을 활용한 하위 단계(지식, 이해) 교수를 설계하는 것은 어렵지 않을 것이다. 주로 단어 암기나 시간표 짜기, 역사적 인물과 사건 암기 등의 하위 인지 목표를 가르치는 데 다중지능 교육이 많이 활용되었으나 다중지능 교육과정은 블룸의 다른 모든 인지적 목표의 단계까지도 포괄하도록 설계할 수 있다. 〈표 12-1〉에서 제안하고 있는 교육과정의 개요는 교사가 어떻게 블룸의 인지적 목표의 6단계뿐만 아니라 모든 여덟 가지 지능을 다루는지 분명히 제시해 주고 있다.

한 단원에서 이러한 활동을 모두 포함할 필요는 없다. 처음에는 다중지능 이론과 블룸의 분류를 참조하지 않고 교육과정을 개발하고 싶었을 것이다. 그렇다면 〈표 12-1〉에서 제시하는 교수 모형은 단순히 다양한 지능과 인지 수준을 다루는 데 도움을 주는 로드맵으로 활용할 수 있을 것이다. 다중지능/블룸 분류표를 통하여 교육과정을 평가해 보면 기존 교육과정에서 매우 필요한 음악적 체험이 빠져 있거나 쉽게 넣을 수 있는 체험형 활동이 간과되었음을 알 수 있을 것이다. 다중지능 교육 모델은 학생들을 언어 편향적이고 하위 차원(암기) 중심적인 교육으로부터 그들 자신의 삶에 의미 있는 다양한 고차원적 인지 교육으로 나아갈 수 있게 안내한다.

〈표 12-1〉 다중지능 이론과 블룸의 분류

생태계 단원: 지역의 환경-우리 주변의 나무들

	블룸의 교육 목표 6단계					
지능	지식	이해	적용	분석	종합	평가
언어 지능	나무들의 이름을 기억한다.	나무가 어떻게 영양분을 흡수하는지 설명한다.	나무의 이상 상태에 대한 다음 기술을 참조하여 각 상태의 원인을 제시한다.	나무의 각 부분이 전체에 있어서 어떠한 기능을 하는지 설명한다.	초기부터 말기에 이르기까지 나무의 생애 주기를 종이에 적는다.	나무의 성장을 통제하는 다양한 방법에 점수를 부여한다.
논리-수학 지능	특정한 나뭇잎의 잎사귀 수를 기억한다.	나무의 높이 계산법을 미터법으로 전환한다.	보다 작은 나무의 높이를 고려하여 보다 큰 나무의 높이를 추정한다.	수액 잔여물에서 나타나는 물질을 분석한다.	기후, 토양 그리고 기타 정보를 고려하여 예상되는 나무의 성장을 도표화한다.	자료에 기반을 두고 다양한 종류의 나무의 영양소를 평가한다.
공간 지능	특정한 나무의 기초적인 형태를 기억한다.	나무에 대한 도표를 보고 그것이 어느 성장 단계에 해당하는지 설명한다.	나무의 높이를 결정하기 위해 기하학 원리를 활용한다.	나무뿌리의 세포 구조를 그린다.	나무를 중심물로 조경 계획을 창안한다.	다양한 조경 계획이 지니는 실제성을 평가한다.

	블룸의 교육 목표 6단계					
지능	지식	이해	적용	분석	종합	평가
신체-운동 지능	나무껍질의 감촉으로 나무를 판별한다.	배열된 나무 열매를 고려하여 각각의 씨앗을 판별한다.	지역의 나무 종류를 고려하여 그것을 재배하기 가장 좋은 장소를 찾는다.	점토로 다양한 나무의 부위를 만든다.	나무를 재배하는 데 필요한 모든 자원을 모은다.	다양한 종류의 열매의 질을 평가한다.
음악 지능	나무와 관련된 노래들을 기억한다.	오래된 나무에 대한 노래가 어떻게 사람들에게 영향을 미치는지 설명한다.	최근의 논점에 영향을 미치도록 오래된 나무 관련 노래들의 가사를 바꾼다.	논점과 역사적 기간에 따라 노래들을 분류한다.	해당 단원의 정보에 기반을 두고 자신만의 나무 노래를 만든다.	최고의 노래와 최악의 노래를 선정하고 그 선택에 대한 이유를 밝힌다.
대인관계 지능	"당신이 가장 좋아하는 나무는 무엇인가요?"라는 질문에 대한 응답을 녹음한다.	학급 친구들을 인터뷰하여 학급에서 가장 인기 있는 나무를 정한다.	현장 체험을 가기 위한 과수원을 선택하는 데 조사 결과를 활용한다.	선호하는 나무가 무엇인지에 따라서 학생들을 여러 개의 소집단으로 분류한다.	필요한 사람들과 접촉하면서 과수원으로의 현장 체험을 준비한다.	나무 선호도에 관한 질문 방법을 세 가지 선정하여 그것의 순위를 매긴다.

	블룸의 교육 목표 6단계					
지능	지식	이해	적용	분석	종합	평가
자기성찰 지능	자신이 나무에 올랐던 때를 기억한다.	나무 위에서 자신이 가진 주된 감정을 공유한다.	자신의 경험을 기반으로 '나무 오르기 규칙'을 개발한다.	자신의 경험을 '초기' '중기' '후기'로 구분한다.	자신의 과거 경험에 비추어 나무 오르기 탐험 계획을 세운다.	자신의 경험에 있어서 '가장 좋은 점'과 '가장 덜 좋은 점'을 설명한다.
자연탐구 지능	나뭇잎들의 차이점을 가시적으로 구별하는 방법을 배운다.	어떻게 다른 생명체(예: 인간과 동물)가 나무로부터 혜택을 얻으며 사는지 설명한다.	다양한 나뭇잎을 분류하기 위한 체계를 만든다.	보다 큰 생태계의 측면에서 자기 스스로 자각하는 특정한 나무의 기능을 분석한다.	상해를 입거나 병든 주변의 나무들을 보호하는 치료법을 개발한다.	자기 주변의 어떤 나무가 해당 환경에 생태학적으로 가장 가치 있는지 평가한다.

더 생각해 볼 문제

1. 학생의 해독 및 이해 수준에 맞는 단어들 중 10~15개의 단어를 무작위로 칠판에 적는다. 학생들에게 그것을 '기억하도록' 1분의 시간을 준다. 단어들을 가린 후 학생들에게 순서에 상관없이 기억한 모든 단어를 적어 보도록 한다. 즉각적인 피드백을 제공한다. 학생들이 단어를 기억하기 위해 사용한 전략을 논의해 본다. 그리고 그들에게 다양한 지능을 활용하는 기억 전략을 지도한다.

- 언어 지능: 잘 아는 이야기로 단어들을 한데 묶기
- 공간 지능: 일어난 이야기를 시각화하기
- 음악 지능: 음에 맞추어서, 혹은 즉석에서 작곡된 곡에 맞추어서 이야기를 노래하기
- 신체-운동 지능/대인관계 지능: 신체 움직임을 강조하여 각 단어와 관련된 이야기를 행동으로 옮기기
- 자기성찰 지능: 각각의 단어와 자신의 경험(그리고 동반되는 감정들)을 관련 짓기

이러한 전략들을 다른 일련의 단어를 활용하여 연습해 보고, 학생들에게 그것을 기억한 후 적어 보게 한다. 그리고 그 차이를 논의한 후 어떤 전략이 가장 자신에게 성공적인지 이야기해 보도록 한다. 이러한 절차를 2~3개 이상의 단어 목록에 활용한 후, 학생들에게 해당 기억 전략을 교육과정과 연계된 자료(예: 역사적 사실, 단어 철자, 어휘 등)에 활용하도록 한다.

2. 학생들에게 고차원적 사고 과정과 관련한 어려운 문제나 그 밖의 논리-수학적 문제를 해결하게 한다. 학생들에게 10~15분을 주고 무엇이든 자신이 원하는 전략을 사용하게 한다. 그들에게 다른 사람들과 함께 작업하고 돌아다니며, 자료를 요청하는 등의 활동을 할 수 있다고 알린다. 그리고 그들이 사용한 특정한 전략이나 문제해결 과정을 적어서 공유하게 한다. 모두가 공유할 기회를 얻고 나면 전략의 목록을 살펴보고 어떠한 지능이 활용되었는지에 주목한다. 학생들에게 다음과 같이 질문한다. "어떤 전략이 다른 전략보다 더 성공적이었니?" "어떤 전략이나 문제해결 처리 과정이 다른 것들보다 재미있었니?" 이후 다른 유형의 문제들을 활용하여 이러한 활동을 반복한다. 주요한 지능에 따라 문제해결 전략의 목록을 조직한다. 그리고 그 목록을 학생들이 한 해 동안 그들 자신의 학습 지침으로 참고하게 한다.

3. 주제별 단원을 개발하거나 이미 개발한 단원을 선택하여 해당 단원의 활동을 통해 어떤 지능과 인지 복합성 수준을 다룰 수 있는지에 주목한다. 지능의 폭을 넓히고 단원의 인지적 깊이를 더하는 추가 활동의 목록을 작성한다.

4. 학생의 마음을 확장시키고 기존의 신념을 변화시키며, 학생의 다중지능을 보다 높은 수준의 기능으로 이끌어 줄 수 있도록 '콜럼버스의 신대륙 발견' 과 같은 교육과정 자료를 개발한다.

13 다중지능 이론의 다양한 적용

다중지능(특성화) 학교는 이제 막 걸음마 단계이며, 누구나 기획하는 만큼 다양한 학교의 모습을 그려 볼 수 있다. 나는 앞으로 20년 동안 다중지능을 진지하게 펼칠 수 있는 다양한 교육적 시도가 이루어지길 바란다. 이와 같은 노력의 결과로서 특정한 다중지능 관련 '생각' 과 '행동 실험' 의 적절성 및 그것의 실용성이나 교육적 가치 등을 판단할 수 있으리라 본다.

- 하워드 가드너(Howard Gardner)-

이전의 장들에서 다루었던 영역 이외에도 다중지능 이론은 교육적으로 다양하게 적용되고 있다. 이 책을 덮기 전 언급할 만한 가치가 있는 세 가지 적용 영역은 컴퓨터, 기술, 문화의 다양성, 그리고 진로상담이다. 각각의 경우, 다중지능 이론은 기존의 이해와 자원이 폭넓은 관점을 포함하도록 확장될 수 있는 맥락을 제공한다. 결국 더 넓게 봄으로써 교육자들은 다양한 학생의 필요를 충족해 줄 수 있는 교육적 자료와 전략을 발전시킬 수 있는 것이다.

컴퓨터

우리는 컴퓨터와 논리-수학 지능을 연관시키려고 하는 경향이 있다. 이러한 관련성은 주로 컴퓨터 천재가 계산 프로그램이나 매우 추상적인 컴퓨터 프로그램 언어로 작업하는 것을 연상하게 하는 고정관념에서 비롯된 것이다. 하지만 컴퓨터 자체는 지능 중립적 구조를 가지고 있다. 컴퓨터를 작동시키는 것은 사용하고 있는 소프트웨어 프로그램이다. 그리고 이러한 소프트웨어 프로그램은 여덟 가지 지능의 일부 혹은 전체와 접할 수 있도록 설계될 수 있다. 예를 들어, 워드프로세서 소프트웨어는 일정 수준의 언어 지능을 필요로 하고, 반면에 그리기와 칠하기(draw-and-paint) 소프트웨어는 공간 지능을 더 필요로 한다. 〈자료 13-1〉에 나와 있는 프로그램 목록은 여러 능력을 활성화할 수 있는 다양한 소프트웨어를 보여 주고 있고, 제품들의 구체적인 예는 괄호 안에 명시되어 있다.

다중지능 이론을 기초로 하여 만들어지고 선택된 소프트웨어는 학교 수업이나 특별하게 설계된 컴퓨터실에서 사용할 수 있다. 다중지능을 기술적으로 응용한 것 중 가장 흥미진진한 것은 멀티미디어 학습 프로젝트 분야에서 생겨나고 있다. 멀티미디어 소프트웨어를 사용하여 글(언어 지능), 삽화(공간 지능), 소리(음악 지능), 동영상(신체-운동 지능) 등을 하나의 프로젝트로 발전시킬 수 있다. 예를 들어, 한 학생이 원예학습 프로젝트를 만든다고 가정하

〈자료 13-1〉 다중지능을 활성화하는 소프트웨어와 웹 2.0의 기능

언어 지능 작성

- 문서 프로그램(Microsoft Word)
- 타자 연습 프로그램(Mavis Beacon Teaches Typing!)
- 데스크톱 출판 프로그램(Adobe Pagemaker)
- 전자사전(Wikipedia)
- 쌍방향 책(The Cat in the Hat)
- 글자 게임(Textris)
- 번역 프로그램(Power Translator)
- 웹 편집기(Front Page)
- 블로그 작성 프로그램(Typepad)
- 받아쓰기 소프트웨어(Kurzweil 3000)

논리-수학 지능

- 수학학습 프로그램(Intelligent Tutor)
- 컴퓨터 프로그래밍 언어(LOGO)
- 논리적 게임(Where in the World is Carmen Sandiego?)
- 과학학습 프로그램(I Love Science)
- 비판적 사고학습 프로그램(Building Thinking Skills)

공간 지능

- 애니메이션 프로그램(Toon Boom's Flip Boom)
- 그림 그리기 프로그램(Corel Paint Shop Pro)
- 체스 게임(Hiarcs)
- 공간 지향 게임(Tetris)
- 퍼즐 게임(B Puzzle)
- 클립아트 프로그램(Art Explosion 800000)
- 기하 프로그램(Geometer's Sketchpad)
- 지리 프로그램(Google Earth)
- 디자인 프로그램(Better Homes and Gardens Home Designer Suite)
- 지도(Google Maps)
- CAD 프로그램(Turbo CAD)
- 영상 편집 프로그램(Power Director)

신체-운동 지능

- 컴퓨터 기반 블록 장난감(Lego Mindstorms NXT)
- 모션 작동 게임(Fight Simulator X)
- 가상현실 게임(Unigine)
- 도구 작동 프로그램(Model ChemLab)
- 인체 해부 및 건강 프로그램(3D Body Adventure)
- 운동 기록 프로그램(Crosstrainer)

• 운동 소프트웨어(CSwing)

음악 지능

• 음악학습 프로그램(The History of Music Onlines Tutor)
• 음성합성 프로그램(Pb Vocoder)
• 작곡 프로그램(Finale Songwriter)
• 음정/멜로디 소프트웨어(Music Memory)
• 악기 프로그램(Sonar Home Studio)
• 음악교습 프로그램(eMedia Essential Rock Guitar)
• 악보 프로그램(Pizzicato)

대인관계 지능

• 이메일 프로그램(Outlook Express)
• 온라인 포럼(MySpace)
• 시뮬레이션 게임(SimCity)
• 족보/가계도 프로그램(Legacy)
• 보드게임 프로그램(Clue Classic)

자기성찰 지능

• 자기선택 프로그램(Oregon Trail)
• 진로상담 프로그램(Cambridge Career Counseling System)
• 자기성찰 프로그램(Emotional IQ Test)

- 역할행동 연습 프로그램(Second Life)
- 일정 관리 프로그램(Handweek)
- 자기성찰 프로그램

자연탐구 지능

- 자연 탐사 자료(National Geographic)
- 자연 탐사 가상체험 프로그램(Amazon Trail)
- 동물 게임(AnimaX)
- 환경 감시 프로그램(EcoBeaker)
- 정원 꾸미기 프로그램(3-D Garden Composer)

자. 이 프로그램은 지역의 꽃들을 설명하는 글(언어 지능)을 특수한 꽃을 기르기 위한 필요조건을 포함하는 통계학적 차트(논리-수학 지능)와 함께 배치할 수 있을 것이다. 가령, '장미' 라는 명사를 마우스로 클릭함으로써 장미 그림(공간 지능)과 장미를 주제로 하는 베트 미들러(Bette Midler)의 '장미(The Rose)' 라는 노래(음악 지능)가 함께 나타날 수 있다. '심는다' 는 구체적인 동사를 클릭함으로써 학생이 꽃을 심고 있는 동영상(신체-운동 지능)을 활성화할 수도 있다. 이러한 프로젝트를 하나로 합하는 것은 높은 자기성찰 지능을 요구한다. 만약 이러한 프로젝트가 협동적인 성격을 지닌다면(반 전체가 정원을 가꾸는 프로젝트라면) 대인관계 지능 또한 요구될

것이다. 완성된 CD나 DVD 자체만으로 학생들의 학습 진전에 가치 있는 자료가 될 것이다. 그것들은 '전자 포트폴리오(electronic portfolios)' 로서 한 교사에게서 다음 교사에게로 쉽게 전해질 수 있으며, 이 전달된 포트폴리오는 그해의 한 학생의 업적을 확실하게 평가할 수 있는 한 부분이 될 수 있다(McKenzie, 2005 참고).

유사하게, 인터넷의 사용은 학생들의 다중지능을 탐구하고 확장시킬 수 있는 기회를 제공한다. 예를 들어, 인터넷에서 수학과 과학(논리-수학 지능), 음악 다운로드 사이트(음악 지능), 이미지 다운로드 사이트(공간 지능), 자연에 관한 사이트(자연탐구 지능), 채팅 방과 소통을 가능하게 하는 사이트(대인관계 지능), 자기성찰의 기회를 제공하는 사이트(자기성찰 지능) 등을 즐겨 찾을 수 있을 것이다.

문화적 다양성

지난 20년 동안 미국은 놀랄 만한 인구 변화를 경험했고, 이러한 변화로 인해 학생 인구는 인종적 · 민족적 · 문화적으로 그 어느 때보다 다양해졌다. 이러한 다양성은 교육자가 문화적 차이에 민감한 내용(content-sensitive, 예: 학생들을 개개인의 문화에 대한 믿음, 배경, 토대에 노출시키는 것)뿐 아니라 민감한 과정(process-sensitive, 예: 학생들에게 다른 문화적 차이를 '아는 방법' 을 이해할 수 있게 도와주는 것)까지도 고려하여 교육과정을 만들어야 하는 어려움을 야기하였다. 가드너의 다중지능 이론은 이러한 문화적 차이에 민감한 모델을 제공한다. 다시 말하자면, 이 모델은 교육자가 다른 문화를 생각하는 방법을 가치 있게 받아들일 수 있게 도와줄 유용한 도구를 제공한다.

다중지능 이론에 따르면, 한 지능이 유용한 지능으로 여겨지기 위해서는 한 문화에 의해 가치를 인정받아야 한다. 이러한 기준에 따라 전통적으로 학교에서 치뤄 왔던 지능검사들과 연관된 많은 과제는 인정받지 못하게 될 것이다. 예를 들어, 지능검사의 '불특정 숫자들을 앞이나 뒤에서부터 반복하는 능력' 은 어떤 문화에서도 인정받지 못한다. 세계 어느 문화권에서도 연장자가 불특정 숫자들을 다음 세대로 넘겨 주지 않는다. 다음 세대에게 넘겨 주는 것은 이야기, 전설, 예술품과 음악, 과학적 발견, 사회 풍습, 정치 기관, 숫자 체계 같은 것이다. 세계의 모든 문화는 다중지능 이론의 여덟 가지 지능을 가지고 있고 이를 이용한다. 하지만 지능을 활용하는 방법과 개인적 지능이 평가받는 방법은 문화마다 상당한 차이가 있다. 예를 들어, 남태평양에 있는 남양 제도(South Sea Islands)의 풀루워트(Puluwat) 문화에서 자란 사람은 바다를 항해할 때 필요한 공간·자연탐구 지능이 높게 평가받는다는 것을 발견할 것이다(Gladwin, 1970). 수백 개의 섬에 살고 있는 풀루워트 사람들은 한 섬에서 다른 섬으로 쉽게 움직일 수 있는 능력을 가지고 있는데, 이는 굉장한 문화적 가치를 지닌다. 그들은 그들 자신의 자녀들에게 굉장히 어린 나이부터 별자리 보는 방법, 수평선에 위치한 다양한 '섬(bumps)' , 물 표면의 감촉에서 알 수 있는 중요한 지리적 정보 등을 가르친다. 그 사회에서 최고 항해사는 정치 지도자들보다 더 큰 명예를 갖는다.

어떤 문화에서는 음악 지능이 선택된 소수의 엘리트 연주자가 아닌 모든 구성원에게 보편적인 능력으로 여겨진다. 나이지리아의 아낭(Anang) 지역에서 자란 아이들은 5세가 될 때까지 수백 개의 춤과 노래를 배운다. 헝가리에서는 작곡가 졸탄 코다이(Zoltán Kodály)의 선구적인 영향력으로 인해 학생들이 음악에 매일 노출되고 음악 기호를 읽는 것을 배운다. 어떤 문화에서는 사람들 사이의 관계(대인관계 지능)를 개인적인 성향(자기성찰 지능)보다 중요하게 생각한다(Gardner, 1933a).

하지만 모든 문화가 공통된 8개의 지능을 갖고 그것을 이용한다는 것은 중요하다. 그러므로 교육자들이 구체적인 인종, 민족, 문화를 단 하나의 지능만 가지고 언급하는 것은 큰 실수다. 지능검사의 역사는 이와 같은 편견과 편협함으로 가득 차 있다(Gould, 1981 참고). 하지만 문화적 차이에 대한 논의에 무분별하게 다중지능 이론을 활용하는 것은 오래된 인종적 고정관념을 다시 불러올 수도 있으므로 주의해야 한다(예: 흑인은 음악을 잘한다, 아시아인은 논리적이다). 1장의 〈표 1-1〉은 특정한 문화가 8개의 지능 중 어떤 지능을 높게 평가하는지를 잘 보여 준다.

문화에 관한 폭넓은 관점은 학교라는 환경 안의 매우 다른 문화들이 8개 지능 각각을 통해 그것들 자신을 표현하는 다양성을 탐험할 수 있는 맥락을 제공한다. 당신은 학교에서 주기적으로 이 다양한 문화 및 다중지능 박람회를 열어 이러한 다양성을 기념할 수 있다. 다문화 구성에 다중지능 이론을 통합시킨 교육과정을 개발할 수도 있을 것이다. 또한 학생들에게 각 문화 내의 각각의 지능에서 최상위 수준의 성취를 이룬 유명인사들을 소개함으로써 다중지능 이론을 소개할 수 있다(〈표 13-1〉에서 제시하고 있는 몇 가지 예 참고).

진로상담

다중지능 이론은 어른들이 자신의 삶 속에서 직업을 추구하는 다양한 범위에 초점을 두기 때문에 청소년들에게 직업적 열망을 계발할 수 있도록 도와주는 적절한 수단을 제공한다. 만약 아이들이 어린 나이부터 현실에서 어른들이 사용하는 모든 여덟 가지 지능에 노출된다면, 그들은 학교를 떠나 특정 직업을 갖기 위해 견고한 기반을 마련하고자 할 것이다. 학생들이 저학년일 때는 어른들이 학교에 방문하여 그들 자신의 직업에 대하여 이야기해 주거나 실제로 직업 현장을 방문할 수 있게 하여 많은 것을 지도할 수 있다. 하지만 교육자들은 아이들의 특정 직업에 대한 성향을 너무 이른 시기부터 지나치게 고정시키려고 해서는 안 된다. 여덟 가지 지능과 관련된 직업들의 현장을 방문하고 견학해 봄으로써 아이들은 그들 자신이 어떤 직업이 자신에게 잘 맞는지 스스로 결정할 수 있다. '장래에 무엇이 되고 싶은가?'라는 주제로 주기적으로 토론하는 시간을 갖는 것 또한 아이들에게 도움이 된다. 토론을

〈표 13-1〉 소수민족 문화의 저명인사

지능	아프리카계 미국인	아시아인	히스패닉계 미국인	미국 원주민 인디언
언어 지능	토니 모리슨 (Toni Morrison)	에이미 탄 (Amy Tan)	이사벨 아옌데 (Isabel Allende)	바인 델로리아 2세 (Vine Deloria Jr.)
논리수학 지능	벤저민 베네커 (Benjamin Banneker)	유안 리 (Yuan Lee)	루이스 앨버레즈 (Luis Alvarez)	로버트 휘트먼 (Robert Whitman)
공간 지능	엘리자베스 캐틀릿 모라 (Elizabeth Calett Mora)	이오 밍 페이 (I. M. Pei)	프리다 칼로 (Frida Kahlo)	오스카 하우 (Oscar Howe)
신체-운동 지능	재키 조이너 커시 (Jackie Joyner-Kersee)	크리스티 야마구치 (Kristi Yamaguchi)	후안 마리첼 (Juan Marichal)	짐 소프 (Jim Thorpe)
음악 지능	마헬리아 잭슨 (Mahalia Jackson)	미도리 (Midori)	린다 론스타드 (Linda Ronstadt)	버피 세인트 마리 (Buffy Saint Marie)
대인관계 지능	마틴 루터 킹 2세 (Martin Luther King Jr.)	대니얼 이노우에 (Daniel K. Inouye)	사비에르 수아레스 (Xavier L. Suarez)	러셀 민스 (Russel Means)
자기성찰 지능	맬컴 엑스 (Malcolm X)	S. I. 하야카와 (S. I. Hayakawa)	세자르 차베즈 (Cesar Chavez)	블랙 엘크 (Black Elk)
자연탐구 지능	조지 워싱턴 카버 (George Washington Carver)	나이누아 톰슨 (Nainoa Thompson)	세베로 오초아 (Severo Ochoa)	윌프레드 포스터 2세 (Wilfred Foster Denetclaw Jr.)

할 때 그들의 포부를 다질 수 있게 하기 위해 다중지능 단어를 사용하도록 계획해 보라.

중등학교 수준에서 학생들은 자신에게 기질적 · 인지적으로 잘 맞는 직업이 무엇인지 판단하기 위해 자기평가의 지속적인 과정에 참여할 수 있다(이 과정에서는 다중지능 자기평가 도구가 아마 유용할 것이다). 다음은 주요 지능에 따라 분류된 직업 목록이다.

- 언어 지능: 사서, 기록관, 큐레이터, 언어병리학자, 작가, 라디오 · 텔레비전 아나운서, 기자, 법률사무소 직원, 변호사, 비서, 속기사, 교정원, 영어 교사
- 논리-수학 지능: 감사원, 회계사, 구매 담당자, 손해사정사, 수학자, 과학자, 통계학자, 보험계리인, 컴퓨터 분석가, 경제학자, 기술자, 회계장부 담당자, 과학 또는 수학 교사
- 공간 지능: 엔지니어, 측량사, 건축가, 도시설계자, 그래픽아티스트, 인테리어 디자이너, 사진사, 미술 교사, 발명가, 지도 제작자, 비행기 조종사, 순수예술가, 조각가
- 신체-운동 지능: 물리치료사, 레크리에이션 강사, 댄서, 영화배우, 정비공, 목수, 공예가, 공장 근로자, 안무가, 운동선수, 보석세공사
- 음악 지능: 디제이, 음악가, 악기 장인, 피아노 조율사, 음악치료사, 악기 판매 사원, 작사가, 스튜디오 엔지니어, 지휘자, 가수, 음악 교사, 음악 복제 담당자
- 대인관계 지능: 행정가, 관리자, 교장, 인사과 직원, 중재자, 인류학자, 상담가, 심리학자, 간호사, 홍보 담당자, 판매원, 여행사 직원, 대외 협력 담당자
- 자기성찰 지능: 심리학자, 성직자, 심리학 교사, 치료사, 상담가, 신학자, 사업가
- 자연탐구 지능: 삼림감시원, 동물학자, 동식물 연구가, 해양 생물학자, 수의사, 양봉가, 농부, 자연 안내원(nature guide), 생태학자, 원예가, 포도주 제조자, 곤충학자, 나무치료 전문가

물론 거의 모든 직업은 여러 가지 지능과 관련된 다양한 책임으로 구성되어 있다. 예를 들면, 학교 관계자들은 교사, 학부모, 학생 그리고 사회집단과 원만한 관계를 유지하기 위해서 대인관계 지능을 가져야 한다. 또한 예산과 재정을 계획하기 위한 논리-수학 지능과 계획안 및 보조금 신청서를 만들고 효과적으로 대화하기 위한 언어 능력 역시 필요하다. 그리고 자신이 내린 결정에 충분한 확신을 갖기 위해서 자기성찰 지능도 필요하다. 중학생들과 미래의 직업에 대해 논의할 때, 한 직업에서 요구하는 여러 가지 지능에 대해 이야기해 본다면 도움이 될 것이다.

더 생각해 볼 문제

1. 교실이나 학교의 소프트웨어 도서관에 들어간다. 어떤 특정한 지능이 각 프로그램을 통해 활성화되는지 주목한다. 소프트웨어 프로그램이 조금밖에 없거나 아예 없는 지능 분야를 확인한다. 대규모 교육 소프트웨어 회사들의 카탈로그를 입수해서 자신의 학교 안에 있는 지능의 범위를 확장하기 위해 구매할 수 있는 프로그램의 목록을 작성한다. 각 지능을 위해 적어도 2~3개의 프로그램을 교실이나 실험실에 제공한다. 계발한 지능대로 구별된 프로그램에 표시하고 특별한 '선택' 의 시간에 학생들을 장려하여 여러 범위의 프로그램을 경험하게 한다. 같은 방법으로 여덟 가지 지능을 다룬 웹사이트의 명단을 만든다.

2. 멀티미디어 소프트웨어 사용에 전문가처럼 익숙해진다. 그러고 나서 그 자료들을 가지고 평가 목적으로 특별한 과제나 '전자 포트폴리오'를 개발하는 학생들을 도와준다.

3. 교실을 위해 다문화 및 다중지능 개체를 만든다. 만약 사회집단이 다양하다면 교실이나 학교에서 각각의 학생이 대표하는 문화에 주목한다. 개체 안에서 서로 다른 문화들이 여덟 가지 지능을 통해 어떻게 그것들 자신을 표현하는지 구전되거나 기록된 전통, 숫자 체계나 과학, 음악, 미술, 춤, 스포츠, 정치와 사회 체계, 종교와 미신 그리고 그 밖의 분류 체계를 통해서 알아본다.

4. 교실을 위해 직업 교육과정(예: 소풍 계획, 초등학교 수준의 학부모 방문)을 개발한다.

5. 다중지능 이론의 교육적 적용 중 이 책에서 언급하지 않은 것은 무엇인가? 어떻게 이러한 적용을 가장 잘 발전시킬 수 있는가? 특별한 흥미를 가지고 미처 검토하지 못한 하나의 영역을 선택하여 교실이나 학교에서 그것을 창의적으로 표현할 수 있는 방법을 구상해 본다.

14
다중지능 이론과 실존 지능

실존 지능은 모든 인류의 문화권에서 존중받아 왔다. 이러한 문화들은 실존적 주제를 다루기 위해 신앙, 신비주의, 철학 등의 체계를 창안했다. 현대 혹은 세속적 배경에서 미학적 · 철학적 · 과학적 관점으로 이루어진 연구, 그리고 이 관점에서 구성된 체계 또한 이러한 인류 욕구의 조화를 설명하고 있다.

-하워드 가드너(Howard Gardner)-

가드너는 아홉 번째 지능—실존 지능(the existential intelligence; Gardner, 1995, 1999)—의 가능성에 관해 저술하였다. 이 장에서는 이와 관련하여 교육과정의 어떠한 잠재적 응용 요소가 해당 후보 지능(candidate intelligence)에 존재하는지 알아보고자 한다. 가드너는 실존 지능을 "인생의 궁극적 문제에 대한 고찰"이라고 정의하였다. 가드너는 이 지능의 핵심 능력이 "전 우주적 관점으로, 즉 무한대이면서 극소한 존재로 자신을 바라볼 수 있는 능력이며, 죽음의 의미, 물리적 · 심리적 세계의 궁극적 원리, 박해나 몰입 등의 심오한 체험과 같은 인간의 실존적 특징을 포함하여 자신을 러한 관점으로 바라보는 능력" 이라고 묘사하였다(Gardner, 1999, p. 60). 가드너는 또한 자신이 개개인이나 단체 혹은 기관에서 전해 받은 특정 '진실' 을 근거로 영적 · 종교적 · 도덕적 지능에 대해 제안하고 있는 것이 단연코 아니라고 서술하였다(왜 가드너가 영적 혹은 도덕적 지능에 관하여 제안하지 않기로 결정하였는지에 대한 상론은 Gardner, 1999, pp. 53-77 참고). 반면, 그는 어떠한 형태든 인간의 지능이 만들어지는 과정은 인생의 궁극적인 의문을 이해하려는 인류의 오랜 노력에 대해 언급해야 한다고 제안하고 있다. 예컨대, '우리는 누구인가?' '(인생을 사는 이유는) 무엇 때문인가?' '왜 악마가 존재하는가?' '인류의 방향성은 무엇인가?' '인생에 의미가 있는가?' 등의 궁극적인 의문이라 할 수 있겠다. 이러한 포괄적인 정의에는 종교적이거나 영적인 역할(신학자, 목사, 랍비, 샤먼, 선교사, 신부, 요기스,[1] 라마,[2] 이맘[3] 등)이 분명히 존재할 수 있는 여지가 있을 뿐만 아니라 비종교적 혹은 비영적 역할(철학자, 작가, 예술가, 과학자, 그리고 직업적 창조 활동의 일환으로 이러한 깊은 질문을 하는 모든 사람)까지 포함하게 된다.

가드너는 이와 같은 종류의 지능을 다중지능 이론에 포함하는 것을 검토하였는데(가끔 그는 자신이 이미 $8\frac{1}{2}$개의 이론을 가지고 있다고 익살스러운 재담을 하곤 했다), 이는 그가 한 가지 지능을 정의

1) 역자 주: 요기스(yogis)는 요가 수행자다.

2) 역자 주: 라마(lamas)는 티베트 불교에서의 영적 지도자다.

3) 역자 주: 이맘(immams)은 예배를 인도하는 무슬림 성직자다.

하는 데 필요한 조건들의 거의 대부분에 그 지능이 부합한다고 생각했기 때문이다.

- 문화적 가치: 사실상 모든 문화에는 믿음 체계, 미신, 신조(도그마), 의례, 제도 혹은 다른 어떤 형태로든 궁극적인 인생의 문제를 해결하려는 것이 존재한다.
- 발달적 역사: 철학적 · 종교적 · 영적 · 과학적 · 예술적 영역에서 위인의 자서전을 살펴보면 어릴 때부터 어느 정도의 성장 과정을 통해, 그리고 성인이 되어서는 인생 문제(혹은 우주의 문제)에 대해 깨달음을 얻거나 이해가 생기는 현상을 볼 수 있다.
- 상징 체계: 대부분의 사회는 역사적으로 여러 종류의 상징물, 이미지 혹은 '지도' 등을 고안해 내어 인간의 실존에 대해 소통해 왔다(입증 요소의 예로, 기독교의 '십자가', 이슬람의 '별' 과 '크레센트[crescent]', 유대교의 '다윗의 별' 등 세계적인 종교들이 주요하게 사용하는 상징물이 있다.
- 탁월한 재능(학자, 석학): 세계 곳곳에는 대중이 인정하는, 소위 말하는 깊은 지혜나 이해가 있는 사람, 존재론적 질문을 던질 수 있는 역량이 있는 사람들이 존재하는 반면, IQ가 낮은 사람, 다른 지능이 낮은 사람들 역시 존재한다 (영화 포레스트 검프[Forrest Gump]〉가 일반적인 문화권에서 생기는 이러한 현상을 설명해 주는 가장 적합한 예일 것이다).
- 심리측정학 연구: 몇몇 성격 평가는 '독실함'이나 '영성'의 특

징을 측정할 수 있다고 주장한다. 하지만 수치화될 수 없는 경험에서 수치화된 측정을 얻는 것은 본질적으로 문제가 된다.

- 진화론적 타당성: 선사시대 사람들의 사냥과 매장 의식, 그리고 코끼리의 우는 행동에 존재하는 '주제를 자각하고 있다는 사실'을 입증하는 증거가 있다.
- 뇌 연구: 측두엽에 간질이 있는 사람들은 가끔 '지나친 신앙심'의 징후를 보이고, 각기 다른 가정으로 입양되어 떨어져 성장한 일란성 쌍둥이도 종교적 태도가 매우 비슷하게 나타난다. 이러한 것들은 유전적 가능성을 내포한다. 하지만 실존적 문제를 생물학적 문제로 간주해 버린다는 문제를 가지고 있다.

비록 실존 지능이 가드너의 기준에 완벽하게 맞아떨어지지는 않지만(그렇기 때문에 가드너는 아직 실존 지능을 다중지능 이론에 포함하지 않았다), 교육자들이 실존 지능을 이 분야의 새로운 지능으로 진지하게 받아들일 수 있을 법한 다양한 이유가 있다. 나는 실존 지능을 교육과정에 잠재적으로 응용해 보고 싶지만 그러기 전에 우선 언급하고 싶은 것이 있다.

먼저 몇몇 교육자는 사회에서 논쟁을 일으키거나 헌법에 명시된 신앙의 자유를 해칠까 봐, 혹은 그들 자신 또는 학생들의 더 깊은 인생의 양심이나 믿음을 어기게 될까 봐 실존 지능에 대한 언급을 꺼릴지도 모른다. 하지만 이 지능은 오히려 특정 종교나 영성 또는 믿음을 알리는 것과 아무런 관련이 없음을 표현하는 것이 중요하다. 즉, 실존 지능은 인류가 종교적이거나 비종교적인 실질적 문제에 태초부터 얼마나 다양한 방법으로 접근했는지 검토할 수 있게 한다. 공립학교에서 종교를 객관적이고 중립적으로 가르치는 것과 관련한 분명한 헌법적 보호가 존재하고 있고, 교육과정 내에서 그러한 교육을 정기적으로 하는 중요한 교육적 이유 또한 존재한다(Nord & Haynes, 1998 참고).

두 번째로, 이 지능은 다른 어떤 지능보다도 잠재적으로 교육과정에 활용하기 까다로워 보인다. 즉, 실존 지능을 모든 가능한 교육 목표에 적용한다 해도 그러한 시도가 지니는 특별한 장점은 보이지 않는다. 가령, 곱셈이나 음악, 문장 구조, 수업 규칙, 주정부 또는 다양한 음식의 종류를 실존 지능을 통해 가르치는 것은 정말 터무니없는 일이다. 실존 지능이 혹여나 가드너에 의해 '공식적' 지능으로 인정받는다 해도 언제나 다중지능 이론 중에서도 조금은 특별한 위치 혹은 주변부에 놓일 것으로 보인다.

마지막으로, 나는 학생들의 실존 지능을 측정하려는 노력과 일상적 학교 교과를 구성하기 위한 실존주의적 접근은 교육 측면에서 전혀 생산적이거나 유용하지 않을 것이라 믿고 본다. 그것을 기계적으로 적용할 경우 교육자들에게 너무 동떨어지고 편협하며 인위적인 기준을 만들도록 강요하는 것이 될 것이고, 그런 기준은 어떤 교육적 가치도 가지고 있지 않기 때문이다(반대로 논쟁과 혼란만 야기할 수도 있다). 나는 또한 특정한 분야(예: 다양한 문화권의 학생들에게 특정 종교 의식을 다시 해 보게끔 하거나 생물 시간에 죽음의 의미를 알게 하기 위해 눈을 감고 고인을 명상하게 하는 것)를 가르치기 위하여 '실질적 전략'을 시도하는 것은 몇몇 학생의 양심에도 위반되며, 공립학교에서는 불법일 가능성이 높다고 믿는다.

결과적으로 내가 생각하기에 실존 지능을 학교 수업 과정에 포함시키기 가장 좋은 방법은 학생들에게 그들이 공부하고 있는 것의 실존적 차원의 문제를 생각해 보게 하고, 과학자, 예술가, 정치인, 작가 중 실존적 문제를 자신의 작품과 일로 승화시킨 사람들의 해당 방법을 고민해 볼 수 있게 도와주는 것이다. 나는 교육자들이 조금 더 기본에 충실하게, 법적으로 문제없게, 교육적으로 책임감 있게 종교를 가르치기 위해서 『*Taking Religion Seriously Across the Curriculum*』(Nord & Haynes, 1998)이라는 책을 읽어 볼 것을 추천한다. 또한 아이들이 얼마나 태생적으로 철학적인지 보기 위해서는 『*The Philosophy of Childhood*』(Matthews, 1996)를 추천한다.

지금부터는 실존 지능을 어떻게 교육과정에 적합하도록 이용하고 수업 안에서 헌법 및 학생들 개개인의 믿음에 위배되지 않게 통합할 수 있는지 살펴볼 것이며, 이와 관련하여 몇 가지를 제안해 보고자 한다.

과학

과학의 외면적이고 논리적인 방법론이 실존적 주제의 활동 가능성을 배재하는 것처럼 보일지라도, 사실 과학의 핵심은 궁극적 삶의 문제들로 살아 움직인다. 근대 과학은 17세기 철학, 종교, 연금술 등의 실존적 문제들로부터 탄생하였다. 뉴턴, 보일, 아인슈타인 등 근대 최고의 과학자들은 종교적 · 정신적 · 우주적 문제로부터 어느 정도 (어쩌면 더 많이) 동기 부여를 받았다(아인슈타인은 양자학의 불확실성을 '신은 주사위 놀이를 하지 않을 것'이라는 이유로 반박하였다). 교육자들은 가드너(1999)가 언급한 것과 같이 과학 수업에서 "전 우주적인, 즉 무한대이면서 극소한"(p. 60) 우주의 기원을 다룬 이론들과 원자보다 작은 물리학 등을 강조하여 실존적으로 접근할 수 있다. 이 극한의 한계를 생동감 있게 묘사한 훌륭한 책으로는 『*Power of Ten*』(Morrison & Morrison, 1994)이 있다. 이 책은 연속되는 10의 제곱을 단위로 하여 독자를 원자의 내부부터 우주의 가장자리까지 데려다 준다. 생물학에서도 교육자들은 비슷한 방법으로 삶의 기원과 관련하여 학생들이 비생물(예: 돌과 미네랄)과 생물(예: 식물과 동물) 등의 차이를 느끼게 하면서 실존적으로 접근할 수 있다. 인간 복제에서 핵폭탄 연구에 이르기까지 현재의 많은 과학적 논란은 자연과 인간의 숙명에 대하여 깊은 생각을 할 수 있는 기회를 마련해 준다. 과학이 해결하지 못하는 문제들을 그 범주 안에서 해결하고자 할 때 실존적 문제는 교육과정에 앞서 고려 될 수 있는 충분한 여지가 있다.

수학

과학과 비슷하게 수학 역시 몇천 년 동안 실존적 쟁점과 연관되어 왔다. 초창기 서양 수학자인 그리스의 사상가 피타고라스는 숫자의 패턴이 세상의 조화에 대한 신비를 밝혀 준다고 믿은 수학자이자 신비주의자였다. 피타고라스에 따르면, 플라톤은 수학적 추리가 그저 인류가 모아 놓은 자료보다 궁극적인 현실에 더 가깝다고 생각했다. 유대교, 이슬람교 그리고 다른 위대한 종교들의 전통은 숫자와 수학적 추론이 세상의 미스터리로 가는 통로라고 보았다. 교육자들은 다문화적 주안점에 대해 수학을 이용하여 역사적 연관성을 다룸으로써 학습을 도울 수 있다. '0' 과 무한의 수, 아주 큰 숫자와 아주 작은 숫자, 음수, 무리수, 허수, 확률, 위상기하학 등의 수학 개념을 이용하여 실존적 주제를 다룰 수도 있다.

역사

앞서 언급한 '지능' 의 방식을 대입하여 인류의 역사를 논하자면 존재론적 고찰, 특히 종교에 관한 요소를 고려하지 않고서는 사실상 불가능하다. 미국의 역사를 살펴보자. 17세기경 많은 정착민이 북미 대륙으로 이주하게 된 동기는 종교적 억압으로부터 자유를 찾기 위해서였다. 따라서 역사를 공부하는 학생들에게는 청교도가 믿었던 것에 대한 어느 정도의 이해가 있어야 한다. 예를 들어, 그들의 믿음이 영국 국교회와 얼마나 다른지 알아야 한다 (또한 비슷한 예로 영국 국교회가 로마 가톨릭교와 분리된 것도 있다). 인류 역사상 발발한 전쟁들 중 일부는 종교적 차이로 인해 일어났다. 이러한 이유로 역사적 충돌이 발생한 배경 및 원인을 알기 위해 학생들은 이 종교들이 가지고 있는 특성을 어느 정도 이해하고 있어야 한다. 그와 동시에 세계적으로 일어나는 많은 역사적 사건을 이해하기 위해서는 철학의 추세 혹은 다른 실존적 영역에 대한 학생들의 이해가 필요하다(예: 프랑스 혁명에 대한 계몽 운동의 영향). 그리고 마지막으로 홀로코스트(Holocaust)[4]와 같이 상식적 관점을 초월하고, 악의 본질, 고난, 죽음 등을 직면하게 함으로써 우리의 믿음을 흔들리게 하며, 인류의 존재에 대해 재고찰하게 만드는 사건들 또한 존재한다.

문학

서양 문학과 실존 지능의 연관성은 히브리어와 기독교 성서가 작가 혹은 저술가들에게 미친 영향에서 가장 명확하게 나타난다. 셰익스피어의 작품이나 버니언(Bunyan)의 『천로역경(*The Pilgrim's Progress*)』(1678), 멜빌(Melvile)의 『모비딕(*Moby Dick*)』(1851), 포크너(Faulkner)의 『압솔롬, 압솔롬!(*Absolom, Absolom!*)』(1966) 등의 역사적 의미가 깊은 도서는 성서적 혹은 종교적 요소로 해석하지 않고서는 완벽히 이해할 수 없다. 나는 존재하는 모든 위대한 문학은 인생의 궁극적 요소에 대한 문제와 관련이 있다고 생각하

4) 역자 주: 홀로코스트(Holocaust)는 제2차 세계대전 중 나치 독일이 자행한 유대인 대학살을 말한다.

며, 이러한 요소들을 제외하고서는 역사적인 문학의 내용(몇천 년의 역사를 가지고 있는 메소포타미아 고전에서 길가메시의 친구 엔키두의 죽음 후에 닥쳐온 존재론적 위기부터 제임스 조이스[James Joyce]의 20세기 걸작인 『율리시스[*Ulysses*]』[1922]에서 레오폴트 블룸과 스티븐 데덜러스의 철학적 사색에 이르기까지)을 이해할 수 없다고 생각한다. 교사는 교육을 할 때 문학이 실존적 주제를 담고 있는지 여부를 사전에 확인하고, 학생들에게 이 주제에 대해 생각할 기회를 주며, 관련된 생각을 다른 과정과 연관 지어 토론할 수 있도록 학생들을 이끌어야 한다.

지리

연합, 도시국가, 왕국, 연방 그리고 국가의 지도 및 지리에 있어서 고대부터 오늘날까지의 끊임없는 변화를 보다 효과적으로 이해하려면 실존적 주제가 포함되어야 한다. 전 유고슬라비아의 변화하는 지도를 이해하려면 단적인 예로 로마 가톨릭, 정통 기독교, 이슬람교의 뚜렷한 차이를 이해하고 있어야 한다. 또한 인도, 파키스탄 그리고 방글라데시의 분단을 이해하려면 이슬람과 힌두두 국가의 관점의 차이를 이해하여야 한다. 교사의 입장에서 학생들에게 인생의 궁극적인 요소를 다루는 각 국가 간 혹은 세력 간 태도의 차이가 지리적 경계를 변화시키는 데 얼마나 큰 영향을 줄 수 있는지 설명하는 것은 지리가 형성 · 재형성되는 변화를 설명하기 위한 좋은 방법 중 하나다.

예술

가드너가 설명한 실존 지능의 정의에서 그는 '예술 작품에서 나타나는 완전 몰입 현상'은 한 개인이 궁극적 인생관과 관련하여 스스로 그것을 경험하고 표출하기 위한 방법 중 하나라고 언급하였다. 음악, 그림, 조각품, 춤, 드라마 등의 역사를 살펴보면 인생의 의미, 죽음, 고난 그리고 다른 실존적 주제에 대한 지속적인 고찰이 드러난다. 미켈란젤로의 〈피에타(Pieta)〉 혹은 셰익스피어의 『베니스의 상인(*Merchant of Venice*)』(1596)을 보면, 이들 작품은 우리에게 인생의 고난과 자비에 대한 궁극적 의문에 대해 곰곰이 생각하게 한다. 음악가인 베토벤의 교향곡 5번을 듣거나 화가인 토머스 콜(Thomas Cole)의 시리즈작 〈인생의 항해(The Voyage of Life)〉(1842)를 보는 것은 우리에게 인간의 운명에 대해 생각해 보게 만든다. 다시 교육의 관점으로 돌아가서, 학생들에게 이러한 작품들을 제대로 인식하게 하고 많은 자료와 함께 그들이 자신만의 예술 작품을 창조하여 개인 관점에서 실존적 고민을 나눌 기회를 제공한다면 학생들의 학습에 도움을 줄 수 있을 것이다.

요컨대, 교사는 교실 환경에서 실존 지능을 훈련하기 위한 충분한 기회를 제공할 수 있다. 앞서 언급한 관련성 및 적용점은 새로운 지능에 잠시 관심을 갖는 것만을 의미하는 것은 아니다. 오히려 어떻게 실존적 관심이 과학, 수학, 역사, 문학, 예술 그리고 다른 분야의 학문과 연결될 수 있는지, 그리고 어떻게 인간의 문화를 총체적으로 이해하기 위한 삶의 궁극적 질문을 할 수 있는지에 초점을 맞추기 위해 실존 지능의 역할이 필요한 것이다.

더 생각해 볼 문제

1. 여러 모임(부모, 교사, 행정가, 학생, 이사회)에서 실존 지능을 학교 교육과정에 더 포함시킬 수 있는 방법에 대해 논의한다. 자유로운 분위기로 모든 관점에서 토의한다. 이는 종교적 쟁점, 떠오르는 철학적 주제에 대해 가르칠 수 있는 기회를 제공할 것이며, 교육과정의 다양한 부분과 관련된 다른 실존적 문제에 대해서도 토론할 수 있게 할 것이다.

2. 과학, 수학, 역사, 문학, 사회, 경제, 심리학, 사회학, 인류학 같은 교과의 실존적 차원을 연구하고, 어떻게 그것을 정규 주요 교과에 완전하게 통합시킬 수 있을지 토론해 본다.

15
다중지능 이론과 그 비판

다중지능 이론은 전통적인 심리측정 접근이 갖는 단점에 대하여 더욱 많은 수정 사항을 제공하고 있다. 심리검사 답지(bubble-sheet[1])에서 나타나는 결과를 탐색하는 대신, 가드너는 여러 문화에 걸쳐 발견되는 다양한 실제의 인간 성취 기저에 존재하는 정신 능력을 밝혀내려 했다.

-민디 콘하버(Mindy Kornhaber)-

다중지능의 높은 인기와 맞물려, 이 이론에 대한 비판 역시 점차 증가하고 있다. 사실 다중지능 이론에 대한 비판 중 하나는 다중지능 이론 지지자들이 비판적인 연구 문헌에 대한 충분한 탐색을 하지 않았다는 것이다. 예를 들어, 윌링엄(Willingham, 2004)은 다음과 같이 관찰하였다. "교사 연수에서 쓰는 다중지능 이론에

1) 역자 주: OMR 카드와 같은 의미로, 종이에 동그라미가 그려져 있다고 하여 bubble sheet로 부름.

대한 교재는 일반적으로 다중지능 이론 자체만 많이 다루고 있지만, 그에 대한 비판은 없거나 매우 적다."(p. 24) 트라우브(Traub, 1998)는 다음과 같이 기술하였다. "나와 대화했던 교사들과 행정가들 중 소수만이 다중지능의 비판점에 대해 알고 있었다. 그들이 알고 있었던 것은 그 이론이 그들 자신에게 효과가 있었다는 점이다. 그들은 그 이론에 매우 도취된 채 이야기하곤 했다."(p. 22). 이 장에서는 다중지능에 대한 주요 비판점들을 검토해 보고 이 이론에 대하여 핵심적인 오해라고 믿고 있는 것들을 말끔하게 없애버리고 싶다.

비판 1: 다중지능 이론은 경험적 기반이 취약하다

다중지능 이론에 대하여 이러한 불만을 제기하는 사람들의 대부분은 심리측정 및 평가 관련 학계 종사자다. 예를 들어, 갓프레드슨(Gottfredson, 2004)은 지능검사에 대한 연구가 여덟 가지 각각의 지능에 대하여 사실상 아무런 증거를 제공하지 못하고, 반면에 스피어먼(1927)이 제시한 '스피어먼의 g',[2] 또는 단순히 'g 요인(the g factor)'으로 통칭되는 매우 중요한 단일 지능의 개념에

2) 역자 주: 스피어먼은 인지 능력이나 정신 능력을 측정하는 모든 검사는 공통적인 일반적 정신 능력을 측정하고 있다고 보고, 이러한 일반적 능력을 지능의 일반요인(g 요인)이라고 이름 붙였다. 그리고 이러한 일반요인과 더불어 지적 과제별로 특수하게 작동되는 특수요인(s 요인)이 지능을 구성하는 요인이라고 보았다(황정규 외, 2011, 교육평가의 이해, p. 133).

대해서는 압도적으로 많은 증거를 제시하고 있다고 주장한다(Brody, 2006 참고). 갓프레드슨(2004)은 다음과 같이 썼다.

> g 요인은 한 가지 유형의 지능검사에서 점수를 잘 받는 사람들이 모든 지능검사에서도 점수를 잘 받는 경향이 있다는 사실을 발견했던 첫 번째 지능 검사관에 의해 발견되었다. 그 검사들의 내용(단어, 숫자, 그림, 모양), 어떻게 그것들이 집행되는지(개인적으로 또는 집단적으로, 구두로, 글 또는 몸짓으로) 그것들이 무엇을 측정하려 하는지(어휘, 수학적 추론, 공간 능력)에 관계없이, 모든 지능검사는 대부분 같은 것을 측정한다. 이러한 공통적인 요소인 g는 다양한 인지검사 세트에서의 점수로부터 추출할 수 있고, 아직 연구되지 않은 모든 국가는 물론 모든 연령, 인종, 성별의 개인들 사이에서도 같은 유형으로 추출할 수 있다. 다른 말로 하면, g 요인은 학교 교육, 지필 검사 그리고 문화와 독립적으로 존재하는 것이다(p. 35).

비서, 애시턴 그리고 버넌(Visser, Ashton, & Vernon, 2006)은 실제로 표면상 8개의 지능을 다루고 있는 16개의 검사 도구(각 지능당 2개의 검사)를 수집하였고, 그 검사들 대부분에 존재하는 것을 찾아냈다. 이 연구자들은 가드너가 여러 지능이라고 부르는 것들이 사실 g 요인에 있어서 단지 이차적이거나 삼차적인 능력일 뿐이라고 주장한다. 달리 말하면, 그것들은 존재하긴 하지만 g에 있어서는 부차적인 것이다. g를 최상에 놓고 인간의 인지 능력에 대한 위계적 구조를 구성해 냈던 캐럴(J. B. Carroll, 1993)은 비록 신체-운동 지능에 있어서는 비유할 만한 것을 찾지 못했으나, 언어 지능은 '유동성 지능(fluid intelligence)'에, 음악 지능은 '청지각(auditory perception)'에 비유하였다(하지만 음악 지능을 청지각에 비유한 것은 캐럴의 실수인 듯하다. 왜냐하면 다중지능은 감각에 의존하는 것이 아니기 때문이다).

비판 1에 대한 응답

다중지능 이론은 g 요인이 존재한다는 사실에는 동의하고 있다. 그러나 다중지능 이론이 반박하는 것은 g가 다른 유형의 인지 능력보다 우월한 것이라는 점이다. 다중지능 이론에서 g는 다른 나머지 지능 영역과 동등하게 그것만의 위치(주로 논리-수학 지능에서)를 점하고 있을 뿐이다. 또한 여기서 가장 큰 성패가 달려 있는 것은 의미론(semantics)의 문제인 것처럼 보인다. 심리측정학계에서 대다수의 비판자는 가드너의 모델에 그러한 지능들이 존재하고 그것이 검사에 의해 지지받고 있다는 것에는 동의한다. 그러나 그들이 동의하지 못하는 것은 그것들을 과연 '지능들(intelligences)'로 불러야만 하는지에 대한 것이다. 그들은 다른 일곱 가지의 지능을 재능(talents), 능력(abilities), 수용 능력(capacity) 또는 특정 능력(faculties)으로 간주하고 있지만, g 요인에 대해서는 '지능'이라는 표현을 보류하고 싶어 한다. 가드너(2003)는 다중 '재능(talents)'보다는 다중 '지능(intelligences)'이라고 칭하면서 흥미를 유발하려 의도했다고 기술한 바 있다. 그는 단일한 사상으로서 '지능' 이 갖고 있는 신성불가침적인(sacrosanct) 특성에 도전하고 싶어 했고, 사람들로 하여금 지적(intelligent)이라는 것이 어떤 의미인지 더욱 깊이 생각하도록 만들고 싶어 했다. 그가 심리측정학계로부터 매우 많은 논란을 촉발시켰다는 사실은 한편으로 그가 자신의 목표를 달성했다는 것을 보여 준다. 또한 다중지능 이론이 수많은 자료에 의해 경험적으로 지지받고 있다는 것은 사실이다. 『마음의 틀』(1993a)에서 가드너는 자신의 이론에 등장하는 지능을 충족시키기 위하여 필요한 여덟 가지 준거를 설정했다(1장 참고). 이들 각각의 여덟 가지 준거에서는 뇌손상을 입은 개인과 서번트(savant)에 대한 연구부터 선사시대의 인간 및 다른 종에서 나타난 증거나 인간 발달에 대한 전기적 연구, 그리고 인류 문화에 대한 연구에 이르기까지 다양한 경험적 정보를 제공하고 있다. 가드너(2004)가 언급한 것과 같이, 그의 이론에 심각하게 도전할 만큼 중요한 것은 지난 25년 동안 등장한 적이 없었다. 예를 들어, 포스너(Posner, 2004)는 최근의 뇌영상 연구가 서로 다른 지능들과 관련되어 있다는 사실, 즉 서로 별개인 뇌의 영역들에 의해 가드너의 아이디어를 지지하고 있음을 주시하고 있다. 역설적이게도, 심리측정학계는 숫자의 편협한 범위 안에만 머물러 왔고, 표준화된 검사는 실제로 폭넓은 경험적 지지를 제공하는 다중지능의 기능을 이론적인 g 요인 지능의 개념에만 제한하고 있다(그럼에도 갓프레드슨의 주장에서 g는 '학교친화적[school-like]' 사고를 측정하기 위한 것으로 보임; Gardner, 2006b). 한편, 다중지능에 대한 경험적 정보로부터의 다양한 자료는 이론적 구인으로서, 그것의 타당성을 매우 많이 확대해 주고 있다.

비판 2: 교실에서의 다중지능을 위한 철저한 연구 기반이 존재하지 않는다

이 비판은 다중지능이 경험적 지지를 가지고 있지 않다(혹은 좀 더 현대적 맥락에 맞춘다면, '다중지능은 연구 기반[researched-based]이 아니다.')는 것을 암시한다는 점에서 첫 번째 것과 유사하다. 그러나 우리가 관심 있는 것은 순수한 이론이 아니라 그것의 학교 환경에서의 실제 적용이다. 예를 들어, 콜린스(Collins, 1998)는 "가드너 이론의 구체적인 사항에 대한 증거가 미흡하고, 그것의 실제 적용이 효과적이었다는 것을 보여 주는 탄탄한 연구도 없다."(p. 95)고 기술하고 있다. 윌링엄(2004)은 다음과 같이 기술하고 있다.

> ……탄탄한 정보가 거의 없었다. 가장 종합적이었던 연구는 다중지능의 활용을 주장하고 있는 41개 학교에 대한 3년간의 조사 연구였다. 이 연구는 가드너의 오랜 공동연구자였던 민디 콘하버(Mindy Kornhaber)가 수행하였다. 그러나 불행하게도 연구 결과는 해석해 내기가 어려웠다. 그들은 78%의 학교에서 표준화 검사 점수가 상승했다고 보고했지만, 각 학교

에서의 그러한 상승이 통계적으로 유의한지 보여 주는 데는 실패하였다. 통계적으로 유의하지 않다면, 우리는 절반의 학교에서 점수가 우연히 상승한 것이라고 예측할 수도 있다. 게다가 여기에는 통제 집단도 없었고, 그래서 그들이 속한 학군의 다른 학교들과 비교하기 위한 기반도 없었다. 이에 더하여, 새로운 학교 규모의 프로그램과 새로운 주 규모의 프로그램 또는 다른 여러 알려지지 않은 요소를 적용하는 데서 오는 홍분을 고무하기는커녕 학교 내에서의 변화 정도가 다중지능의 아이디어를 수행했기 때문인지조차 알 수 있는 방법이 없었다(p. 24).

비판 2에 대한 응답

아마도 다중지능이 연구 기반이 아니라는 주장의 가장 큰 문제점은 그것이 믿을 만한 연구를 구성하는 것에 대한 매우 편협한 관념에 기반을 두고 있다는 점이다. 아동낙오방지법(NCLB)의 제한적인 분위기에서 '타당한 연구'의 아이디어는 표준화된 검사와 상관 계수 그리고 통계적 유의도 수준에 기반을 둔 양적 도구를 활용한 매우 잘 통제된 연구들로 엄격하게 제한되어 왔다. 교육학적 연구에서의 '황금률(gold standard)'[3]에 대한 정부의 정의는 미국교육부(2003)에서 발행한 지침서에서 제시한 바 있다.

3) 역자 주: 원래는 '금 본위제(gold standard)'를 의미하나, 모두가 따라야 할 어떤 규칙을 의미하는 것 같아서 황금률(golden rule)로 번역하였음.

예를 들어, 당신이 무작위 대조군 실험 연구(randomized controlled trial)로 3학년을 위한 새로운 수학 교육과정이 기존 학교에서의 3학년 수학 교육과정보다 더 효과적인지 여부를 검사한다고 가정해 보자. 당신은 아마도 수많은 3학년 학생을 무선적으로 새로운 교육과정을 활용하는 중재 집단에 할당하거나 기존의 교육과정을 활용하는 통제 집단에 할당하게 될 것이다. 그러고 나서 당신은 이 두 집단의 수학 성취도를 오랫동안 측정하게 될 것이다. 두 집단 간 수학 성취도에서의 차이는 기존의 교육과정에 비하여 새로운 교육과정이 가지고 있는 효과성을 보여 주게 될 것이다(p. 1).

그러나 표면적으로 '엄격한' 것처럼 보이는 이러한 유형의 방법론을 활용하여 교실에서의 다중지능의 성과를 타당화하는 데는 많은 문제가 있다. 첫째, 다중지능은 모든 훈련된 교사가 일관적으로 수행하는 직접 교수법(Marchand-Martella, Slocum, & Martella, 2003)과 같은 특정한 구체적인 프로그램을 나타내는 것이 아니다. 이 책의 14장에서 볼 수 있듯이, 다중지능은 매우 다양한 기술, 프로그램, 태도(attitude), 도구, 전략 그리고 방법을 보여주고 있으며, 그것을 수행하는 데 있어서 각 교사는 자신만의 독특한 접근법을 발달시키도록 권장받는다. 그러므로 윌링엄이 요구한 것 같은 종류의 통제된 연구를 수행하는 것은 실용적이지 못하다. 왜냐하면 한 교실에서의 다중지능은 다른 교실에서의 다중지능과 매우 다를 수 있고, 심지어 '통제 집단 교실'일지라도 어느 정도는 다중지능 전략을 활용하고 있을 수 있기 때문이다(다른 말로 표현하자면, '순수한' 다중지능 교실과 비교하기 위하여 절대로 다중지능을 활용하지 않는 통제 집단을 어떻게 찾아낼 수 있겠는가?) 둘째, 윌링엄과 같이 연구에서 특정 수준의 통계적 유의도를 요구하는 것은 교육적 중재가 단지 '컷 통과'를 하지 못했다는 이유로 그것을 거부할 수도 있다는 것을 각오해야 하는 일이다(만약 통계적 유의도의 수준이 0.05라면 0.06의 수준은 '유의하지 않음'으로 간주된다). 맥클로스키와 질리악(McCloskey & Ziliak, 2008)은 통계적 유의도를 양적 분석의 도구로서 활용하는 것은 엄격한 과학의 영역에서조차 종종 오해를 불러일으킨다고 주장했다. 셋째, 연구의 성공이나 실패를 단지 숫자로만 바꾸어 버리는 것은 학생의 학습 진전도, 학교에 대한 학부모의 개선된 태도에 대한 사례 연구, 그리고 프로젝트, 문제해결, 포트폴리오 등을 통한 학습 진전도의 기록 등을 포함한 프로그램의 효과성을 보여 주는 다른 타당한 자원을 모두 거부하는 것이다(10장 참고). 교육에서 양적 정확성에 대한 요구는 불행하게도 실증주의(positivism, 궁극적인 진리는 오직 숫자 또는 이와 유사한 정확한 과학적 공식으로만 표현될 수 있다는 아이디어; Comte, 1988 참고)에 대하여 고개를 끄덕여 주는 것과 같다. 서양의 지적 전통에서는 질적 연구의 타당성을 주장하는 많은 사상가가 존재하며(예: Dilthey, 1989; Gadamer, 2005; Polyani, 1974 참고), 그것은 이러한 철학자들로부터 비롯된 방법론으로서 교육학적 연구를 안내하는 데 활용하기에 적절하다(예: Denzin & Lincoln, 2005 참고).

전 세계의 교육 프로그램 중 다중지능 이론의 성공적인 수행을 다룬 사례는 많다(16장 참고). 윌링엄이 학부모 참여의 수준을 높이고 훈육 문제의 수준을 낮췄으며, 학습에 어려움을 지닌 학생들의 학업 성취를 높였다고 언급한 연구(Kornhaber, Fierros, & Veenema, 2003)에 더하여 여러 해 동안 찬사를 받았던 하버드 프로젝트 제로(Havard Project Zero)가 촉발한 수많은 연구 프로젝트, 즉 '프로젝트 스펙트럼(Project Spectrum)' (Gardner, Feldman, & Krechevsky, 1998a, 1998b, 1998c), '학교를 위한 실용 지능(Practical Intelligences for School)' (Williams et al., 1996), '아츠프로펠(Arts Propel)' (Zessoules & Gardner, 1991) 등이 이에 해당한다. 특히 하버드 프로젝트 제로는 뉴스위크가 선정한 미국 최고의 교육 프로그램 2개 중 하나로 꼽혔다. 다른 하나는 Caltech(캘리포니아 공과 대학원)이었다(Chideya, 1991). 미국교육학회(The American Educational Research Association)는 1999년 이래로 다중지능 연구에 헌신하고 있는 분과회(MI-SIG, 미국 다중지능학회)를 도입했으며, 그곳의 연구자들은 매우 다양한 교육적 배경에서 다중지능의 타당성을 제공하고 있는 수많은 연구물을 보여 줘 왔다(MI-SIG는 http://29. 216.233.245/aerami/dissertation.php로 접근할 수 있는, 다중지능과 관련된 200개 이상의 박사학위 요약문의 온라인 데이터베이스를 구축하고 있다). 다중지능 이론의 탄생 20주년을 기념하기 위해 2004년 컬럼비아 대학교의 명망 있는 『*Teachers College Record*』는 다중지능 연구자와 이론가의 업적을 다루었다(Shearer, 2004). 그리고 이에 더하여 교육 연구들은 다중지능 이론을 수행하면서 얻었던 성과들을 다양한 방식으로 공유해 왔던 각 학교와 교사들의 사례로 가득 찼다(예: Campbell & Campbell, 2000; Greenhawk, 1997; Hoerr, 2000; Kunkel, 2007 참고). 다중지능 이론을 가지고 단순히 엄격한 과학 연구를 흉내 내려 한다면 그로 인해 정확한 연구가 없어서 연구 기반이 아니라고 거부하게 될 것이다. 이것은 학생들을 위한 지식의 신세계를 열어 줄 수 있는 풍부하고 긍정적인 교육 방법들을 빼앗아 버리는 것과 같다.

비판 3: 다중지능 이론은 모든 학생이 스스로 똑똑하다고 믿게 하기 위해 교육과정을 지나치게 단순화한다

어떤 비판자들은 다중지능 실천가들이 단지 다중지능의 피상적인 적용(심지어 가드너 자신조차 수용하기 힘든 전략)을 활용할 뿐이라고 비난한다. 예를 들어, 윌링엄(2004)은 바로 이 책의 이전 판들을 비판해 왔는데, 그것은 이 책의 사소한 아이디어들 때문이었다(그는 단어 철자를 노래하고 나뭇잎과 나뭇가지로 철자를 쓰는 두 가지 철자 전략을 이러한 예로 인용한 바 있다). 콜린스(1998)는 학생들이 배를 만들고 바다 생물을 다룬 역할극을 하는 바다에 대한 학습과 관련된 하나의 단원을 언급하면서, 또 다른 다중지능 교육과정 지도서(콜린스 자신이 집필한 것은 아님)에서 나온 전략을 비판했다. 그는 미국의 역사를 학습하기 위하여 신체-운동 지능을 사용하는 한 학생을 기술하였다. "이 학생은 자신의 가장 강한 강점 지능에 의하여 깊이 있게 주어진 주제를 얼마나 이해할 수 있을까? 학생은 자신의 손을 사용하면서 정착민들의 배에 대해 학습할 수 있을지도 모르지만, 그러한 운동적 접근이 과연 그 학생이 유럽 사람이 최초로 미 대륙에 도착한 이유와 같은 중요한 역사적 쟁점을 이해하게 하는 데 얼마나 도움을 줄 수 있을까?" (p. 96) 이와 비슷하게, 비판자들은 다중지능 이론이 모든 아이가 똑똑하다는 소리를 들음으로써 인위적인 '그냥 좋은 게 좋은(feel-good)' 태도를 세상에 널리 퍼뜨려 왔다고 주장했다. 바넷과 세시, 윌리엄스(Barnett, Ceci & Williams, 2006)는 다음과 같이 기술하였다. "단순히 명칭만 바꾸어 부르기(relabeling)로는 실제적인 치료 효과를 갖지 못할 수 있다……. 학생의 능력을 증명해 줄 수 있는 의미 있는 성취보다 다른 명칭으로 부르는 데 더욱 집중하는 것은 학생들이 더욱 큰 자기환멸에 빠지도록 하는 결과를 초래할 수 있다." 그들은 "명칭은 의미 있는 능력에 맞게 지어야 한다. 잘못된 명칭으로 단순히 그 아이가 똑똑하다고 느끼게 하는 데만 머무르게 해서는 안 된다." (p. 101)고 말하고 있다.

비판 3에 대한 응답

윌링엄은 1,000개도 넘는 아이디어를 담고 있는 책에서 단순히 철자법과 관련된 두 가지 전략을 인용한 후, 그것들을 『다중지능과 교육(*Multiple Intelligences in the Classroom*)』(2004) 전체를 대표하는 것으로 만들어 버린 점에서 이미 틀린 것이다(나는 이것이 '허수아비 논법'[4]이라고 알려진, 논리적 오류의 한 예라고 생각한다). 만약 어느 교사가 교실에서 다중지능 이론을 적용하기 위해 했던 모든 것이 단지 이러한 두 가지의 철자 지도를 활용하는 것뿐이었다면, 나 또한 이러한 노력에 대해 함께 비판을 가할 것이다. 그러나 이 책의 의도는 철자법(어떤 교사들은 실제로 매우 고민하고 있는)과 같은 낮은 수준의 암기 기술에서부터, 12장에서 논의된(다중지능 이론을 활용한 인지적 복잡성의 수준 간 명백한 차이의 한 예로는 〈표 12-1〉 참고) 콜럼버스의 신대륙 발견과 같은 고차원적 사고 전략에 이르기까지, 넓은 범위의 실제적인 교육의 목적에 있어서 어떻게 다중지능 이론이 활용될 수 있는지 보여 주는 것이다.

내가 교사들에게 다중지능을 지도했던 22년 동안, 예를 들어 '랩으로 수학 공부하기'가 다중지능 이론을 따른다고 믿으면서 그것을 실시하는 것과 같이 그들이 쉬운 방법만을 채택하려 하는 것을 보아 왔다. 그러나 나는 또한 다중지능 이론과 관련된 수많은 훌륭하고 독창적인 아이디어가 수년에 걸쳐 경험 많은 교사들의 생각으로부터 도출되어 나오는 것도 보아 왔다. 콜린스(1998)는 신체-운동 지능을 유럽 사람들이 미 대륙으로 오게 된 역사적 요인을 가르치는 데 활용하는 것이 과연 가능한지 의문을 제기한

4) 논쟁에서 상대방을 공격하기 쉬운 가공의 인물로, 또는 상대방의 주장을 약점이 많은 주장으로 슬쩍 바꿔 놓은 뒤, 그렇게 해서 만들어진 허수아비를 한방에 날려 버리는 수법이다.

다. 하지만 풍부한 상상력으로 학생들을 1620년 11월 11일의 플리머스 바위(Plymouth Rock)[5)]로 데려다 놓을 수 있고, 왜 그들이 영국을 떠나도록 결심했는지를 즉각적으로 생각하도록 유도할 수 있는 정말 잘 설계된 역할극을 실시함으로써 그것을 가능케 할 수 있다. 역활극은 그러한 매우 극적인 학습자들에게 신체적인 방식을 통하여 학습 목표와 관련한 사고를 하게끔 만드는 기회를 줄 수 있다.

또한 단지 학생들에게 여덟 가지 서로 다른 방식으로 똑똑하다고 이야기해 주고 그러한 재능들을 꽃피우도록 기대하는 것만으로는 충분하지 않다는 것 또한 사실이다. 이러한 것은 역사, 수학, 과학, 독서 그리고 다른 여러 가지 기초 과목에서의 지식에서 실질적인 향상을 이끌어 내는 탄탄한 학업적 노력 이후에 뒤따라 나와야만 한다. 다중지능 이론의 주장은 교과서, 강의 그리고 표준화 검사들을 통하여 여러 과목에서 이러한 종류의 이해를 생산해 내는 것만으로는 충분하지 않고, 그 이상의 무언가가 더 필요하다는 것이다. 학생들은 그들 자신의 자아(그리고 그들의 두뇌)를 활용함으로써 세계사, 화학, 생태학, 문학, 경제학, 대수학 그리고 다른 분과 학문들 속의 모든 아이디어를 조사할 필요가 있으며, 이는 그들이 그들의 언어적이고 이성적인 기능뿐만 아니라 몸, 상상력, 사회적 감수성, 감정, 자연탐구적 경향 등을 활용할 것을 내포

5) 플리머스 바위는 필그림 파더스(Pilgrim Fathers)가 1620년에 '메이플라워호'를 타고 플리머스(현재의 매사추세츠 주 동해안)에 상륙했을 때 최초로 밟았다고 전해지는 바위다(Wikipedia).

하고 있는 것이다.

다중지능 이론의 비판자 대부분이 학계 출신이거나 저널리스트 출신(즉, 일반적으로 학교 현장과는 관계가 먼 사람들)이라는 사실은 흥미 있는 일이다. 교실에 그 이론을 실제로 적용하여 그것이 학생들의 삶을 얼마나 변화시켰는지 보았던 비판자들은 거의 없다. 이러한 사실은 다중지능의 논리적 결점을 많이 찾아낼 수 있는 '박학다식한 사람(generalist)', 그리고 아이들에게 동기를 불어넣어 줄 방법과 약간의 논리적 불일치함 · 불충분함을 걱정하기 위하여 삶을 반성해 보는 방법을 찾느라 너무도 바쁜 '실천가(practitioner)' 간의 심각한 괴리를 보여 주는 것이다.

다중지능 이론은 본래 가드너가 교실에 적용하기 위한 교육적 모델로서 설계한 것이 아니다. 그는 의도적으로 이론적 심리측정학자들에게 지능을 이해하기 위한 보다 폭넓은 또 다른 방식이 있음을 설득하려 했다. 이러한 시도는 분명 논란을 불러일으키긴 했지만 역설적이게도 이러한 노력은 실패한 것처럼 보인다. 그러나 예상치 못하게 그는 교사들이 자신의 모델에 열성적으로 반응하는 것을 발견했다. 그것은 그의 모델이 학습에 대한 표준화된 측정 방식과 융통성 없는 교과서적 접근에만 열성적이었던 교육 기관 때문에 그동안 충족되지 못해 왔던 요구를 채워 주었다. 아이들을 정규분포곡선 속에 존재하는 무채색의 인간으로 다루는 대신, 다중지능 이론은 각각의 아동이 가지고 있는 긍정적인 자질을 드러내 보였고 각 학생이 교실에서 성공을 맛보기 위한 실제적 방법을 제공하였다. 그러므로 다중지능 이론의 비판가들에 대한 가장 진정한 반박은 오히려 아동에게서 발견될 수 있을 것이다. 잘 설계된 다중지능 교실에서 다중지능의 빛줄기가 아동들의 마음속을 비출 때마다 다중지능 이론을 옹호하는 주장들은 더욱 견고해지고 분명해질 것이다.

더 생각해 볼 문제

1. 이 장에 등장하는 다중지능에 비판적인 문헌들을 읽어 본다(예: Barnett et al., 2006; Brody, 2006; Collins, 1998; Gottfredson, 2004; Traub, 1998; Visser et al., 2006; Waterhouse, 2006; Willingham, 2004). 그들의 비판에 대하여 어떤 점에 동의하는가? 또한 어떤 점에서 동의하지 않는가? 이러한 비판적인 문헌들을 읽고 난 후 다중지능 이론에 대한 당신의 태도는 변화되었는가? 만약 그렇다면 어떻게 변화되었는가?

2. 가드너는 앞서 이미 언급한 비판자들의 일부도 포함하여 다중지능에 대한 비판에 수많은 응답을 해 왔다(Gardner, 2006a, 2006b, 2006c; Gardner & Moran, 2006). 비판 글의 원본과 그에 대한 반박 글을 읽어 보고, 다중지능 이론에 대한 가드너의 변론(defense)이 성공했는지 여부를 평가해 본다.

3. 다른 글(Armstrong, 2006)에서 나는 오늘날의 교육적 분위기가 '표준화 검사로 측정할 수 있는 학업 성취도에 대한 지나친 강조' 와 '모

든 아이를 위한 교육에 대한 불충분한 강조' 로 특징지어지고 있다고 주장했다. 이러한 제한된(구속적인) 분위기는 앞서 언급한 비판들을 얼마나 야기했는가?

4. 앞서 언급한 자료들을 활용하여 다중지능 이론을 옹호하는 입장과 반대하는 입장으로 나누어 다중지능 이론에 대해 토론해 본다. 그러고 나서 누가 가장 자신의 입장을 잘 변론하였는지 논의해 본다.

5. 다중지능 이론에 대한 그들의 태도와 지난 10년간 그들이 자신의 의견을 바꾼 적이 있었는지에 대해 동료들과 다른 학교 관계자들을 인터뷰해 본다. 만약 그들이 과거와는 다른 태도를 가지고 있다면, 자신의 생각이 바뀐 이유가 무엇인지 서로 나누기 위해 질문해 본다.

16
전 세계의 다중지능 이론

나는 다른 수많은 나라를 여행할 수많은 기회를 가졌다. 다중지능 이론이 해석되는 여러 방식과 다중지능 이론이 촉진시켜 왔던 여러 활동을 발견하는 일은 대단히 흥미로운 일이었다.

-하워드 가드너(Howard Gardner)-

다중지능 이론에 있어서 가장 흥미로운 발전은 그것의 국제적인 영향력이었다. 다중지능 이론은 세계 대부분의 나라에서 이제는 어느 정도 교육 장면의 한 부분이 되고 있다. 몇몇의 사례에서는 국가 교육 계획으로 다중지능 이론이 포함될 정도로 그것의 영향력이 국가와 정부의 수준에까지 이르렀다. 또 다른 사례들에서는 다중지능 이론을 지지하는 각각의 학교와 교사가 다중지능 이론을 독특한 그들 자신의 문화적 요구에 맞게 적용함으로써 그것의 영향력이 더욱 특정 지역화(local)되기도 하였다. 이 장에서 우리는 다중지능 이론이 세계를 통틀어 다양한 문화에 적용되어 온 여러 가지 방식을 살펴보고자 한다.

정책 입안 수준에서의 다중지능 이론

다중지능 이론이 국가 혹은 국제 단체의 정책 입안 기관이라는 가장 높은 수준에서 포함되었던 수많은 사례가 있다. 가드너에 따르면(2006a), "나는 다중지능에서의 전문용어들이 정부 부처의 백서(white paper)[1]와 권고서(recommendation) 그리고 심지어 법률 제정(legislation)에까지 포함되어 있다는 것을 알고 다중지능의 관련 범위(jurisdiction)에 대하여 깜짝 놀랐다. 나는 호주, 방글라데시, 캐나다, 중국, 덴마크, 아일랜드, 네덜란드와 같은 서로 다른 여러 나라에서 다중지능적 접근이 정책 계획의 일부가 되어 있다는 사실을 들은 적이 있다."(p. 248) 예를 들어, 방글라데시에서는 유니세프의 도움을 받아서 1990년대에 정부가 'Intensive District Approach for All Learners' 프로젝트를 착수하였다(Chanda, 2001). 이러한 노력의 일환으로, 수많은 교사가 선도적인 연수인 'Multiple Ways of Teaching and Learning' 을 통하여 다중지능 이론 연수를 받고 있다(Ellison & Rothenberger, 1999). 인도의 'National Curriculum Framework for School Education'

1) 정부가 정치, 외교, 경제 따위의 각 분야에서 현상을 분석하고 미래를 전망하여 그 내용을 국민에게 알리기 위해 만든 보고서.

은 교사들에게 다중지능의 개념에 더욱 익숙해지기를 요청하고 있다(Sarangapani, 2000). 스위스 제네바에서는 128개국 60만 명 이상의 학생들에게 프로그램을 제공한 적 있는 저명한 'IB 프로그램(International Baccalaureate Organization)'이 최근 학습에서의 가드너의 역할을 인식하였다. "가드너는 학습 자체와 우리가 학습하는 방법에 대하여 변화하고 있는 관점에 있어서 영향력을 행사해 왔다. 오늘날 IB 내에서의 접근성과 평등성은 과거에 비해 더욱 폭넓어졌다. 모든 학생이 각자의 잠재력을 실현하기 위한 전략적 방법을 통하여 지원받아야만 하는 강점과 약점을 갖고 있다는 것은 잘 알려진 사실이다." (Reed, 2007)

학문으로서의 다중지능 이론

다중지능 이론은 세계의 각 대학에서 날로 증가하고 있는 학문적 연구 주제가 되어 왔다. 나는 개인적으로 이메일을 통해 터키 앙카라의 중동 공과대학교, 요르단 암만의 요르단 대학교, 인도네시아 사마린다의 물라와르만 대학교, 알제리 세티프의 페르하트 압바스 대학교 등에서 다중지능 관련 석사학위나 박사학위 논문을 준비하고 있는 수많은 사람의 소식을 들은 적이 있다. 날로 국제화 경향이 늘고 있는 다중지능 관련 연구들은 상호 검토적인(peer-reviewed) 학술지에서 출판되고 있다. 우리의 주목을 매우 많이 끌고 있는 한 가지 주제는 한 사람의 다중지능 프로필의 평가 결과를 그 사람의 부모, 자녀 또는 배우자의 다중지능 프로필의 평가 결과와 비교하는 것이다. 이 주제에 매진하고 있는 학술지 논문들은 나미비아, 짐바브웨, 잠비아와 남아프리카공화국(Furnham & Akanda, 2004), 말레이시아(Swami, Furnham, & Kannan, 2006), 중국(Furnham & Wu, 2008), 일본(Furnham & Fukumoto, 2008) 등에서 사람들을 표집하여 연구 대상으로 삼고 있다. 다른 국제적인 연구들은 싱가포르에서의 다중지능과 정보문해 교육(Mohktar, Majid, & Fu, 2007), 홍콩에서의 중국 영재 학생들의 음악적 소질과 다중지능(Chan, 2007), 그리고 쿠웨이트의 다중지능을 활용한 중학교 읽기 프로그램에서의 학업 성취도 향상(Al-Bahan, 2006)에 대한 것에 주목해 왔다.

개별 학교 수준에서의 다중지능 이론

전 세계적으로 수많은 학교가 다양한 방식으로 그들의 교육과정에 다중지능 이론을 적용해 왔다. 예를 들어, 아르헨티나의 어느 교사는 어떻게 자신이 영어를 제2외국어로서 1학년 학생 집단에게 가르치고 있는지에 대한 글을 썼다. '도움을 주는 사람들(집배원, 소방관, 의사, 간호사)' 에 대한 단원을 다루면서 학생들은 마을의 서비스 지향적인(service-oriented) 사람들을 만났고, 일기를 썼고, 편지를 썼으며, 지역사회 공동체의 모형도 만들어 보았고, 벽화도 그려 보았고, 악기도 만들어 보았고, 거울을 보며 자신이 배운 것에 대하여 소리 내어 이야기해 보기도 하였다(Ribot, 2004). 칠레 산티아고의 라 플로리다 아만카 초등학교에서는 다중지능 주제에 대한 학습 주간을 실시했다. '예술 주간' 동안, 아이들은 하루는 진짜 작가들과 이야기를 나누기도 하고, 하루는 화가들과 함께 그림을 그리기도 했다. 그들은 또한 자신의 발명품을 공유하는 '과학 주간'을 갖기도 했고, '바다의 달'에는 자연탐구 지능에 초점을 맞추었다(Gundian & Anriquez, 1999). 필리핀에서는 퀘존 시티의 다중지능 국제고등학교에서 다중지능 이론을 학생들이 기업가 정신을 향상하기 위한 요인으로 작용하도록 하였다. 학생들은 다중지능 수업에서 도출되는 아이디어를 기반으로 실제 사회에서의 사업 계획을 발전시켜야 하는 과제를 받았다. 예를 들어, 언어 지능 집단(linguistic group)에서는 환경적 · 개인적 · 감성적 성장에 대한 쟁점을 다루는 10대를 위한 책을 만드는 'Flash Range'라는 미디어 센터를 발전시켰다. 음악 지능 집단(musical group)에서는 음악 작곡과 녹음 제작 서비스를 제공하는 'Boom Box Music'이라는 사업체를 만들었으며, 공간 지능 집단에서는 이탈리아와 일본의 퓨전 음식을 만드는 'Pastuchi'라는 패밀리레스토랑을 고안해 냈다. 이 학교는 이러한 다양한 사업에서 만들어지는 상품들을 파는 바자회를 매년 열고, 수익금을 가난한 사람들을 돕는 자선단체에 기부하고 있다(*Manila Times*, 2008).

지역사회 수준에서의 다중지능 이론

학교에서의 형식적인 적용을 넘어서서, 다중지능 이론은 또한 세계 많은 나라의 대중문화에 영향력을 행사하고 있다. 예를 들어, 중국에서는 다중지능 교육학회(Multiple Intelligences Education Society)가 세미나, 잡지 기사, 라디오 프로그램, TV 인터뷰 등을 통하여 다중지능 이론을 발전시키고 있고, 이 모든 것은 학부모교육, 직업교육 그리고 형식적인 검사 절차 등을 개혁하기 위한 노력의 일환으로서 협력해 왔다(Chen, Moran, & Gardner, 출판 예정). 덴마크에서는 제조업 회사인 댄포스가 댄포스 유니버스(Danfoss Universe)라는 테마 파크를 만들었는데, 거기에는 다중지능에서 비롯된 많은 전략과 아이디어가 포함되어 있다. 그들은 기본적으로 상호작용이 가능한 다중지능 박물관을 만들어 왔고, 거기에서 아이들과 어른들은 그들 자신의 다중지능을 검사하고 또한 똑똑해지기 위한 다양한 방법과 관련된 인식을 높여 주도록 설계된 50개 이상의 활동에 참여한다. 이 활동들은 신체 운동에서 전자 예술로 변화시키기, 장애물 코스를 성공적으로 통과하기, 로봇을 움직이기 위해 다른 사람들과 협동하기, 테레민(건드리지 않고 연주할 수 있는 전자 악기) 연주하기, 멜로디 순서 맞추기, 음악 프로듀서 되기, 함께 탱그램(칠교놀이) 하기, 단어와 모양 퍼즐 풀기, 건물 세우기, 자연 현상 예측하기, 외국어 말하기, 생각만으로 이미지 전달하기, 호수를 가로질러 섬으로 가는 다리 건설하기 등을 포함하고 있다. 댄포스 유니버스는 또한 화산이 지닌 본래의 위력, 즉 간헐 온천(geyser), 강력하고 뜨거운 바람, 그 외의 다른 자연적 현상을 경험하기 위한 전시품을 포함하고 있다. 마지막 예로 마카오의 중국 특별 행정구역에서는 다중지능 이론이 식품점(grocery store)이라는 예상 밖의 장소에서 보인 바 있다. 가드너(2006a)는 다음과 같이 적었다. "마카오에서 U씨가 나에게 섬을 관광시켜 주었다. 다음 날 아침, 그는 교육부에서 발표하는 나를 위하여 차를 태워 주었다. 그가 "나의 아내가 식품점에서 집어든 이 물건 좀 보세요."라고 말했다. 그는 나에게 서로 다른 이파리에 각각의 지능이 그려진 다양한 색깔의 전단지를 보여 주었다. 삽화, 차트, 그림으로 가득한 그 전단지는 프리소그로(Frisogrow) 사에서 만든 가공 처리 우유 광고였다. 그 광고는 소비자에게 다음과 같이 알리고 있었다. '우리 우유를 마시면 당신은 각각의 다양한 지능을 발달시킬 수 있을 것입니다.' 다중지능이 MIlk를 상징할 수 있다는 사실은 이전에는 전혀 보지 못한 것이었다!"

다중지능 이론의 다른 문화에의 적용

다중지능 이론과 세계의 다양한 문화의 상호작용을 연구하는 것은 매우 흥미로운 일이다. 우리는 다중지능 이론 자체가 현대 미국 사회에서 비롯된 문화적 산물이라는 점을 반드시 명심해야 한다. 그래서 그것은 다원주의, 실용주의, 평등주의와 같은 미국

사회에서 중요하게 여기는 다양한 가치와 이상을 구현하고 있다. 이러한 미국의 가치들이 다른 문화의 가치를 접했을 때 발생하는 일은 꽤나 유익한 것일 수 있다. 종종 다중지능 이론은 다른 문화와의 연계로부터 상당히 많은 것을 얻는다. 예를 들어, 노르웨이에서는 교육과 야외 활동이 미국에 비해 훨씬 더 강조되고 있다. 노르웨이의 교육은 'utskole' 혹은 '야외학교' 라고 불리는 중요한 제도를 그것의 교육과정으로 통합해 놓았다. 그것은 노르웨이 문화에서 'friluftsliv' 라고 불리는 더 큰 체계의 일부로서, 대략 '야외의 자연 속의 삶' 정도로 번역될 수 있으며, 하이킹, 스키, 생태적 인식 그리고 해양 활동과 같은 자연과 관련된 넓은 범위의 신체 활동과 태도를 포함하고 있다. utskole의 한 부분으로서, 노르웨이에 있는 대부분의 초등학교에서는 'gapahuk' 이라고 불리는 건물을 가지고 있는데, 이것은 일반적인 학교 건물과는 떨어져서 자연 속에 존재하는 단순한 오두막 혹은 차양이 달린 건물 같은 것이다. 학생들은 이 gapahuk에서 다양한 교육과정 관련 활동에 참여한다. 2005년에 나는 노르웨이에서 강연을 하는 동안 gapahuk을 방문할 기회를 가졌고, 나뭇가지나 줄기와 같은 자연의 재료들을 가지고 고대의 요리법을 실행함으로써 노르웨이의 역사를 배우는 학생들을 본 적이 있다. 노르웨이의 모든 초등학교 학생은 일주일 중 하루를 gapahuk에서의 야외 활동으로 보낼 기회를 갖는다. 또한 노르웨이에는 아이들이 매일 하루 종일 야외 활동을 하는 유치원도 있다. 이러한 사실은 야외 활동이 수행된다 해도 일반적으로 짧거나 빈번하게 이루어지지 않는 미국의 상황과 대조적이다. 이러한 노르웨이의 경험들은 다중지능 이론에 자연탐구 지능과 관련한 완전히 새로운 관점을 제공하고 있으며(물론 신체-운동 지능에 대해서도), 그러한 지능을 확실히 발달시키기 위해 학교 주간(school week)의 대부분을 야외 활동에 할당함으로써 도외시되어 온 지능들이 진지하게 존중받을 수 있다는 것을 보여 준다.

다중지능 이론은 한 문화에서 오랜 시간 받아들여 온 확고한 가치에 대한 도전으로 보이기도 한다. 예를 들어, 한국에서는 전통적인 언어 · 논리-수학 지능을 너무도 중시한 나머지 부모들의 태도를 변화시키기가 어려웠다. 하버드 프로젝트 제로의 아동을 위한 'Project Spectrum'을 그대로 따라 하고자 노력했던 2명의 한국 교수는 다음과 같이 기술한 바 있다. "한국에서 부모들은 높은 학업적 성취가 곧 언어와 수학에서의 뛰어난 성취를 의미하는 것이라고 믿고 있다."(Jung & Kim, 2005, p. 585) 정태희와 김명희에 따르면 이러한 신념은 깊은 문화적 뿌리를 가지고 있다. 즉, "한국은 오늘날에도 지속적으로 교육에 영향을 미치고 있는 평가 위주 문화에 기반을 둔 경쟁 지향적 사회다. 국가고시(the state examination)는 가장 어려운 것으로 간주되고 있으며 아이들은 태어날 때부터 그것을 준비해야만 한다. 전통적으로 아기에게 가장 큰 축하 행사인 돌잔치에서 아기가 돌잡이를 할 때는 연필과 면실(cotton thread)이 등장한다. 가족은 아기가 연필을 잡도록 유도하는데, 그것은 아기가 공부를 열심히 해서 국가고시에 합격할 것이라는 의미를 지닌다."(pp. 591-592) Project Spectrum 평가 도구(10장 참고)는 이러한 한

국적 상황에서 성공적으로 수행되었고, 학습과 인간 발달에 깊숙이 뿌리박혀 있는 몇몇의 아이디어를 풀어내도록 돕는 한 가지 방법으로 간주되었다. 정태희와 김명희는 다음과 같이 기술하였다. "다중지능 이론에 기반을 둔 Project Spectrum 접근은 다중지능들 간의 형평성과 독립성을 평가함으로써 아동 지향적인 교육을 촉진한다. 그러한 평가 시스템에서 아동/학생은 '부정적인 자기 이미지' 를 피할 수 있게 될 것이고, 성공적이고 적극적인 학습자로 발전해 갈 것이다." (Jung & Kim, 2005, p. 591)

그러나 기나긴 공식적 평가의 역사를 갖고 있는 문화일지라도 다중지능과의 조화의 미덕을 목격할 수 있는 기회가 있다. 예를 들어, 오늘날 대학 입시를 통과하기 위하여 학생들이 '입시준비 학원(cram schools)'에 다니고 있는 일본에서는 다중지능 이론과 조화를 이룰 수 있는 고대 일본 문화의 측면이 다양하게 존재한다. 데라코야(terakoya)라고 불리는 고대 일본의 사원 학교(temple school)는 전통적인 문해와 산수 기능을 사회 각계각층의 일본 시민에게 가르쳤다(Chen et al., 출판 예정). 그러나 일본의 문화는 또한 서예, 하이쿠,[2] 가부키 연극, 전통 다도 의식, 그리고 스모나 유도, 유술 등과 같은 다양한 전투적 예술 전통을 통하여 다중지능으로 들어가기 위한 또 다른 많은 진입 지점(entry point)을 제공하였다. 다중지능 컨설턴트로서 나는 도쿄의 입시준비학원에서 하

2) 하이쿠는 일본 정형시의 일종이다. 각 행마다 5음, 7음, 5음의 총 17음으로 이루어진다(Wikipedia).

는 활동에 다중지능 활동을 통합하려는 프로젝트에 속해 있기도 했는데, 이를 통해 청소년이 학교 거부, 집단 괴롭힘, 사회적 소외 등의 사회적 문제와 투쟁하는 것을 도와주고자 하였다.

국제적으로 보았을 때 다중지능과 관련하여 주목할 만한 점은 다중지능 이론의 다원주의적이고 평등주의적인 기반과 격렬하게 충돌을 일으키는 가치를 지니고 있는 사회에서조차도 다중지능 이론이 다양한 문화를 바탕으로 제자리를 찾아가고 있는 것처럼 보인다는 점이다. 다중지능 이론은 이란과 사우디아라비아의 학교 및 대학 시스템에 통합되는 길을 찾아냈다. 『다중지능과 교육(*Multiple Intelligences in the Classroom*)』(2000)은 이란어, 아라비아어 그리고 17개의 또 다른 언어로 번역되었으며, 다중지능 이론은 파키스탄의 Madrassas(또는 신성한 이슬람 학교)에서 가르쳐 왔다(Schmidle, 2007). 그리고 가드너의 책인 『마음의 틀』(1993a)은 북한의 도서관에서 발견된 단 2권의 책 중 하나였다(다른 하나는 마이클 무어[Michael Moore]의 『어리석은 백인[*Stupid White Men*]』[Gardner, 2006a]이었다). 나는 다중지능 이론이 국제적으로 광범위한 성공을 거둔 커다란 이유가 그것이 갖고 있는 문화적 다양성에 대한 친화성(friendliness) 때문이 아니었나 생각한다(13장 참고). 그 모형의 핵심에는 가드너의 지능 목록에 포함된 각 지능의 위치를 발견하기 위해 반드시 '**문화적으로 가치 있어야 한다**.'는 전제 조건이 존재한다. 이러한 전제 조건에서 분명한 사실은 다중지능의 각 요소(음악, 언어, 논리, 그림, 사회적 상호작용, 신체적 표현, 자기성찰 그리고 자연탐구)가 '모든 문화에서 발견될 수 있다'

는 점이다. 그러므로 전 세계 모든 나라는 결국 다중지능을 통하여 그들 자신의 토착 전통이 영광스럽고 축복받은 것이라고 생각할 수 있는 기회를 갖게 된다.

더 생각해 볼 문제

1. 세계의 여러 나라 중 특정한 나라의 토착 문화를 선택하고 각각의 다중지능이 어떻게 축복과 영광을 받고 있는지 자세하게 설명해 본다.

2. 다른 나라에서 다중지능을 활용하고 있는 학교를 접촉해 본다(앞서 나열한 학교들이나 인터넷에서 찾을 수 있는 학교도 포함). 다중지능의 구체적인 적용을 고려하면서 생각의 문화적 교류를 시작해 본다.

3. 또 다른 문화에서 활용되는 다중지능 지향적인 실천을 자신의 학교나 교실에 적용해 본다(예: 자연탐구 지능의 신장을 위한 노르웨이의 utskole 또는 '야외 학교' 나 신체-운동 지능의 신장을 위한 일본의 유도 등). 그리고 그것의 효과를 조사해 본다.

4. 다중지능 이론은 미국 문화에서 20세기 후반과 21세기 초반의 가치를 얼마나 반영하고 있는가? 그러한 가치가 다른 문화에서의 가치와 연결되거나 충돌하는 상황을 조사해 본다.

부록

부록 A 다중지능 관련 자료

도서

Armstrong, T. (1999). *7 kinds of smart: Discovering and identifying your multiple intelligences-Revised and updated with information on two new kinds of smart*. New York: Plume.

Armstrong, T. (2000). *In their own way: Discovering and encouraging your child's multiple intelligences*. New York: Tarcher/Putnam.

Armstrong, T. (2003). *The multiple intelligences of reading and writing: Making the words come alive*. Alexandria. VA: ASCD.

Armstrong, T. (2003). *You're smarter than you think: A kid's guide to multiple intelligences*. Minneapolis, MN: Free Spirit.

Baum, S., Viens, J., & Slatin, B. (2005). *Multiple intelligences in the elementary classroom: A teachers toolkit*. New York: Teachers College.

Borenson, H. (2007). *The hands-On Equations home packet. Allentown*, PA: Borenson and Associates.

Bower, B., Lobdell, J., & Wsensen, L. (1994). *History alive! Engaging all learners in the diverse classroom*. Menlo Park, CA: Addison-

Wesley.

Campbell, B. (1994). *The multiple intelligences handbook.* Tucson, AZ: Zephyr.

Campbell, B., & Campbell, L. (2000). *Multiple intelligences and student achievement: Success stories from six schools.* Alexandria, VA: ASCD.

Campbell, L., Campbell, B., & Dickinson, D. (2003). *Teaching and learning through multiple intelligences* (3rd ed.). Upper Saddle River, NJ: Allyn & Bacon.

Carreiro, P. (1998). *Tales of thinking: Multiple intelligences in the classroom.* Portland, ME: Stenhouse Publications.

Faculty of the New City School. (1994). *Celebrating multiple intelligences.* St. Louis, MO: Author.

Faculty of the New City School. (1996). *Succeeding with multiple intelligences: Teaching through the personal intelligences.* St. Louis, MO: Author. (Order from New City School, 5209 Waterman Ave., St. Louis, MO, 63108.)

Fogarty, R., & Bellanca, J. (1995). *Multiple intelligences: A collection.* Thousand Oaks, CA: Corwin.

Fogarty, R., & Stoehr, J. (1995). *Integrating the curriculum with multiple intelligences.* Palatine, IL: Skylight.

Gardner, H. (1991). *To open minds.* New York: Basic Books.

Gardner, H. (1993). *Frames of mind: The theory of multiple intelligences-10th anniversary edition.* New York: Basic Books.

Gardner, H. (1994). *Creating minds: An anatomy of creativity seen through the lives of Freud, Einstein, Picasso, Stravinsky, Eliot, Graham, and Gandhi.* New York: Basic Books.

Gardner, H. (1998). *Extraordinary minds.* New York: Basic Books.

Gardner, H. (1999). *The disciplined mind: What all students should understand.* New York: Simon & Schuster.

Gardner, H. (1999). *Intelligence reframed: Multiple intelligences for the 21st century*. New York: Basic Books.

Gardner, H. (2006). *Multiple intelligences: New horizons in theory and practice*. New York: Basic Books.

Gardner, H., Feldman, D. H., & Krechevsky, M. (Eds.). (1998). *Project Zero frameworks for early childhood education, Vol. 1: Building on children's strengths: The experience of Project Spectrum*. New York: Teachers College.

Gardner, H., Feldman, D. H., & Krechevsky, M. (Eds.). (1998). *Project Zero frameworks for early childhood education, Vol. 2: Project Spectrum: Early learning activities*. New York: Teachers College.

Gardner, H., Feldman, D. H., & Krechevsky, M. (Eds.). (1998). *Project Zero frameworks for early childhood education, Vol. 3: Project Spectrum: Preschool assessment handbook*. New York: Teachers College.

Haggerty, B. (1994). *Nurturing intelligences*. Menlo Park, CA: Addison-Wesley.

Hirsch, R. A. (2004). *Early childhood curriculum: Incorporating multiple intelligences, Developmentally appropriate practices, and play*. Upper Saddle River, NJ: Pearson/Allyn & Bacon.

Hoerr, T. R. (2000). *Becoming a multiple intelligences school*. Alexandria, VA: ASCD.

Kornhaber, M., Fierros, E., & Veenema, S. (2003). *Multiple intelligences: Best ideas from research and practice*. Upper Saddle River, NJ: Pearson/Allyn & Bacon.

Lazear, D. (1999). *Eight ways of knowing: Teaching for multiple intelligences*. Palatine, IL: Skylight.

Lazear, D. (1999). *The intelligence curriculum: Using MI to develop your students' full potential*. Tucson, AZ: Zephyr.

Lazear, D. (1999). *Multiple intelligence approaches to assessment:*

Solving the assessment conundrum. Tucson, AZ: Zephyr.

Lazear, D. (2001). *Seven pathways of learning: Teaching students and parents about multiple intelligences.* Tucson, AZ: Zephyr.

Lazear, D. (2003). *Eight ways of teaching: The artistry of teaching with multiple intelligences.* Thousand Oaks, CA: Corwin.

Lazear, D. (2004). *Higher order thinking the multiple intelligences way.* Tucson, AZ: Zephyr.

Margulies, N. (1995). *The magic seven: Tools for building multiple intelligences.* Tucson, AZ: Zephyr.

McKenzie, W. (2005). *Multiple intelligences and instructional technology* (2nd ed.). Washington, DC: International Society for Technology in Education.

Nelson, K. (1998). *Developing students' multiple intelligences.* New York: Scholastic.

Puchta, H., & Rinvolocri, M. (2007). *Multiple intelligences in EFL: Exercises for secondary and adult students.* Cambridge, UK: Cambridge University.

Shearer, B. (1996). *The MIDAS: A guide to assessment and education for the multiple intelligences.* Columbus, OH: Greyden.

Silver, H. F., Strong, R. W., & Perini, M. J. (2000). *So each may learn: Integrating learning styles and multiple intelligences.* Alexandria, VA: ASCD.

Stefanakis, E. H. (2002). *Multiple intelligences and portfolios: A Window into the learner's mind.* Portsmouth, NH: Heinemann.

Teele, S. (2000). *Rainbows of intelligence: Exploring how students learn.* Thousand Oaks, CA: Corwin.

Teele, S. (2004). *Overcoming barricades to reading: A multiple intelligences approach.* Thousand Oaks, CA: Corwin.

Viens, J., & Kallenbach, S. (2004). *Multiple intelligences and adult literacy: A source book for practitioners.* New York: Teachers

College.

Wahl, M. (1997). *Math for humans: Teaching math through 7 intelligences.* Langley, WA: LivnLern Press. (Order from 416 Fourth St., Langley, WA 98260.)

Williams, R. B. (2007). *Multiple intelligences for differentiated learning.* Thousand Oaks, CA: Corwin.

Zwiers, J. (2004). *Developing academic thinking skills in grades 6–12: A handbook of multiple intelligences activities.* Newark, DE: International Reading Association.

비디오

Armstrong, T. (1997). *Multiple intelligences: Discovering the giftedness in all.* Port Chester, New York: National Professional Resources.

Armstrong, T. (2003). *The multiple intelligences of reading and writing: Making the words come alive.* Alexandria, VA: ASCD.

Gardner, H. (1995). *How are kids smart? Multiple intelligences in the classroom.* Port Chester, New York: National Professional Resources.

Gardner, H., Goleman, D., & Csikszentmihalyi, M. (1998). *Optimizing intelligences: Thinking, emotion, and creativity.* Port Chester, New York: National Professional Resources.

Hoerr, T. (2000). *Becoming a multiple intelligences school.* Alexandria, VA: ASCD.

Teele, S. (2000). *Rainbows of intelligence: Raising student performance through multiple intelligences.* Port Chester, New York: National Professional Resources.

DVD

BBC Worldwide (2007). *Battle of the brains: The case for multiple intelligences*. London: Author.

Feinstein, S. (2007). *Multiple intelligences*. Monterey, CA: Coaches Choice.

부록 B 다중지능 교수법 관련 도서

언어 지능

Ashton-Warner, S. (1986). *Teacher.* New York: Simon & Schuster.

Bissex, G. (1980). *GYNS at WRK: A child learns to write and read.* Cambridge, MA: Harvard University.

Graves, D., & Stuart, V. (1987). *Write from the start: Tapping your child's natural writing ability.* New York: New American Library.

Rico, G. L. (2000). *Writing the natural way.* Los Angeles: Jeremy P. Tarcher.

Trelease, J. (2006). *The read-aloud handbook.* Harmondsworth, UK: Penguin.

논리-수학 지능

Allison, L. (1976). *Blood and guts: A working guide to your own insides.* Boston: Little, Brown & Co. (Grades 5-12)

Burns, M. (2006). *The I hate mathematics! book.* Boston: Little, Brown & Co.

Jacobs, H. (1994). *Mathematics: A human endeavor* (3rd ed.). San Francisco: W. H. Freeman. (grades 9-12)

Lorton, M. B. (1995). *Mathematics their way.* Menlo Park, CA: Addison-Wesley.

Stein, S. (1980). *The science book.* New York: Workman. (Grades 4-7)

공간 지능

DeMille, R. (1997). *Put your mother on the ceiling: Children's imagination games* (5th ed.). Gouldsboro, ME: Gestalt Journal.

Edwards, B. (1999). *The new drawing on the right side of the brain.* Los Angeles: Jeremy P. Tarcher.

McKim, R. H. (2003). *Experiences in visual thinking.* London: Thomson Learning Custom.

Samples, R. (1993). *The metaphoric mind.* Austin, TX: Jalmar.

Warner, S. (1989). *Encouraging the artist in your child.* New York: St. Martin's.

신체-운동 지능

Benzwie, T. (1988). *A moving experience: Dance for lovers of children and the child within.* Tucson, AZ: Zephyr.

Cobb, V. (1984). *Science experiments you can eat* (rev. ed.). New York: Harper Trophy.

Gilbert, A. G. (2002). *Teaching the 3'Rs through movement experiences.* Silver Spring, MD: National Dance Education Organization.

Schneider, T. (1976). *Every body's a winner: A kids' guide to new sports and fitness.* Boston: Little, Brown & Co.

Spolin, V. (1986). *Theater games for the classroom.* Evanston, IL: Northwestern University.

음악 지능

Bonny, H., & Savary, L. (1990). *Music and your mind.* Barrytown, New York: Station Hill.

Brewer, C. B., & Campbell, D. G. (1991). *Rhythms of learning.* Tucson, AZ: Zephyr.

Goodkin, D. (2003). *Play, sing, and dance: An introduction to Orff Schulwerk.* New York: European American Music.

Houlahan, M., & Tacka, P. (2008). *Kodaly today: A cognitive approach to elementary music education.* Oxford, UK: Oxford University.

Judy. S. (1990). *Making music for the joy of it.* Los Angeles: Jeremy P. Tarcher.

Merritt, S. (1996). *Mind, music, and imagery: 40 exercises using music to stimulate creativity and self-awareness.* New York: New American Library.

대인관계 지능

Johnson, D. W., Johnson, R. T., & Holubec, E. J. (1994). *The new circles of learning: Cooperation in the classroom and school.* Alexandria, VA: ASCD.

Orlick, T. (2006). *Cooperative games and sports: Joyful activities for everyone.* Champaign, IL: Human Kinetics.

Sobel, J. (1984). *Everybody wins: 393 noncompetitive games for young children.* New York: Walker.

Wade, R. C. (1991). *Joining hands: From personal to planetary friendship in the primary classroom.* Tucson, AZ: Zephyr.

Weinstein, M., & Goodman, J. (1992). *Playfair: Everybody's guide to noncompetitive play*. San Luis Pbispo, CA: Impact.

자기성찰 지능

Armstrong, T. (2007). *The human odyssey: Navigating the twelve stages of life*. New York: Sterling.

Desetta, A. (Ed.). (2005). *The courage to be yourself: True stories by teens about cliques, conflicts, and avoiding peer pressure*. Minneapolis, MN: Free Spirit.

Fox, A., Ruth, K., & Verdick, E. (2005). *Too stressed to think? A teen guide to staying sane when life makes you crazy*. Minneapolis, MN: Free Spirit.

Gibbons, M. (1991). *How to become an expert: Discover, research, and build a project in your chosen field*. Tucson, AZ: Zephyr Press.

Oaklander, V. (1988). *Windows to our children*. Gouldsboro, ME: Gestalt Journal.

자연탐구 지능

Beame, R. (2004). *Backyard explorer kit: 3-in-1 collectors kit*. New York: Workman.

Cornell, J. (1998). *Sharing nature with children-20th anniversary edition*. Nevada City, CA: Dawn.

Lingelbach, J. R. (Ed.). (2000). *Hands-on nature: Information and activities for exploring the environment with children* (rev. ed.). Quechee, VT: Vermont Institute of Natural Science.

Louv, R. (2008). Last child in the woods: Saving our children from nature-deficit disorder. New York: Algonquin Books/Workman.

Marina, L. (1991). *Teaching kids to love the earth*. Minneapolis, MN: University of Minnesota.

Mitchell, A. (2008). *The young naturalist kid kit*. Evelyth, MN: Usborne Books.

Roth, K. (1999). *Naturalist intelligence: An introduction to Gardner's eighth intelligence*. Thousand Oacks, CA: Corwin.

부록 C 다중지능 이론에 기반을 둔 수업과 프로그램의 사례

이 부록에서 제시한 수업과 프로그램의 사례들은 다중지능 이론을 기반으로 하고 있으며 학년 수준을 달리하여 고안된 것이다. 다중지능 이론은 프로그램의 발달을 위한 기초 제공 목적으로 사용하거나(예: 초급 수준 읽기 목록) 현재 교육과정 체제에 통합될 수 있는 아이디어 개발 목적으로 사용하는 것에 한정되어 있다. 어떤 경우에는 교육적 초점이 기술의 발달(예: 구구단 7단 배우기)에 맞춰져 있고, 다른 경우에는 개념(예: 보일의 법칙 이해하기)에 더욱 강조를 둔다. 그러나 모든 수업에서 여덟 가지 지능을 포괄하는 활동들은 주어진 교수 목표를 달성하기 위해 사용되어 왔다.

사례 1

수준: 유치원

주제: 모양

목표: 학생들이 원을 인식하도록 가르치기

학생들은 다음과 같은 방법으로 서로 다른 유형의 원들을 접할 수 있다.

- 모둠 구성원들이 손을 잡고 하나의 원을 만든다. [대인관계 지능, 신체-운동 지능]
- 몸을 사용해서 원을 만든다. [대인관계 지능, 신체-운동 지능]
- 교실 주변에서 원을 찾는다. [공간 지능]
- 미술 프로젝트에서 원을 만든다. [공간 지능, 신체-운동 지능]
- 조니 미첼(Joni Mitchell)이 부른 'The Circle Game'과 원을 제재로 한 다른 노래(음악적으로 순환 반복되는 '돌림노래' 포함)를 부른다. [음악 지능]
- 원에 대한 이야기를 만든다. [언어 지능]
- 원의 크기(작은 원부터 큰 원까지)를 비교한다. [공간 지능, 논리-수학 지능]
- 자연에서 둥근 형태의 것을 찾는다. [자연탐구 지능]

사례 2

수준: 유치원~1학년

주제: 읽기

목표: 학생들이 도서에 대한 긍정적인 태도를 형성하도록 돕기

자료: 언어 지능을 포함하여 한 가지 이상의 다른 지능을 함께 다룬 도서

교실 도서관은 다음과 같은 유형의 도서를 갖추고 있을 것이다.

- 따라 읽기 CD가 있는 도서[언어 지능]
- 3차원의 팝업 도서[공간 지능]
- 그림 이야기로 구성된 글이 없는 도서[공간 지능]
- 만지고 느낄 수 있는 촉감 도서[신체-운동 지능]
- 따라 부르기 CD가 있는 도서[음악 지능]
- 전자 건반과 노래 가사가 있는 도서[음악 지능]
- 흥미 위주의 과학 도서[논리-수학 지능]
- 수 계산하기 도서[자연탐구 지능]
- '이게 나야(This is me)' 유형의 도서[자기성찰 지능]
- 상실이나 분노 같은 감정적 주제를 다룬 도서[자기성찰 지능]
- 상호작용(대화형) 도서[자기성찰 지능]
- 자연을 주제로 한 도서[자연탐구 지능]
- 동식물 연구가들의 도구들이 포함되어 있는 도서(예: 확대경이 들어 있는 곤충 책)[자연탐구 지능]

사례 3

수준: 2~3학년

과목: 수학

목표: 구구단 7단의 숙달을 돕기, '곱셈' 의 개념을 강화하기

학생들은 매 수학 시간에 다음의 활동을 할 수 있다.

- 7의 배수마다 일어나거나 박수를 치며 70까지 세기[신체-운동 지능]
- 7단에 해당하는 'Multiplication Rock' 노래 부르기[음악 지능]
- 7의 배수인 숫자에 특정한 강조를 주면서 1부터 70까지 구호 외치기[음악 지능]
- 1부터 100까지 구성된 표를 7의 배수마다 색칠하여 완성하기 [공간 지능]
- 0부터 9까지의 숫자가 적힌 티셔츠를 입은 10명의 학생으로 구성된 원을 만들고, 참가자들이 돌아가면서 1부터 세어 가기(다음 단계에서 0은 10이 되고 1은 11이 되며, 그다음 단계에서 0은 20이 되고 1은 21이 됨): 학생들은 숫자를 세면서 실뭉치를 넘기며 펼친다. 첫 번째 학생이 실타래의 끝 부분을 잡고 매 7의 배수의 학생들은 다음 부분을 잡는다. 70까지의 숫자를 세는 과정에서 학생들은 실뭉치가 기하학적 모형을 만들어 냄을 알아낼 것이다.[공간 지능, 신체-운동 지능, 대인관계 지능]
- 앞서 묘사한 전략을 사용하여 7의 배수를 가진 기하학적 디자인을 그림으로 표현하거나 실과 못으로 보드에 표현하기(예: 0부터 9까지의 숫자가 새겨진 원을 사용하여 70까지의 숫자 중에서 7의 배수마다 끈이나 선을 연결한다)[공간 지능]
- 물건을 만져서 원하는 배수만큼 만들 수 있는 'As Much brothers' 이야기 듣기[언어 지능]
- 'As Much brothers' 이야기를 기반으로 하여 전과 후의 그림을 그리기(예: 3마리의 금 암탉을 7번 만지면 21마리의 금 암탉

이 나타난다)[공간 지능]

- 7의 배수로 이루어진 자연물(예: 꽃)을 찾고, 자연 자체의 배수를 통해 수학을 탐색하기(한 꽃당 6개의 꽃잎으로 이루어진 꽃 7개는 몇 개의 꽃잎으로 이루어졌는가?), 자연환경 속에서 생물을 통해서도 이 활동을 수행하기[자연탐구 지능]

사례 4

수준: 초등학교 고학년

과목: 역사

목표: 초기 미국 역사에서 로드아일랜드의 발달을 이끌었던 상황 이해하기

학생들은 매 역사 시간에 다음의 활동을 할 것이다.

- 로드아일랜드의 환경 특징과 그 원인을 제시하는 교과서 구절을 읽고, 자료에 관해 논의하기[언어 지능]
- 로드아일랜드의 발달을 둘러싼 사건들을 다룬 연대표 만들기[논리-수학 지능, 공간 지능]
- 로드아일랜드의 점진적인 발달을 보여 주는 식민지시대의 미국 지도 공부하기[공간 지능]
- 아메바의 성장과 로드아일랜드의 정착을 비교하기[자연탐구 지능]
- 로드아일랜드를 둘러싼 사건을 극으로 표현하기[신체-운동

지능, 대인관계 지능]

- 로드아일랜드를 둘러싼 환경을 묘사하는 노래 만들기[음악 지능]
- 식민지를 나타내는 몇 개의 집단으로 나뉜 후 로드아일랜드라는 새로운 집단을 형성하는 과정을 연관 짓기[대인관계 지능, 공간 지능]
- 현실에서의 권위로부터 벗어나고 싶은 학생들의 요구를 로드아일랜드의 상황과 연관 짓기[자기성찰 지능]

사례 5

수준: 중학교

과목: 대수학

목표: 방정식에서 X의 역할을 설명하기

- 학생들은 X를 구어로 설명하도록 지시받는다(X는 미지수다). [언어 지능]
- 학생들에게 문제(예: 2X + 1 = 5)를 제시하고 어떻게 X값을 구하는지 보여 준다. [논리-수학 지능]
- 학생들에게 X는 가면을 쓴 무법자와 같으므로, 그 가면을 벗겨야만 한다고 말하며 자신이 생각하는 X의 형태를 그리도록 한다. [공간 지능]
- 학생 한 명이 마스크를 쓰고 X를 연기하고 다른 학생들은 숫

자 또는 역할을 표현하는 대수방정식을 연기한다. 지정한 한 학생은 방정식의 양쪽 학생들을 제거함으로써 방정식에서 '풀기'를 한다. 예를 들어, 2X+1=5의 방정식이라면 왼쪽에서 한 학생을 제거하고 오른쪽에서 한 학생을 제거한 다음 왼쪽에서 학생들의 반을 제거하고 오른쪽에서도 학생들의 반을 제거한다. 그러면 X는 2인 것이 드러난다. 이때 학생은 마스크를 벗어 자신이 숫자 2라는 것을 드러낸다. [대인관계 지능, 신체-운동 지능]

- 학생들은 대수방정식을 조정하면서 공연한다(저울에서처럼 숫자와 역할은 균형을 이루어야 한다). [신체-운동 지능]
- 학생들은 노랫말을 리듬에 맞추어서 여러 번 반복한다.

X는 미스터리야.
너는 찾는 방법을 아는데
그건 바로 X를 혼자 있게 만드는 거야.
그러면 X는 자신의 이름을 말할 거야.

학생들은 각자 자신이 이용할 수 있는 타악기와 함께 자신의 구호를 동반할 수 있다. [음악 지능]

- 학생들에게 "너의 삶에서 미스터리 또는 X는 뭐니?"라고 질문한다. 학생들은 개인적인 이야기를 다루면서 'X를 풀 것인지' 토의한다. [자기성찰 지능]
- 학생들은 "우리는 이름을 모르는 작은 동물을 사냥하러 간다.

그 동물은 일단 X라고 한다. 우리가 사냥감을 넣어 덮친 후 그 동물에 올바른 이름을 준다."라고 말한다. 클라크(Clark, 1972)에 따르면, 아인슈타인의 삼촌은 조카들에게 수학을 가르칠 때 이런 특별한 방법을 사용했다. [자연탐구 지능]

사례 6

수준: 고등학교

과목: 화학

목적: 보일(Boyle)의 법칙에 대한 개념 지도하기

- 학생들은 보일의 법칙의 언어적 정의를 듣는다. 즉, '고정된 질량과 온도를 지니는 기체의 압력은 부피에 있어서 반비례하게 작용한다.' 는 정의에 대하여 토론한다. [언어 지능]
- 학생들은 보일의 법칙을 설명하는 공식(P×V=K)을 듣는다. 그리고 이와 관련한 특정한 문제를 푼다. [논리-수학 지능]
- 학생들은 보일의 법칙에 관한 은유 혹은 시각적 상징을 듣는다. 즉, '자신의 손 위에 있는 공을 쥐어짠다고 상상해 보라. 그것을 짜면 짤수록 압력이 생길 것이다. 더욱 많이 짤 수록 더 많은 압력이 생겨날 것이고, 마침내 공은 터질 것이며 찌그러진 채 온 방으로 뿜어져 나올 것이다.' [공간 지능]
- 학생들은 다음의 실험을 수행한다. 즉, 입으로 숨을 들이마셔 볼이 약간 볼록해지도록 한 후 공기를 삼키거나 내뿜지 않도

록 지시를 받는다. 그리고 모든 공기를 입안의 한쪽으로 몰아 두고(부피를 적게) 압력이 높아졌는지 낮아졌는지 알려 준다(높아짐). 그리고 입의 양쪽으로 공기를 풀어 준 후(부피가 커짐) 압력이 증가했는지 낮아졌는지 가리키도록 지시받는다(낮아짐). [신체-운동 지능]

• 학생들은 리드미컬하게 다음의 음악적 기억법을 반복하여 말한다.

부피가 작아지면
기압이 올라가요.
피가 끓기 시작하고
절규가 터져요.
난 공간이 필요해.
아니면 난 얼굴을 찌푸릴 거야.
부피는 올라가고
압력은 내려가요. [음악 지능]

• 학생들은 '컨테이너(명백하게는 학급 한쪽의 코너)' 속의 공기 '분자'가 된다. 그들은 지속적인 속도로 움직이며(온도) 컨테이너를 떠나지 않는다(지속적인 질량). 점차적으로 컨테이너의 한쪽 면을 나타내는 한 가닥의 실을 잡고 있는 두 학생이 '분자' 상으로 그것을 움직이기 시작함에 따라 컨테이너의 크기는 줄어든다. 공간이 작으면 작을수록 압력은 점차 커지

는 것(서로 마주치는 것)이 관찰된다. 공간이 클수록 압력은 더욱 작아진다. [대인관계 지능, 신체-운동 지능]

- 학생들은 밀폐된 용기 속의 공기 압력을 측정하는 실험을 실시하고, 부피에 대비되는 압력을 그래프로 나타낸다. [논리-수학 지능, 신체-운동 지능]
- 학생들은 자신이 '압력하에 있다고' 느꼈던 삶의 순간에 대하여 질문을 받는다. "너는 많은 공간을 가졌다고 느꼈니?"(전형적인 대답: 많은 압력/많지 않은 공간). 그리고 학생들은 압력이 적다고 느낀 때에 관하여 질문을 받는다(작은 압력, 많은 공간). 학생들의 경험은 보일의 법칙과 관련된다. [자기성찰 지능]
- 학생들은 스쿠버 장비를 가지고 깊이 잠수해서는 안 되며, 깊게 숨을 쉰 후 그것을 잡고서 표면으로 올라와야 한다는 주의사항 등의 스쿠버 다이빙 지침에 대하여 이야기를 듣는다. 보일의 법칙의 용어에 있어 깊이 잠수하는 것은 압력을 증가시키고, 깊이 숨 쉬는 것은 부피를 증가시키고, 표면으로 올라오는 것은 압력을 감소시키며, 보일의 법칙에 따르면 이것은 폐의 부피를 증가시킨다. 그러나 폐는 이미 최대한 확장되어 있다. 학생들은 어떤 일이 일어날지 예상하도록 요청받는다(답: 아마도 혈류 속에 공기 색전증을 일으켜 생명을 위협하는 조건이 될 것이다). [자연탐구 지능]

참고문헌

Al-Bahan, E. M. (2006, Spring). Multiple intelligences styles in relation to improved academic performance in Kuwaiti middle school reading. *Digest of Middle East Studies*, pp. 18-34.

Armstrong, M. (1980). *Closely observed children*. London: Writers and Readers.

Armstrong, T. (1987a). Describing strengths in children identified as "learning disabled" using Howard Gardner's theory of multiple intelligences as an organizing framework. *Dissertation Abstracts International, 48*, p. 8A. (University Microfilms No. 8725-8844)

Armstrong, T. (1987b). *In their own way: Discovering and encouraging your child's personal learning style*. New York: Tarcher/Putnam.

Armstrong, T. (1988). Learning differences-not disabilities. *Principal, 68*(1), pp. 34-36.

Armstrong, T. (1997). *The myth of the ADD child: 50 ways to improve your child's behavior and attention span without drugs, labels, or coercion*. New York: Plume.

Armstrong, T. (1999a). *7 kinds of smart: Discovering and identifying your multiple intelligences-Revised and updated with information on two new kinds of smart*. New York: Plume.

Armstrong, T. (1999b). *ADD/ADHD alternatives in the classroom*. Alexandria, VA: ASCD.

Armstrong, T. (2003). *You're smarter than you think: A kid's guide to multiple intelligences*. Minneapolis, MN: Free Spirit.

Armstrong, T. (2005, September). Special education and the concept of neurodiversity. *New Horizons for Learning*. Retrieved June 23, 2008, from http://www.newhorizons.org/spneeds/inclusion/information/armstrong.htm

Armstrong, T. (2006). *The best schools: How human development research should inform educational practice*. Alexandria, VA: ASCD.

Armstrong, T. (In press). When cultures connect: Multiple intelligences as a successful American export to other countries. In J. Q. Chen, S. Moran, & H. Gardner (Eds.), *Multiple intelligences theory around the world*. San Francisco, CA: Jossey-Bass.

Associated Press. (1988, October 25). Poll finds Americans are ignorant of science. *New York Times*, p. C10.

Barnett, S. M., Ceci, S. J., & Williams, W. M. (2006). Is the ability to make a bacon sandwich a mark of intelligence? and other issues: Some reflections on Gardner's theory of multiple intelligences. In J. A. Schaler (Ed.), *Howard Gardner under fire: The rebel psychologist faces his critics*. Chicago, IL: Open Court, pp. 95-114.

Bloom, B. (1956). *Taxonomy of educational objectives*. New York: David McKay.

Bonny, H., & Savary, L. (1990). *Music and your mind*. Barrytown, New York: Station Hill.

Brody, N. (2006). Geocentric theory: A valid alternative to Gardner's theory of intelligence. In J. A. Schaler (Ed.), *Howard Gardner under fire: The rebel psychologist faces his critics*. Chicago, IL: Open Court, pp. 73-94.

Campbell, L., & Campbell, B. (2000). *Multiple intelligences and student achievement: Success stories from six schools*. Alexandria, VA:

ASCD.

Carini, P. (1977). *The art of seeing and the visibility of the person.* Grand Forks, ND: Center for Teaching and Learning, University of North Dakota.

Caro, R. (1990). *Means of ascent: The years of Lyndon Johnson* (Vol. 2). New York: Knopf.

Carroll, J. B. (1993). *Human cognitive abilities: A survey of factor-analytic studies.* Cambridge, UK: Cambridge University.

Chan, D. (2007). Musical aptitude and multiple intelligences among Chinese gifted students in Hong Kong: Do self-perceptions predict abilities? *Personality and Individual Differences, 43*(6), pp. 1604-1615.

Chanda, S. (2001, March). Multiple ways of teaching and learning in Bangladesh. *Teachers Forum.* Retrieved June 30, 2008, from http://www.unicef.org/teachers/forum/0301.htm

Chen, J. Q., Moran, S., & Gardner, H. (In press). *Multiple intelligences theory around the world.* San Francisco, CA: Jossey-Bass.

Chideya, A. (1991, December 2). Surely for the spirit, but also for the mind. *Newsweek,* p. 61.

Clark, R. W. (1972). *Einstein: The life and times.* New York: Avon.

Cohen, D. L. (1991, June 5). "Flow room," testing psychologist's concept, introduces learning in disguise; at Key School. *Education Week,* pp. 6-7.

Collins, J. (1998, October 19). Seven kinds of smart. *Times,* pp. 94-96.

Comte, A. (1988). *Introduction to positive philosophy.* Indianapolis, IN: Hackett.

Csikszentmihalyi, M. (1990). *Flow: The psychology of optimal experience.* New York: Harper & Row.

Denzin, N., & Lincoln, Y. (Eds.). (2005). *The Sage book of qualitative research* (3rd ed.). Thousand Oaks, CA: Sage.

Diaz-Lefebvre, R., & Finnegan, P. (1997). Coloring outside the lines: Applying the theory of multiple intelligences to the community college setting. *Community College Journal, 68*(2), pp. 28–31.

Dilthey, W. (1989). *Introduction to the human sciences: An attempt to lay a foundation for the study of society and history.* Detroit, MI: Wayne State University.

Dreikurs, R. (1993). *Logical consequences: The new approach to discipline.* New York: Plume.

Edwards, B. (1989). *Drawing on the right side of the brain* (Rev. ed.). Los Angeles, CA: Jeremy P. Tarcher.

Ellison, L., & Rothenberger, B. (1999). In Bangladesh: The multiple ways of teaching and learning. *Educational Leadership, 57*(1), pp. 54–57.

Engel, B. S. (1979). *Informal evaluation.* Grand Forks, ND: Center for Teaching and Learning, University of North Dakota.

Feldman, D. H. (1980). *Beyond universals in cognitive development.* Norwood, NJ: Ablex.

Fiske, E. B. (1987, January 11). U.S. pupils lag in math ability, 3 studies find. *New York Times,* pp. A1, A17–18.

Fiske, E. B. (1988, May 24). In Indiana, public school makes "frills" standard. *New York Times,* pp. A16–17.

Fleming, E. (1984). *Believe the heart: Our dyslexic days.* San Francisco, CA: Strawberry Hill.

Furnham, A., & Akanda, A. (2004). African parents' estimation of their own and their children's multiple intelligences. *Current Psychology, 22*(4), pp. 281 294.

Furnham, A., & Fukumoto, S. (2008). Japanese parents' estimates of their own and their children's multiple intelligences: Cultural modesty and moderate differentiation. *Japanese Psychological Research, 50*(2), pp. 63–76.

Furnham, A., & Wu, J. (2008). Gender differences in estimates of one's own and parental intelligence in China. *Individual Differences Research, 6*(1), pp. 1-12.

Gadamer, H-G. (2005). *Truth and method.* New York: Continuum.

Gardner, H. (1979). The child is father to the metaphor. *Psychology Today, 12*(10), pp. 81-91.

Gardner, H. (1987). Beyond IQ: Education and human development. *Harvard Educational Review, 57*(2), pp. 187-193.

Gardner, H. (1989). *To open minds: Chinese clues to the dilemma of contemporary education.* New York: Basic Books.

Gardner, H. (1991). *The unschooled mind.* New York: Basic Books.

Gardner, H. (1993a). *Frames of mind: The theory of multiple intelligences-10th anniversary edition.* New York: Basic Books.

Gardner, H. (1993b). *Multiple intelligences: The theory in practice.* New York: Basic Books.

Gardner, H. (1993c). *Creating minds.* New York: Basic Books.

Gardner, H. (1995). Reflections on multiple intelligences: Myths and messages. *Phi Delta Kappan, 77*(3), pp. 200-208.

Gardner, H. (1999). *Intelligence reframed: Multiple intelligences for the 21st century.* New York: Basic Books.

Gardner H. (2003, April 21). *Multiple intelligences after twenty years.* Paper presented at the annual meeting of the American Educational Research Association, Chicago, IL.

Gardner, H. (2004). Audiences for the theory of multiple intelligences. *Teachers College Record, 106*(1), p. 212.

Gardner, H. (2006a). *Multiple intelligences: New horizons in theory and practice.* New York: Basic Books.

Gardner, H. (2006b). On failing to grasp the core of MI theory: A response to Visser et al. *Intelligence, 34*(5), pp. 503-505.

Gardner, H. (2006c). Replies to my critics. In J. A. Schaler (Ed.), *Howard*

Gardner under fire: The rebel psychologist faces his critics (pp. 277-307). Chicago, IL: Open Court.

Gardner, H., Feldman, D. H., & Krechevsky, M. (Eds.). (1998a). *Project Zero frameworks for early childhood education, Vol. 1. Building on children's strengths: The experience of Project Spectrum*. New York: Teachers College.

Gardner, H., Feldman, D. H., & Krechevsky, M. (Eds.). (1998b). *Project Zero frameworks for early childhood education, Vol. 2. Project Spectrum: Early learning activities*. New York: Teachers College.

Gardner, H., Feldman, D. H., & Krechevsky, M. (Eds.). (1998c). *Project Zero frameworks for early childhood education, Vol. 3. Project Spectrum: Preschool assessment handbook*. New York: Teachers College.

Gardner, H., & Moran, S. (2006). The science of multiple intelligences theory: A response to Lynn Waterhouse. *Educational Psychologist, 4*(4), pp. 227-232.

Gentile, J. R. (1988). *Instructional improvement: Summary and analysis of Madeline Hunter's essential elements of instruction and supervision*. Oxford, OH: National Staff Development Council.

Ghiselin, B. (1955). *The creative process*. New York: Mentor.

Gladwin, T. (1970). *East is a big bird: Navigation and logic on Puluwat Atoll*. Cambridge, MA: Harvard University.

Goertzel, V., Goertzel, M. G., & Goertzel, T. G. (2004). *Cradles of eminence: Childhoods of more than 700 famous men and women*. Scottsdale, AZ: Great Potential.

Goleman, D. (2006). *Emotional intelligence: Why it can matter more than IQ*. New York: Bantam.

Goodlad, J. I. (2004). *A place called school-20th anniversary edition*. New York: McGraw-Hill.

Goodman, J., & Weinstein, M. (1980). *Playfair: Everybody's guide to noncompetitive play*. San Luis Obispo, CA: Impact.

Gordon, W. J. J., & Poze, T. (1966). *The metaphorical way of learning and knowing*. Cambridge, MA: Porpoise.

Gottfredson, L. S. (2004). Schools and the "g" factor. *Wilson Quarterly, 28*(3), pp. 35-45.

Gould, S. J. (1981). *The mismeasure of man*. New York: W. W. Norton.

Grandin, T., & Johnson, C. (2006). *Animals in translation: Using the mysteries of autism to decode animal behavior*. New York: Simon & Schuster.

Green, W. (1999, September). *The bourgeois gentleman, multiple intelligences theory, and public law courses*. Paper presented at the annual meeting of the American Political Science Association, Atlanta, GA.

Greenhawk, J. (1997). Multiple intelligences meet standards. *Educational Leadership, 5*(1), pp. 62-64.

Gruber, H. (1977). Darwin's "tree of nature" and other images of wide scope. In J. Wechsler (Ed.), *On aesthetics in science* (pp. 121-142). Cambridge, MA: MIT.

Gundian, X., & Anriquez, C. (1999, September). An innovative project for Chilean education: Colegio Amancay de La Florida. *New Horizons for Learning*. Retrieved June 30, 2008, from http: //www.newhorizon.org/trans/international/gundian.htm

Harman, W., & Rheingold, H. (1984). *Higher creativity: Liberating the unconscious for breakthrough insights*. Los Angeles, CA: Jeremy P. Tarcher.

Hart, L. (1981). Don't teach them; help them learn. *Learning, 9*(8), pp. 39-40.

Herman, J. L., Aschbacher, P. R., & Winters, L. (1992). *A practical guide to alternative assessment*. Alexandria, VA: ASCD.

Hoerr, T. R. (2000). *Becoming a multiple intelligences school.* Alexandria, VA: ASCD.

Illingworth, R. S., & Illingworth, C. M. (1966). *Lessons from childhood: Some aspects of the early life of unusual men and women.* London, UK: Livingstone.

Johnson, D., Johnson, R. T., & Holubec, E. (1994). *The new circles of learning: Cooperation in the classroom and school.* Alexandria, VA: ASCD.

John-Steiner, V. (1987). *Notebooks of the mind: Explorations of thinking.* New York: Harper & Row.

Jung, T., & Kim, M-H. (2005). The application of multiple intelligences theory in South Korea: The Project Spectrum approach for young children. *School Psychology International, 26*(5), pp. 581-594.

Kluth, P. (2003). *You're going to love this kid!: Teaching students with autism in the inclusive classroom.* Baltimore, ML: Brookes.

Kornhaber, M., Fierros, E., & Veenema, S. (2003). *Multiple intelligences: Best ideas from research and practice.* Upper Saddle River, NJ: Allyn & Bacon.

Kovalik, S. (1993). *ITI: The model-Integrated Thematic Instruction* (2nd ed.). Black Diamond, WA: Books for Educators.

Kovalik, S. (2001). *Exceeding expectations: A user's guide to implementing brain research in the classroom.* Black Diamond, WA: Books for Educators.

Kunkel, C. (2007). The power of Key: Celebrating 20 years of innovation at the Key Learning Community. *Phi Delta Kappan, 89*(3), pp. 204-209.

Lemke, M., Sen, A., Pahlke, E., Partelow, L., Miller, D., Williams, T., Kastberg, D., & Jocelyn, L. (2004). *International outcomes of learning in mathematics literacy and problem solving: PISA 2003 results from the U.S. perspective.* Washington, DC: U.S.

Department of Education, National Center for Education Statistics.

Manila Times. (2008, June 15). *Multiple Intelligence High School: A school for future responsible entrepreneurs*. Retrieved June 30, 2008, from http://www.manilatimes.net/national/2008/june/15/yehey/weekend/20080615week3.html

Marchand-Martella, N. E., Slocum, T. A., & Martella, R. E. (2003). *An introduction to direct instruction*. Upper Saddle River, NJ: Allyn & Bacon.

Margulies, N. (1991). *Mapping inner space: Learning and teaching mind mapping*. Tucson, AZ: Zephyr.

Margulies, N. (1995). *The magic seven: Tools for building multiple intelligences*. Chicago, IL: Zephyr.

Marzano, R. J., Brandt, R. S., Hughes, C. S., Jones, B. F., Presseisen, B. Z., & Rankin, S. C. (1988). *Dimensions of thinking: A framework for curriculum and instruction*. Alexandria, VA: ASCD.

Matthews, G. B. (1996). *The philosophy of childhood*. Cambridge, MA: Harvard University.

McCloskey, D. N., & Ziliak, S. (2008). *The cult of statistical significance: How standard error costs us jobs, justice, and lives*. Ann Arbor, MI: University of Michigan.

McCoy, L. E. (1975). Braille: A language for severe dyslexics. *Journal of Learning Disabilities, 8*(5), p. 34.

McKenzie, W. (2005). *Multiple intelligences and instructional technology* (2nd ed.). Washington, DC: International Society for Technology in Education.

McKim, R. H. (1980). *Experiences in visual thinking* (2nd ed.). Boston, MA: PWS Engineering.

Merrefield, G. E. (1997). Three billy goats and Gardner. *Educational Leadership, 55*(1), pp. 58-61.

Miller, A. (1981). *The drama of the gifted child*. New York: Basic Books.

Mohktar, I. A., Majid, S., & Fu, S. (2007). Information literacy education through mediated learning and multiple intelligences. *Reference Services Review, 35*(3), pp. 463–486.

Montessori, M. (1972). *The secret of childhood.* New York: Ballantine.

Morrison, P., & Morrison, P. (1994). *Powers of ten.* New York: W. H. Freeman.

Nelsen, J. (1999). *Positive time-out and over 50 ways to avoid power struggles in the home and the classroom.* New York: Prima.

Nord, W. A., & Haynes, C. C. (1998). *Taking religion seriously across the curriculum.* Alexandria, VA: ASCD.

Olson, L. (1988, January 27). Children "flourish" here: 8 teachers and a theory changed a school world. *Education Week,* pp. 18–19.

Ostrander, S., & Schroeder, L. (1979). *Superlearning.* New York: Delta.

Paul, R. (1992). *Critical thinking: What every person needs to survive in a rapidly changing world.* Santa Rosa, CA: Foundation for Critical Thinking.

Perkins, D. N. (1981). *The mind's best work.* Cambridge, MA: Harvard University.

Plato. (1952). *The dialogues of Plato* (B. Jowett, Trans.). In R. M. Hutchins (Ed.), *Great books of the Western world* (Vol. 7). Chicago, IL: Encyclopedia Britannica.

Polya, G. (1957). *How to solve it.* New York: Anchor Books.

Polyani, K. (1974). *Personal knowledge: Toward a post-critical philosophy.* Chicago, IL: University of Chicago.

Popham, J. (2008). *Transformative assessment.* Alexandria, VA: ASCD.

Poplin, M. (1984). Summary rationalizations, apologies, and farewell: What we don't know about the learning disabled. *Learning Disability Quarterly,* 7(2), p. 133.

Posner, M. I. (2004). Neural systems and individual differences. *Teachers College Record, 106*(1), pp. 24–30.

Proust, M. (1928). *Swann's way.* New York: Modern Library.

Recer, P. (2002, April 30). *Study: Science literacy poor in U.S.* Associated.

Reed, J. (2007, September). Learning with IB. *IB World.* Retrieved June 30, 2008, from http://www.ibo.org/ibworld/sept07/

Ribot, N. (2004, March). My experience using the Multiple intelligences. *New Horizons of Learning.* Retrieved March 17, 2009, from http://www.newhorizons.org/trans/international/ribot.htm

Rose, C. (1987). *Accelerated learning.* New York: Dell.

Rosenthal, R., & Jacobsen, L. (2004). *Pygmalion in the classroom: Teacher expectation and pupil's intellectual development.* New York: Crown House.

Rozin, P., Poritsky, S., & Sotsky, R. (1971, March 26). American children with reading problems can easily learn to read English represented by Chinese characters. *Science, 171*(3977), pp. 1264-1267.

Sacks, O. (1985). *The man who mistook his wife for a hat.* New York: Harper Collins.

Sacks, O. (1990). *Seeing voices: A journey into the world of the deaf.* New York: Harper Collins.

Sacks, O. (1995). *An anthropologist on Mars.* New York: Vintage.

Sarangapani, P. M. (2000). The great Indian tradition. Retrieved June 30, 2008, from http://www.india-seminar.com/2000/493/493%20padma%20m%20sarangapani.htm

Schirduan, V., & Case, K. (2004). Mindful curriculum leadership for students with attention deficit hyperactivity disorder: Leading in elementary schools using multiple.

intelligences theory (SUMIT). *Teachers College Record, 106*(1), pp. 87-95.

Schmidle, N. (2007, January 22). *Reforming Pakistan's "dens of terror."* Retrieved July 10, 2008, from http://www.truthdig.com/report/item/20070122_nicholas_schmidle_reforming_pakistans_dens_of_ terror/

Scripp, L. (1990). *Transforming teaching through arts PROPEL portfolios: A case study of assessing individual student work in the high school ensemble*. Cambridge, MA: Harvard Graduate School of Education.

Shearer, B. (1994). *Multiple Intelligence Developmental Assessment Scales (MIDAS)*. Kent, OH: Multiple Intelligences Research and Consulting.

Shearer, B. (2004). Multiple intelligences after 20 years. *Teachers College Record, 106*(1), pp. 2-16.

Silver, H., Strong, R., & Perini, M. (1997). Integrating learning styles and multiple intelligences. *Educational Leadership, 55*(1), pp. 22-29.

Spearman, C. (1927). *The abilities of man: Their nature and measurement*. London, UK: Macmillan.

Spolin, V. (1986). *Theater games for the classroom*. Evanston, IL: Northwestern University.

Steiner, R. (1964). *The kingdom of childhood*. London, UK: Rudolf Steiner.

Swami, V., Furnham, A., & Kannan, K. (2006). Estimating self, parental, and partner intelligences: A replication in Malaysia. *Journal of Social Psychology, 146*(6), pp. 645-655.

Taylor-King, S. (1997, July 9). *Using multiple intelligences and multisensory reinforcement approaches to enhance literacy skills among homeless adults*. Paper presented at the International Congress on Challenges to Education, Kihei, Hawaii. (ERIC Document Reproduction Service No. ED 417 332)

Teele, S. (1992). *Teele Inventory for Multiple Intelligences (TIMI)*. Redlands, CA: Sue Teele & Associates.

Traub, J. (1998, October 26). Multiple intelligence disorder. *The New Republic, 219*(17), pp. 20-23.

U.S. Department of Education. (2003). *Identifying and implementing educational practices supported by rigorous evidence: A user friendly guide*. Washington, DC: Author.

Viadero, D. (1991, March 13). Music and arts courses disappearing from curriculum, commission warns. *Education Week*, p. 4.

Visser, B., Ashton, M., & Vernon, P. (2006). Beyond G: Putting multiple intelligences to the test. *Intelligence, 34*(5), pp. 487-502.

Wallis, C. (2008, June 8). No Child Left Behind: Doomed to fail? *Time*. Available: http://www.time.com/time/nation/article/0,8599, 1812758,00.html

Walters, J., & Gardner, H. (1986, March 30). *The crystallizing experience: Discovery of an intellectual gift*. (ERIC Document Reproduction Service No. ED 254 544)

Waterhouse, L. (2006). Multiple intelligences, the Mozart effect, and emotional intelligence: A critical review. *Educational Psychologist, 4*(4), pp. 207-225.

Weinreich-Haste, H. (1985). The varieties of intelligence: An interview with Howard Gardner. *New Ideas in Psychology, 3*(4), pp. 47-65.

Weinstein, C. (1979). The physical environment of the school: A review of the research. *Review of Educational Research, 49*(4), p. 585.

Williams, W., Blythe, T., White, N., Li, J., Sternberg, R., & Gardner, H. (1996). *Practical intelligence for school*. New York: Harper Collins.

Willingham, D. (2004). Reframing the mind. *Education Next, 4*(3), pp. 19-24.

Wolf, D., LeMahieu, P., & Eresh, J. (1992). Good measure: Assessment as a tool for educational reform. *Educational Leadership, 49*(8), pp. 8-13.

Zessoules, R., & Gardner, H. (1991). Authentic assessment: Beyond the buzzword and into the classroom. In V. Perrone (Ed.), *Assessment in schools* (pp. 47-71). Washington, DC: ASCD.

찾아보기

〈인 명〉

〈내 용〉

저자 소개

토머스 암스트롱(Thomas Armstrong)

토머스 암스트롱은 교육자이자 심리학자이며, ASCD를 통해 다음과 같은 네 권의 도서를 집필하였다. 즉, *Awakening Genius in the Classroom*(1998), *ADD/ADHD Alternatives in the Classroom*(1999), *The Multiple Intelligences of Reading and Writing*(2003), *The Best Schools: How Human Development Research Should Inform Educational Practice*(2006)이다. 또한 ASCD를 통하지 않고 출간한 도서로는 *In Their Own Way: Discovering and Encouraging Your Child's Personal Learning Style*(Tarcher/Putnam, 1987), *7 Kinds of Smart: Identifying and Developing Your Many Intelligences*(Plume, 1993), *The Myth of the ADD Child: 50 Ways to Improve Your Child's Behavior and Attention Span Without Drugs, Labels, or Coercion*(Plume, 1997), *The Human Odyssey: Navigating the Twelve Stages of Life*(Sterling, 2007) 등이 있다. 그의 연구 및 작업과 관련한 더 많은 정보를 얻기 위해서는 그의 웹사이트(www.thomasarmstrong.com)와 블로그(www.thehumanodyssey.com)를 방문해 보기 바라며, 서신(P.O. Box 548, Cloverdale, CA 95425), 전화(707-894-4646), 팩스(707-894-4474), 그리고 이메일(thomas@thomasarmstrong.com)을 통해서도 그와 연락을 취할 수 있다.

역자 소개

김동일(Kim Dong-il)

서울대학교 사범대학 교육학과 교육상담전공 및 대학원 특수교육전공 주임교수다. 서울대학교 교육학과를 졸업한 후 교육부 국비유학생으로 도미하여 미네소타 대학교 교육심리학과에서 석사학위 및 박사학위를 취득하였다.

Developmental Studies Center, Research Associate, 한국청소년상담원 상담교수, 경인교육대학교 교육학과 교수, 한국학습장애학회 회장, 한국교육심리학회 부회장, 한국상담학회 법인이사, 한국청소년상담복지개발원 법인이사를 역임하였으며, 2002년부터 국가수준 인터넷 중독 척도와 개입 연구를 진행해 왔고, 정보화역기능예방사업에 대한 공로로 행정안전부장관표창을 수상하였다.

현재 BK21 미래교육디자인 연구사업단 단장, 서울대학교 다중지능 · 창의성 연구 센터(SNU MIMC Research Center) 소장 및 한국아동청소년상담학회 회장, 한국인터넷중독학회 부회장, 여성가족부 국가청소년보호위원회 위원 등으로 봉직하고 있다.

『학교기반 위기대응 개입 매뉴얼』(2013), 『학습상담』(2011), 『학교상담과 생활지도(2판)』(2009), 『학습장애아동의 이해와 교육(2판)』(2009), 『특수아동상담』(2002)을 비롯하여 30여 권의 저서 및 공저서, 200여 편의 학술논문을 집필하였고, 10여 개의 표준화 심리검사를 개발하였으며, 20여 편의 상담사례 논문을 발표하였다.

다중지능과 교육

Multiple intelligences in the classroom, 3rd ed.

2014년 4월 30일 1판 1쇄 인쇄
2014년 5월 10일 1판 1쇄 발행

지은이 • Thomas Armstrong
옮긴이 • 김동일
펴낸이 • 김진환
펴낸곳 • (주) 학지사
121-838 서울특별시 마포구 양화로 15길 20 마인드월드빌딩
대표전화 • 02)330-5114 팩스 • 02)324-2345
등록번호 • 제313-2006-000265호

홈페이지 • http://www.hakjisa.co.kr
커뮤니티 • http://cafe.naver.com/hakjisa

ISBN 978-89-997-0358-4 93370

정가 15,000원

역자와의 협약으로 인지는 생략합니다.
파본은 구입처에서 교환해 드립니다.

이 도서의 국립중앙도서관 출판시도서목록(CIP)은 서지정보유통지원시스템 홈페이지(http://seoji.nl.go.kr)와 국가자료공동목록시스템(http://www.nl.go.kr/kolisnet)에서 이용하실 수 있습니다.
(CIP 제어번호: CIP2014012614)